인류의 문명은 단지 물질적인 토대 위에서만 건설된 것이 아니다. 거기에는 인간의 정신문명이라 일컫는 문화가 속해 있고, 그 심층부에는 인간의 종교가 자리하고 있다. 문명의 주체가 되는 인간은 단지 물질로 구성된 물질적·육체적 존재가 아니라 영과 혼과 육이 결합되어 있는 고도의 영적·정신적 존재로서 유구한 문명 안에 종교를 매개로 하여 신의 형상을 반영해온 유일무이한 존재다. 하지만 우리는 오늘날 이러한 입장을 인정하지 않고 인간을 "물질 덩어리"로 환원시키며, 기독교를 포함한 모든 종교를 거부하려는 일단의 "새로운 무신론자들"의 공격에 직면해 있다. 그러면 그들의 호전적이고 거센 공격 앞에서 우리는 속수무책으로 당하고만 있을 것인가? 저자는 이 책을 통해 새로운 무신론자들의 주장을 주의 깊게 검토하며 그들의 논리적 모순과 허구를 날카롭게 파헤치는 동시에 기독교 진리의 정합성을 설득적으로 묘사한다. 포스트모더니즘 시대에 출현한 새로운 무신론적 사고와 그것에 대한 기독교적 대응을 꼭 알아야 할 친애하는 신학자와 목회자 그리고 평신도들에게 일독을 권한다.

김균진 | 연세대학교 명예교수

한국교회를 향한 심각한 도전 중에 하나가 바로 새로운 무신론자들의 공격이다. 이에 대해서 정확히 알지 못하거나 무시하는 사이 그들은 한국교회를 위기로 몰아넣고 있다. 새로운 무신론에 대한 학문적 대응이 절실히 필요하다고 느끼던 차에 한국 신학자의 손으로 직접 쓴 매우 창의적이고 훌륭한 도킨스 비판서, 차분하면서도 엄밀하고 논리적인 변증서, 기독교의 진리를 진심으로 사랑하고 그 길로 모두를 초대하려는 저자의 열정이 느껴지는 안내서인 『새로운 무신론자들과의 대화』를 만날 수 있어서 참으로 반갑고 기쁘다. 이 책은 내가 진정 읽고 싶었고, 쓰고 싶었던 바로 그 책이다. 현대 무신론의 공격에 흔들리는 그리스도인들, 기독교의 진리를 좀 더 알고 싶은 사람들, 신학서적 한 권 읽지 않고 기독교를 비판하려는 사람들 모두에게 필독을 권한다.   김도훈 | 장로회신학대학교 조직신학 교수

저자는 비평적 실재론의 관점에서 모든 과학 이론이 단순히 실재에 대한 신념 체계(belief system)에 불과하며, 그 자체로서 객관적인 진리가 아니라는 것을 설득력 있게 말해준다. 이 책에서 독자들은 저자의 신학적 통찰뿐만 아니라 풍부한 철학적 지식과 균형 잡힌 과학철학적 성찰, 그리고 자연과학에 대한 폭넓은 이해를 발견하는 기쁨을 누릴 수 있을 것이다. 과학으로 무장한 새로운 무신론자들의 주장에 대해서 진지한 성찰과 함께 기독교 신앙을 변론하기 원하는 이들을 위한 유익한 책이다.

안점식 | 아세아연합신학대학교 선교학 교수

오늘날 새로운 무신론의 특징은 신의 존재를 부인할 뿐만 아니라 기독교를 포함한 종교 자체에 대한 비판에 집중한다는 것이다. 이런 현실에서 기독교 또는 기독교인에 대한 무신론자들의 정당한 비판은 수용하되 아브라함과 이삭과 야곱의 하나님, 그리고 예수 그리스도 안에 결정적으로 계시된 하나님을 믿는 우리의 믿음의 이유를 과학자들과의 대화를 통해 가능한 한 이해 가능한 방식으로 변증하는 것은 과학 시대를 살고 있는 오늘의 기독교인과 신학자에게 주어진 시대적 사명 중 하나다. 그런 의미에서 이 책은 이 시대에 꼭 필요한 기독교 변증서다.

윤철호 | 장로회신학대학교 대학원장

이 책은 도킨스로 대표되는 새로운 무신론자들을 기독교철학의 관점에서 비판한다. 도킨스는 종교를 초자연에만 제한하는 잘못된 이원론에 빠져 있기에 "신은 주사위를 던지지 않는다"는 자연주의를 무비판적으로 수용하는 실수를 범한다. 또한 이 책은 도킨스 비판에만 머물지 않고 새로운 무신론자들의 비판이 기독교의 본질에 적용되는 것이 아니라 신앙대로 살지 못하는 그리스도인들에게 적용됨을 강조함으로써 우리 자신을 돌아보게 한다.

이경직 | 백석대학교 기독교전문대학원장

우리는 이 귀한 책에 대해 저자와 출판사에게 감사를 표해야 한다. 우리나라 신학계에는 매우 중요한 학문적 주제를 다루면서도 모든 사람들이 이해할 수 있도록 쉽고 흥미롭게 논의를 펼치는 저자들이 그리 많지 않다. 그런데 바로 이 책에서 그렇게 대중과 호흡하는 신학자를 한 명 만났다. 윤동철 박사는 이 시대의 중요한 화두인 "새로운 무신론"의 주장이 환원주의적 한계를 지니고 있음을 이해하기 쉽게 설명해준다. 뿐만 아니라 로이 바스카의 비평적 실재론에 근거해 기독교 신앙의 적합성을 합리적으로 변증한다. 이 책을 통해 한국교회 안에 비평적 실재론을 효과적으로 활용하여 기독교 진리를 더욱 포괄적으로 변증할 수 있는 현명한 독자들이 많아지기를 기대해본다.

이승구 | 합동신학대학원대학교 조직신학 교수

새로운 무신론자들과의 대화

새로운 무신론자들과의 대화

종교 혐오 현상에 대한 기독교적 답변

윤동철 지음

Holy
WavePlus

차례

오랜만에 서울에 볼일이 있어서 집을 나섰다. 자동차에 시동을 걸고 얼마 전 새로 장착한 내비게이션을 켰다. 요즘 서울 시내는 친절한 길 안내가 없으면 운전이 어려울 정도로 도로 상황이 까다롭고 복잡하다. 썩 내키진 않지만, 이런 현실에서는 기계에 의존하는 수밖에 다른 방법이 없다.

하지만 집을 출발해서 서울 한복판에 들어설 때까지 내비게이션은 제대로 작동하지 않았다. 나는 분명히 큰길을 가고 있는데, 내비게이션 화면에는 내 차가 골목길을 헤매는 것으로 나왔다. 친절한 길잡이는 나더러 잘못된 길에 들어섰다며 경고를 해대기에 바빴다. 그뿐이 아니었다. 한남대교에 들어서자 화면의 차는 강 한복판으로 달리기 시작했다.

서울에서 일을 마치고 돌아와 내비게이션 수리점에 들렀다. 수리 기사는 GPS(위성항법창치) 단말기와 그것에 연결되어 있는 여러 장비를 점검하고 난 뒤 무엇이 문제인지 설명해주었다.

"여기를 보세요. 선생님의 수신기는 GPS 신호를 두세 개 정도밖에 잡아내지 못하고 있습니다. 이런 상태면 차가 정지해 있을 때에는 어느 정도 위치를 잡아내지만, 움직일 때에는 위치를 제대로 파악하기 어렵습니다. 수신기가 정상적으로 작동하려면 최소한 4개 이상의 신호가 필요하거든요."

수리 기사는 나를 보고 빙긋이 웃으며 더 구체적으로 알려주었다. 그의 말에 따르면 GPS 신호 하나만으로는 단말기의 위치를 정확히 잡아내기 어렵다고 한다. 그 이유는 지구도 움직이고 인공위성도 움직이기 때문이다. 어쩌다 인공위성이 수신기 바로 위에 있을 때에는 하나의 신호만으로도 꽤 정확한 위치를 잡아낼 수 있다. 그러나 인공위성이 지평선 쪽에 위치할 때에는 정확도가 떨어질 뿐 아니라 두꺼워진 대기권 때문에 신호 오류의 가능성도 커질 수밖에 없다. 다시 말하면 위성이 바로 위에서 볼 때에는 위치를 측정하는 오차가 적지만, 옆에서 볼 때에는 오차가 커진다. 그래서 위에서도 보고 양 옆에서도 보는 GPS 신호가 많을수록 더 정확하게 위치를 잡아낼 수 있다는 것이다. 나는 옳거니 하고 맞장구를 쳤다.

"모든 것이 그렇지요. 하나의 눈으로 보는 것보다는 두 개, 세 개의 눈으로 보는 것이 정확하지요. 기계도 그렇지 않겠어요?"

수리를 마치고 얼마 지나지 않아 다시 서울에 갈 일이 생겼다. 돈을 들인 보람이 있었는지 이번에는 내비게이션이 길 안내를 제대로 하는 것 같았다. 반포대교에 들어서자 "제한 속도 40킬로미터 지역입니다. 속도를 줄이세요"라는 경고 메시지가 흘러나왔다. 지시에 따라 차의 속도를 줄였는데 길옆의 표지판을 보니 제한속도가 60킬로미터였다. 그래서 좀 더 속도를 내서 시속 60킬로미터로 주행하자 내비게이션은 속도를 줄이라고 경고하며 주의 표시를 끊임없이 내보냈다. 알고 보니 내비게이션은 내가 반포대교 밑의 잠수교를 지나고 있다고 착각했던 것이다.

그 일로 GPS가 아직 사물의 높낮이까지는 잡아내기 어렵다는 것을 경험하면서, 문득 이와 같은 현상이 내가 사물을 이해할 때도 동일하게 나타나지 않을까 하는 생각이 들었다. 단층 도로에서는 좌표를 읽어내는 데 문제가 없던 GPS 단말기가 고가도로 밑이나 복층 도로를 지날 때에는 위치를 제대로 잡아내지 못한다. 또한 지하차도나 건물 내부로 들어가면 GPS는 무용지물에 가깝다. 어쩌면 나도 그렇게 피상적이고 단편적인 식견으로 사물이나 사람들을 바라보며 왜곡하지는 않을까? 그러나 다층적이고 다각적인 시각을 갖기란 쉽지 않은 일이다. 그렇다면 최소한 내가 가지고 있는 하나의 시각으로 모든 것을 다 안다고 판단하는 실수는 피해야 할 것이다. 오래전에 교회에서 만난 한 청년의 말이 생각났다.

"우리 집안은 3대째 하나님을 믿고 있는데, 내가 믿는 하나님과 아버지가 믿는 하나님과 할아버지가 믿는 하나님이 다 다릅니다."

이처럼 동일한 시공간에 머무는 사람들도 생각하는 바가 제각각이다. 하나의 사물을 바라보는 시각도 다 다르다. 어쩌면 우리는 플라톤이 말하는 사견이나, 니체(Friedrich Nietzsche)가 말하는 편견 속에 살아가는지도 모른다. 우리는 사견이나 편견을 줄이는 방법을 찾기 위해 노력해야 한다. 그러나 만일 사견이나 편견을 완전히 떨쳐버리지 못한다면, 데리다(Jacques Derrida)가 말하는 차연, 즉 시간과 공간으로 인한 차이를 인정하며 살아갈 수밖에 없다. 또한 그 차이를 인정한다면 "동화"가 아닌한 다양성을 전제로 **조화와 공존**을 추구해야 할 것이다.

일반적으로 과학은 하나의 원리로 모든 것을 설명할 수 있다고 주장해왔다. 물리학자들은 바로 그런 통합이론을 찾아서 지금까지 달려왔다. 그래서 우리는 21세기에 들어설 때 과학 문명의 발달과 더불어 이전보다 행복하고 평화로운 세상이 올 것이라는 기대감에 젖어 있었는지 모른다. 그러나 21세기의 시작은 전혀 그렇지 못했다. 미국의 심장부와 같은 뉴욕의 한복판에서 9.11 테러가 발생하고, 리먼 브라더스 파산 사태로 세계 경제는 점점 더 깊은 수렁에 빠져들었다. 또한 포스트모던 시대를 맞아 도덕적 해이 현상이 가속화되고, 급격한 가치관의 변화에 따른 갈등 현상도 심화되었다.

2001년 9월 11일에 나는 뉴욕 맨해튼 근처에 있었다. 그날 아침 나는 허드슨 강 건너편의 쌍둥이 빌딩 자리에서 연기가 피어오르는 것을 지켜보아야 했다. 방송에서는 미국에 거주하는 아랍인들이 보복 테러를 당하지 않을까 하며 불안에 떠는 모습과 함께 그들의 신변을 염려하는 전문가들이 차례로 나와 여러 의견을 쏟아냈다. 그러나 사람들의 예상과는 다르게 9.11 테러의 반향은 종족이나 국가 또는 종교 간 갈등이 아니라, 종교와 과학의 전쟁으로 나타났다.

이 무렵 대중의 관심과 지지를 한몸에 받은 도킨스(Richard Dawkins)를 필두로 해리스(Sam Harris), 히친스(Christopher Hitchens), 데닛(Daniel Dennett)과 같은 "새로운 무신론자"들이 본격적으로 등장했다. 그리고 다른 한쪽에서는 캘리포니아의 교육 전문가 게이세르트(Paul Geisert)와 푸트렐(Mynga Futrell) 같은 사람들이 스스로를 자연주의 세계관을 지닌 지성적 무신론자(Bright)로 규정하면서, 자연적 세계관을 지지하는 "브라이트 운동"(Brights Movement)을 출범시켰다.

진화론자이며 분자생물학자인 도킨스는 2006년에 출판된 『만들어진 신』(*The God Delusion*, 김영사 역간)에서 종교를 9.11 테러의 주범으로 규정하고 그 배후에 사악한 신이 있다며 맹공을 퍼부었다. 그의 접근법은 상당히 편향된 것이었음에도 불구하고 종교에 대한 그의 비판은 많은 사람들의 공감을 불러일으켰다. 『만들어진 신』은 무신론을 대변하는 대표적인 책으로 자리를 잡았고, 미국에서 만 3년이 넘게 베스트셀러로 주목을 받았다.

도킨스가 비판한 종교 현상 중에는 분명히 기독교가 반성해야 할 많은 문제들이 있었다. 그러나 그의 비판들 대부분은 종교의 본질에 속한 것이 아니라 종교인들이 지닌 문제에 불과했다. 당연히 도킨스의 입장에 대하여 반론을 펼치는 좋은 책들이 많이 출판되었다. 그중에서도 맥그래스(Alister McGrath)의 저작들은 도킨스가 지니고 있는 문제들을 상당히 정확하게 짚어주었다.

그러나 그동안 이 문제에 대한 반론이 충분하지 못하다고 느낀 독자들이 많았을 것이다. 앞서 말했듯이, 어떤 주제든지 하나의 눈보다는 여러 개의 눈으로 보는 것이 더 정확하다. 그런 이유로 부족하나마 도킨스의 글을 읽으면서 종교를 사랑하는 사람들과 함께 나누고 싶은 이야기들을 이 책에 담았다.

일반적으로 무신론자들은 "신의 존재"를 물질의 영역에서 찾는다. 그와 같은 맥락에서, 새로운 무신론 운동에 참여한 대부분의 물리학자나 진화생물학자들은 기호로 환산되지 않는 것은 실재가 아니라고 주장한다. 나아가 그들은 물질적 또는 실존적 존재로 환원되지 않는 모든 존재를 "망상"(delusion), "환상"(illusion), 또는 "이상"(ideal)으로 규정한다.

와인버그(Steven Weinberg)가 말한 것처럼 그들에게 사회나 국가나 경제와 같은 개념은 실재가 아니라 망상 혹은 이상일 뿐이다. 부케티츠(Franz M. Wuketits)의 표현을 빌리자면 우리의 자유의지도 "환상"에 불과하다. 그러나 화학적 기호나 과학적 원리로 환원되지 않는 존재는 존재하지 않는 허상, 망상 또는 환상이라고 규정하는 것이 과연 타당할까?

신이 물리학자들이나 생물학자들이 규정하는 존재라면, 신은 창조자가 아니라 만들어진 피조물에 불과하다는 그들의 주장이 맞다. 그러나 신은 물리학이나 생물학의 영역에 내재하고 침투할 뿐, 그런 영역을 토대로 삼거나 그곳으로 환원되는 존재가 아니다. 결국 신은 화학적 기호나 물리학적 원리로 규정할 수 없다.

나는 비토대주의자이며 환원주의에 반대하는 입장에 서 있다. 나는 고등동물은 저등한 동물보다 더 존귀하다고 생각한다. 인간이 침팬지나 원숭이보다 존귀한 이유는 인간만이 지니고 있는 고유한 영역이 있기 때문이다. 그 고유한 영역은 물리학이나 진화생물학의 하위 구조로 환원될 수 없고 환원되어서도 안 된다. 내가 새로운 무신론자들과의 대화를 시작하게 된 것은 바로 그와 같은 확신 때문이었나. 새로운 무신론자들이 그렇게 신의 존재에 대해 부정할 수 있는 이유도 인간이 상위 구조에 속했기에 더 자유롭고, 초월성에 더 많이 참여하기 때문이다.

다양한 관점에서 도킨스와 같은 "새로운 무신론자들"에 대한 반론을 제기할 수 있는 기회를 제공해준 새물결플러스 출판사 김요한 대표님과 여러 가지 수고를 마다하지 않은 편집부 직원들에게 감사한다. 마지막으로 책을 쓰는 내내 옆에서 원고를 읽으며 조언과 격려를 아끼지 않은 아내에게도 고맙다는 말을 전하고 싶다.

2014년 7월
윤 동 철

1장
종교 없는 세상을 상상해보라!?

"종교 없는 세상을 상상해보라!" 이 문구는 도킨스의 유명한 책 『만들어진 신』의 첫 문장에 나오는 말이다. 도킨스는 2006년 1월, 영국 국영방송국 BBC에서 2회에 걸쳐 방영한 "모든 악의 근원은?"(Root of all evil?)이라는 제목의 다큐멘터리 진행을 맡았다. 처음에 도킨스는 BBC에서 결정해놓은 제목이 마음에 들지 않았지만 다큐멘터리를 홍보하기 위해 제작한 광고에 매력을 느꼈다고 한다. 도대체 그것이 어떤 광고였기에 그의 마음을 사로잡았을까?

　BBC 측에서 여러 일간지에 게재한 광고에는, 세계무역센터의 쌍둥이 건물과 함께 맨해튼의 스카이라인이 펼쳐지고, 그 이미지를 중심으로 "종교 없는 세상을 상상해보라!"라는 문구가 크게 적혀 있었다.[1] 이는 존 레넌(John Lennon)의 "상상해보세요"(Imagine)라는 노랫말에서 차용한 문구였다. 도킨스는 이 광고를 통해 "모든 악의 근원은?"이라는 물음이 종교를 향하고 있다는 사실을 눈치챘던 것이다.

도킨스는 두 차례의 다큐멘터리 방송을 통해 줄곧 종교의 잘못된 부분들을 공격했고, 이를 통해 많은 사람들의 지지와 호응을 이끌어냈다. 그는 그 방송에서 가톨릭 성지와 힌두교 성지를 방문하고, 미국 새생명교회(New Life Church)의 테드 해거드(Ted Arthur Haggard) 목사를 만나 나눈 대화를 소개했다.[2] 그는 과학자의 눈으로 종교 현상 가운데 특별히 가장 부정적인 부분을 예리하게 파헤쳤다.

도킨스는 애당초 한 종교를 깊이 있게 연구하고, 진정한 대화를 나누면서 긍정적인 면과 부정적인 면을 함께 살펴보고자 한 것이 아니었다. 그는 처음부터 오로지 부정적인 시각을 갖고 다큐멘터리를 제작했다. 그는 종교의 내적 성격이나 진정성은 도외시하고, 부정적으로 보이는 현상들만 수집해서 교묘하게 편집하는 방법을 사용했다.

도킨스의 이런 성향은 자살 폭탄 테러범이나 9.11 테러를 다루는 과정에서도 그대로 나타났다. 도킨스는 문제의 배경이나 내막은 전혀 문제 삼지 않았다. 그는 종교의 문제점을 들추는 것 이외의 다른 접근 방법은 의도적으로 기피하는 것이 분명했다.

그러나 진실은 그렇게 단순하지 않다. 도킨스는 전혀 언급하지 않았지만, 테러를 주도하는 이슬람 과격 단체의 배경에는 강대국의 무력에 의해 땅을 빼앗긴 팔레스타인 주민들의 역사적 아픔이 자리 잡고 있다. 그리고 도킨스의 조국인 영국은 그 문제와 깊은 관련이 있다.

┃ 영국의 배신

영국은 제1차 세계대전 중 오스만 제국을 격파하기 위해 아랍 현지인들의 협조를 구할 수밖에 없었다. 이를 위해 당시 영국의 고등판무관 맥마흔(Henry McMahon)은 1915년 1월부터 1916년 3월까지 10여 차례에 걸쳐 아랍의 지도자 후세인(Husayn bin Ali)에게 서한을 보냈다. 그 내용은 오스만 제국이 점령하고 있던 팔레스타인 지역에 아랍인들이 주축이 된 독립국가가 세워질 수 있도록 보장해주겠다는 것이었다. 이것이 바로 "맥마흔-후세인 서한"으로 흔히 "맥마흔 선언"으로 불리는 것이다. 이 서한을 철석같이 믿은 아랍인들은 목숨을 걸고 영국 편에 서서 오스만 제국과 싸웠다. 그리고 그들의 도움으로 영국은 마침내 예루살렘을 점령할 수 있었다.

그런데 영국은 아랍인들에게만 그런 약속을 한 것이 아니었다. 1917년, 영국의 외무장관 밸푸어(Arthur Balfour)는 국제 유대인 사회가 영국에 협력할 경우 팔레스타인에 유대인들의 국가 건설을 약속하겠다는 "밸푸어 선언"을 했다. 영국은 차후 분쟁의 원인이 될 수 있는 모순되는 약속을 남발했던 것이다.

그러나 그것이 다가 아니었다. 영국은 1916년 5월 9일에 프랑스와 "사이크스-피코 협정"이라 불리는 비밀 협정을 체결했다. 그 협정의 주요 골자는 전쟁이 끝나면 영국과 프랑스가 중동지역을 분할 통치한다는 것이었다. 협정에 따르면 프랑스는 시리아와 레바논을, 영국은 이라크와 요르단 지역을 통치하고, 팔레스타인은 공동으로 관리하게 되어 있었다.

영국은 이처럼 아랍과 이스라엘 양측을 모두 배신하고 교활하게 이중 플레이를 했다. 뿐만 아니라 영국은 제2차 세계대전이 끝나자 아랍인과 맺은 맥마흔 선언, 또 유대인과 맺은 밸푸어 선언을 무시하고 서방국가끼리 맺은 사이크스-피코 협정에 따라 팔레스타인 지역을 자신의 위임통치지역으로 만들었다. 이에 독립을 열망했던 아랍인들의 분노가 들끓었고, 영국은 아랍인들의 반영국-반유대 테러와 습격에 봉착하자 팔레스타인 문제를 유엔에 떠넘겨버렸다.

이 문제를 다루기 위해 유엔은 11개국이 참여한 유엔 팔레스타인 특별위원회를 조직했다. 특별위원회는 팔레스타인 지역을 아랍인과 유대인 지구로 분할한다는 다수안과, 아랍인과 유대인을 포괄하여 연방 국가를 창설한다는 소수안을 건의했다. 아랍인들은 모든 안을 거부했지만, 1947년 11월, 유엔 총회는 표결을 통해 팔레스타인 지역을 아랍인 구역과 유대인 구역으로 분할한다는 결정을 내렸나. 이 결정으로 이스라엘은 1948년 5월 14일에 건국을 선포했고,

이에 분노한 아랍은 이스라엘에 대한 대대적인 전쟁을 일으켰다. 하지만 이것은 팔레스타인 땅을 피로 물들게 한 중동 분쟁의 신호탄일 뿐이었다. 그 후 분쟁은 계속되어 1956년 제2차 중동전쟁, 1967년 제3차 중동전쟁, 1973년 제4차 중동전쟁에 이르기까지 참화는 멈추지 않았다.[3]

분명 이 분쟁의 원인은 종교가 아니라 전쟁을 승리로 이끌기 위해 거짓으로 이중계약을 한 영국—도킨스의 조국—에게 있다. 그런데도 영국의 국영방송 BBC는 9.11 테러를 다루는 프로그램에서 자신들의 역사적 오점은 감추고, 모든 악의 근원이 기독교와 이슬람교의 갈등에 있다고 주장했다. 그리고 종교에 적대적인 도킨스를 그 프로그램의 진행자로 내세웠다. 도킨스는 BBC가 원하는 대로 종교가 모든 악의 근원이라는 비난의 화살을 쏘아대면서도 정작 자기 조국이 한 일에 대해서는 일언반구의 말도 하지 않았다.

물론 2001년 9월 11일에 세계무역센터에서 발생한 테러는 "종교가 악의 근원"이라는 생각을 도킨스에게만 심어준 것이 아니었다. 해리스도 『종교의 종말』(The End of Faith, 한언 역간)에서 다음과 같이 말한다.

이슬람 신앙의 책임이 그들의 '과격주의'적인 믿음에 국한되지 않는다는 것은 점점 분명해지고 있다. 2001년 9월 11일에 일어난 참사에 대한 이슬람 세계의 반응은 21세기를 살아가는 상당수의 인간들이 순교의 가능성을 믿고 있다는 사실에 조금의 의혹도 품지 못하게 한다. 이 믿기지 않는 사실에 미국은 '테러'와의 전쟁을 선포했다. 테러리즘은 인간 폭력의 원인이 아니라 인간 폭력의 여러 변형 중 하나일 뿐이다. 만약 오사마 빈 라덴이 한 국가의 지도자였다면 세계무역센터는 미사일 공격으로 무너져 내렸을 것이고, 9.11 테러의 극악상은 전쟁으로까지 발전되었을 것이다.[4]

물리학자 스텐저(Victor J. Stenger)도 9.11 테러가 본질적으로 이슬람교와 기독교의 역사 속에 이어져 내려온 종교 간의 갈등이 표출된 것이라고 본다.

최근까지 십자군이라는 용어는 기독교의 성전을 가리키는 데 쓰였고, 기독교의 성전은 이슬람교의 지하드와 대등하다. 제1차 세계대전 도중에 영국의 수상으로 재임한 로이드 조지의 연설문에는 '위대한 십자군'이 등장한다. 드와이트 아이젠하워 장군의 제2차 세계대전 회고록은 '유럽의 십자군'이라는 말을 사용한다. 십자군이라는 용어가 폐기된 것은 최근에 들어서다. 2001년 9월 11일 사태 직후 부시 대통령이 테러에 대한 전쟁을 가리켜 그 용어를 썼다가 고문들로부터 이슬람교도에게 부정적인 암시를 준다는 경고를 받은 다음부터다.[5]

히친스도 종교적 갈등이 9.11 사태의 원인이라고 주장한다. 그는 이슬람 국가에 존재하는 종파 간의 갈등, 그리고 아프가니스탄에서 탈레반 정권이 세계 최대 유산 중 하나였던 바미얀 석불을 폭파한 사건을 소개한다. 히친스는 "그들이 바미얀 석불을 산산조각으로 부숴버린 사건은 2001년 가을에 맨해튼 시내에서 거의 3천 명에 가까

운 사람들이 있었던 또 다른 쌍둥이 구조물을 태워버린 사건의 전조였다"고 말한다.[6]

그러나 이글턴(Terry Eagleton)은 디치킨스—이글턴은 도킨스와 히친스를 합해서 디치킨스라고 부른다—의 이러한 반응에 대하여 다음과 같이 말한다.

> 서구의 논평자들은 이슬람의 테러 행위에 겁을 먹고 신경질적인 반응을 보이지만, 그들이 속한 이른바 계몽된 문명사회가 저질러온 숱한 잔혹 행위에 대해서는 목소리를 높인 적이 거의 없다. 어째서 그들은 9.11 사태 이후에야, 다시 말해서 처음으로 그들 자신이 잠재적 공격 목표가 된 후에야 도덕적 분노를 요란하게 터뜨리기 시작한 걸까?[7]

이글턴의 지적대로 디치킨스는 서구가 저지른 식민지 정책, 인종차별, 경제적 착취, 환경오염 등에 대해서는 한마디 언급도 하지 않는다. 디치킨스는 오로지 자신의 입장에서만 세계를 바라볼 뿐이다.

┃ 새로운 무신론의 등장

그럼에도 불구하고 한 가지 분명한 사실은 2001년 9월 11일 뉴욕 한복판에서 발생한 자살 테러 사건이 전 세계에 커다란 충격을 주었다는 것이다. 이 사건은 역사적 전말을 모르는 많은 사람들의 눈에 순전히 이슬람 근본주의와 기독교 국가 간의 종교 갈등으로 비춰졌다. 그리고 이것을 계기로 21세기가 시작된 첫 10년 동안 종교에 대한 분노로 가득 찬 "새로운 무신론"이 태동하기 시작했다.

이전의 무신론은 종교를 악으로 간주하거나 신을 사악한 존재로 규정하지는 않았다. 그러나 새로운 무신론 운동은 종교가 악의 뿌리라고 규정한다. 그들은 총성 없는 전투를 벌이며 종교를 없애기 위해 총력을 기울인다. 새로운 무신론의 대표적인 주자들로는 『종교의 종말』의 해리스, 『만들어진 신』의 도킨스, 『주문을 깨다』(Breaking The Spell, 동녘사이언스 역간)의 데닛, 『신은 위대하지 않다』(God Is Not Great, 알마 역간)의 히친스 등 4인방을 꼽을 수 있다. 이 새로운 무신론자들은 실제와는 상관없이 종교를 문제의 원인으로 규정하고, 종교가 없다면 정말 행복한 세상이 올 것처럼 선전한다. 그들은 종교 없는 세상이 우리에게 행복을 선사하리라고 믿는다.

미국 피처 대학교의 사회학과 교수 주커먼(Phil Zuckerman)도 그런 확신을 가지고 『신 없는 사회』(Society without God, 마음산책 역간)라는 책을 썼다. 이 책에서 주커먼은 그가 보기에 가장 비(非)종교적인 사회라고 여겨지는 스칸디나비아의 대표적인 두 나라, 덴마크와 스웨덴의 문화를 소개하며 신 없는 사회의 모습을 그려냈다. 그리고 "신 없는 사회"가 부도덕하고 사악하고 타락한 모습이 아니라 가장 종교적인 나라인 미국보다 오히려 더 안전하고 건전하며 도덕적이고 번영하는 나라로서 세계 최고의 국가를 형성하고 있다고 주장했다.[8]

그러나 그의 주장이 정확한 자료에 근거한 것인지, 아니면 그가 임의로 취사선택한 것인지는 한번 짚어보아야 할 필요가 있다. 덴마크 정부는 자국을 소개하는 공식 웹 사이트에서 덴마크 인구의 80%가 기독교인이라고 소개했다.[9] 스웨덴의 종교 인구는 국교인 루터교회 교인 87%를 포함하여 기독교 인구가 90%를 넘는다. 이 두 나라가 미국에 비해 정례적으로 교회에 출석하는 기독교인의 수는 적을지 몰라도 국민 대다수가 종교를 가지고 있다는 사실만은 틀림없다. 주커먼 자신도 기독교 신앙과 문화가 서구사회 구석구석에 깊이 뿌리박혀 있다는 사실을 인지했기에 책의 제목을 "종교 없는 사회"(Society without religion)가 아닌 『신 없는 사회』(Society without God)로 결정했다고 한다.[10]

그러나 주커먼이 말하는 "신 없는 사회"가 과연 다른 사람의 눈에도 신 없는 사회로 보일까? 주커먼의 주장이 설득력을 얻으려면 새로운 무신론자들이 공격하는 신이 진실한 신앙인이 믿는 신과 같은가 하는 문제가 먼저 설명되지 않으면 안 된다. "신 없는 사회"는 근본주의자들 또는 자신의 욕망을 채워줄 신을 찾는 대중들이 만들어낸 신이 없는 사회라는 의미인가, 아니면 정말 참된 신이 없는 사회란 의미인가?

사실 주커먼의 주장을 액면 그대로 받아들인다고 해도 문제는 분명하게 정리되지 않는다. 신 없는 모든 사회가 덴마크와 스웨덴처럼 세계 최고의 국가들인지, 아니면 타락하고 부패한 나라들도 많은지를 따져봐야 한다. 더 나아가 신 없는 사회가 예전부터 신 없이 발전해온 것인지, 아니면 종교를 기반으로 한 전통을 계승하는 가운데 발전했다고 볼 수 있는지도 따져봐야 한다.

이외에도 주커먼의 주장은 치밀하지 않은 부분이 많다. 그는 자신의 책에서 "신 없는 사회"라는 용어를 쓰다가 갑자기 표현을 바꾸어 "비종교적인 나라" 또는 "세속적 사회"라고 말한다. 그의 주장에 따르면, "역사에는 종교적 참여와 신에 대한 믿음이 사람과 사회를 움직여 정의롭고 건강한 사회 발전으로 이어진 사례들이 분명히 드러나 있다. 하지만 오늘날 가장 문명화되고 정의롭고 안전하고 평등하고 인간적이고 번영하는 사회를 만든 것은, 가장 종교적인 나라가 아니라 가장 세속적인 나라라는 사실은 변하지 않는다."[11] 그리고 그는 세계에서 가장 비종교적인 나라로 덴마크와 스웨덴을 내세운다. 주커먼은 "비종교적인 나라", "신이 없는 나라", 그리고 "세속적인 나라"를 같은 의미로 사용하는 것이다.

주커먼이 예로 든 두 나라는 엄연한 기독교 국가로서, 그 국민들은 종교세를 내며 90% 이상이 스스로 종교인이라고 생각한다. 그런 사회의 구성원들이 근본주의자들이 믿는 신을 믿지 않는다고 해서 그 사회를 "신 없는 사회"라고 명명한 것은 무언가 억지스럽다. 그리고 그런 나라를 "비종교적인 나라"라고 표현하는 것은, 앞에서 두 나라가 "종교 없는 사회"는 아니기에 그 제목을 사용하지 못했다는 자신의 주장에 위배된다. 또한 기독교가 종교라기보다는 삶의 모든 영역에 뿌리를 내려 문화가 된 나라임을 인정하면서 가장 "세속적인" 나라라고 표현하는 것도 앞뒤가 맞지 않는다.

이런 오류를 해결하기 위해서인지, 주커먼은 두 나라가 "문화적 종교"를 소유하고 있다고 말한다.

덴마크인과 스웨덴인에게 물으면 그들은 대부분 자기가 기독교인이라고 말할 것이다. 하지만 그들은 앞에서 말한 전통적 기독교의 교의를…믿지 않으면서도 교회에 속해 있다. 그들이 기독교인이 되는 것은 문화와 관련된 일이다. 모두 함께 물려받은 사회적 유산에 기독교 문화가 포함되어 있고, 어린 시절의 경험과 가족의 전통에도 그런 흔적이 드러나 있다.[12]

주커먼의 관찰 결과가 옳다면, 이 두 나라 사람들은 비종교적이거나 세속적이지 않다. 오히려 그들은 다른 어느 나라 사람들보다 더 종교적이라고 말할 수도 있다. 주커먼이 두 나라를 묘사하는 내용을 보면 두 나라가 "신 없는 사회"가 아님을 분명히 알 수 있다. 그가 만난 "대다수의 덴마크인과 스웨덴인은 하나님을 믿지 않는다고 하면서도 무신론자라는 꼬리표는 거부했다. 무신론자라는 말을 꺼리는 사람들은 비록 (초월적 존재로서의) 하나님은 믿지 않지만 그래도 '뭔가'를 믿기는 한다고 말했다. 물질적이고 경험적인 현실 외에 삶에 어떤 깊은 의미가 있는 것 같은 느낌이 들기는 하지만 그것이 정확히 뭔지는 모른다는 생각"[13]을 가지고 있었던 것이다. 그들은 근본주의나 문자주의자들이 주장하는 하나님, 다시 말해서 인간이 사용하는 문자가 감각경험에 의해 형상화된 하나님은 믿지 않는다. 오히려 하나님은 그것을 넘어서서 계시다고 느끼는데, 사실 이것이 야말로 기독교가 말하는 참 하나님에 대한 올바른 접근이다.

신은 하나의 존재가 아니다. 신은 피조물이 아니기 때문에 하나의 물체로 존재하지 않는다. 신은 모든 물체를 창조한 창조주로서 창조물을 통해 자신의 존재를 드러낸다. 그러므로 이 세상의 어떤 물체도 신이 아니며, 사물이나 실존하는 모든 존재는 신의 솜씨, 신의 창조성을 반영할 뿐이다. 우리는 사물을 통하여 신의 흔적을 발견하는 것이지 어떤 사물이나 어떤 존재도 신이 될 수는 없다. 그렇다고 해서 이 세상과 관계없이 초월적으로만 존재하는 신은 참된 신이 아니다. 신은 사물을 통해 목적을 드러내고, 역사를 통해 참과 진리를 향한 길을 보여줄 때 비로소 인격적 존재로서의 참된 신이 된다. 이로 보건대 신은 형상화할 수 없으면서 동시에 세계와 인격적 교통을 하는 존재 그 자체다.

성경은 하나님의 형상을 따로 만들지 말라고 가르친다. 이 땅에 있는 어떤 형상도 신의 형상이 될 수 없는 이유는 그 형상들이 모두 신이 창조한 피조물이기 때문이다. 인간의 이성도 마찬가지다. 이성은 신이 부여한 것이며, 이성을 통해 신을 온전히 알 수 있는 것이 아니라 그것의 한도 내에서 신을 느끼고 깨달을 수 있을 뿐이다. 피조물과 이성을 통해 신의 능력과 지혜가 반영되기 때문에 우리는 신의 존재에 대해 뭔가를 느끼고 믿을 수 있다. 그런 의미에서 보자면 그들은 여전히 기독교인들이다. 오히려 형상화할 수 없는 신에 대한 이해를 가졌다는 점에서, 어떤 형상도 두지 말라는 기독교의 하나님을 의식적으로든 무의식적으로든 믿고 이해한다고 볼 수 있다. 이 문제는 뒤에서 신의 존재에 관한 중세 신학자들 안셀무스(Anselmus)와 토마스 아퀴나스(Thomas Aquinas)의 논쟁에서 자세하게 다룰 것이다.

┃ 도킨스와 대화하기

다시 도킨스로 돌아가 보자. 그는 종교 간 갈등이 모든 사회 악의 근원이며 전쟁의 원인이라고 주장한다. 그리고 9.11 테러가 발생한 이후에 이라크에서 일어났던 일에 대해 다음과 같이 평가한다.

이라크는 2003년 영국과 미국에게 침략당한 후 수니파와 시아파의 종파 간 내전 상황에 이르렀다. 그것은 명백한 종교 갈등이다. 하지만 2006년 5월 20일자 「인디펜트」지는 1면에서 그것을 '인종 청소'라고 불렀다. 여기서 '인종'이라는 말도 완곡어법에 해당한다. 우리가 이라크에서 보는 것은 '종교 청소'다. 인종 청소라는 말은 원래 구 유고슬라비아의 상황을 언급할 때 쓰인 것인데, 당시에도 동방정교회 소속의 세르비아인, 가톨릭계 크로아티아인, 이슬람계 보스니아인이 관여된 종교 청소를 가리키는 완곡어법이었다.[14]

앞에서 지적한 바와 같이 도킨스는 또다시 서구 유럽의 식민지 정책, 특별히 영국의 정치적 음모와 연관되어 있는 역사적 상황을 외면한다. 그리고 평소에 자신이 가지고 있던 적대감을 표출하면서, 이 모든 사건을 종교 전쟁, 종교 청소라고 규정해버린다. 하지만 도킨스가 조금만 더 주의 깊게 그 상황들을 이해하려고 노력한다면 훨씬 더 진지한 대화가 가능할 것이다. 도킨스는 서방세계가 어떻게 그들이 지닌 무력과 경제력으로 제3세계를 괴롭히는지는 생각하지 않는다. 9.11 테러 같은 잘못된 방법은 지탄받아 마땅하지만, 어떻게 보면 제3세계의 많은 사람들은 종교의 힘을 빌려서라도 자신의 국가를 지키려고 안간힘을 쓰는 것이다.

도킨스가 언급한 대로 이라크의 이슬람 세력은 크게 수니파와 시아파로 나눌 수 있다. 전체 이슬람교도 가운데 수니파는 약 90%를 차지하고 친미적인 정치 성향이 있다. 반면에 시아파는 10% 정도로 주로 이란과 이라크에 몰려 있다. 이라크의 시아파도 처음에는 친미적 성향을 지니고 있었으나 점차 반미로 전환한 뒤 서방세력의 권력에 대항하며 투쟁을 벌였다. 결국 그들의 내전은 친미와 반미의 정치적 갈등 때문이라고 볼 수 있다. 특별히 2003년에 미국이 이라크를 침공한 후, 수니파에서 시아파로 전향한 인구가 많아 지금은 이라크 인구의 90%가 시아파라는 통계도 있다. 그것은 단순히 종교적 입장의 변화가 아니라 정치적 성향이 전환됐음을 의미한다. 이는 이슬람교 안에서 어떻게 온건한 종교인이 근본주의적·호전적 종교인이 되는가를 잘 보여주는 사례다. 결국 강대국으로부터 조국을 보호하겠다는 강한 의지와 결속력이 종교적 형태로 드러나는 것이다. 이런 경우 종교는 정치적 도구로 이용될 뿐이다.

그러나 대부분의 경우 사람들은 내용보다 현상을 먼저 접한다. 그리고 현상에 대한 직접적인 경험에 근거하여 사건을 해석한다. 종교학자 킴볼(Charles Kimball)이 "2001년 9월 11일, 대부분의 미국 시민뿐만 아니라 캐나다와 오스트레일리아 등 많은 서구 국가의 국민들이 알고 있던 세상은 완전히 변해버렸다. 이미 루비콘 강을 건넌 우리에게 돌아갈 길은 없었다"라고 지적한 것처럼 세계무역센터와 함께 종교도 무너졌다.[15] 킴볼은 "인류 역사상 그 어떤 세력보다 종교의 이름으로 치러진 전쟁이 더 많고, 종교의 이름으로 목숨을 잃은 사람이 더 많으며, 요즘은 종교의 이름으로 더 많은 악행이 저질러지고 있다는 말은 조금 진부하기는 해도 어쨌든 슬픈 진실이다"라고 지적한다.[16] 이처럼 참된 종교인들은 종교의 이름으로 일어난 전쟁이라도 그 안에 작용하는 복합적인 요소들을 함께 다루어야 정당하다는 사실을 알지만, 동시에 그 문제를 회피하지 않고 자성과 변화의 계기로 삼는다.

오늘날 도킨스에 대한 비판가로 잘 알려진 옥스퍼드의 과학 신학자 맥그래스도 도킨스가 종교적 폭력을 들추어내고 도전하는 점에는 전적으로 동의한다. 그는 자신이 북아일랜드에서 자란 사람으로서 종교적 폭력에 대해 너무나 잘 알고 있으며, 종교가 폭력을 발생시킬 수 있다는 데에는 의심의 여지가 없다고 말한다.[17] 그리고 우리 모두는 세상에서 종교적 폭력의 해로운 영향력을 제거하기 위해 일할 필요가 있고, 이 점에 있어서는 도킨스와 뜻을 같이한다고 밝힌다.[18] 이와 관련해 이글턴도 디치킨스의 공과(功過)를 다음과 같이 평가한다.

디치킨스가 기존 종교에 퍼붓는 비난 중 아주 많은 부분이 지극히 옳은 소리이며, 종교의 문제점들을 그토록 설득력 있게 제시한 데 대해서는 아낌없는 찬사를 보내 마땅하다. 예컨대 아동에 대한 성직자의 성적 학대, 종교의 여성 비하 따위에 관한 비판은 아무리 혹독하고 과장스럽다 해도 지나치다고 하기가 어렵다.…하지만 알 만한 사람은 이미 다 아는 바와 같이, 대부분의 경우에 디치킨스는 해당 종교에 관해 정말 어이 없으리만큼 무지한 상태에서 열변을 토하곤 한다.…자신이 속하지 않은 학문 분야들이 어떻게 돌아가고 있는지까지도 웬만큼은 파악하고 있는 세속의 많은 학자가 신학의 전통적인 주장과 교리에 대해서는 한심할 정도로 조잡하고 유치한 수준의 지식만을 내두르곤 하는 게 사실이다.[19]

이글턴은 이어서 새로운 무신론자 그룹에 속하는 데닛에 관해서도 언급한다.

대니얼 데닛은 『주문을 깨다』의 앞부분에서 종교란 '참여자들이 초자연적 행위자(들)를 믿겠다고 공언하며 그(들)의 승인을 바라는 사회제도'라고 정의했다. 이런 말은 적어도 기독교의 경우에는 감자의 역사를 얘기하기에 앞서 감자란 방울뱀의 희귀종이라고 정의하는 것과 다를 바 없다. 예상대로 데닛이 생각하는 하나님의 이미지는 사탄의 모습이다.[20]

그러나 그는 기독교에 대해서도 쓴소리를 아끼지 않고 다음과 같이 말한다.

기독교 비판자들이 지적으로 조잡한 데 대한 일차적 책임은 분명 기독교 자체에 있다. 기독교는 오래전에 가난하고 소외된 사람들의 편에서 부유하고 공격적인 사람들의 편으로 돌아섰다. 이런 유의 신자들은 여자의 노출된 젖가슴에는 호들갑을 떨지만 부자와 가난한 자들 사이의 끔찍한 불평등에는 무덤덤하다.[21]

이글턴과 마찬가지로 맥그래스나 킴볼도 기독교의 입장을 변호할 목적으로 도킨스의 비판을 무조건 반대하거나 도킨스가 히틀러(Adolf Hitler)를 옹호한다고 주장하지 않는다. 그들은 새로운 무신론자들이 기독교를 왜곡하거나 잘못 이해하는 부분을 바로잡고자 노력하면서, 한편으로는 역사적으로 기독교가 저지른 잘못에 대해 진지하게 반성하고자 한다. 기독교를 포함한 대부분의 종교는 정치와 불가분의 관계를 맺고 있으며 역사적인 과오가 있을 수밖에 없다. 킴볼은 종교가 저지른 잘못된 행위에 대하여 다음과 같이 지적한다.

전 세계에서 폭력과 악행이 점점 증가하는 데 종교적 이데올로기와 헌신이 핵심적인 역할을 하고 있음은 논란의 여지가 없다. 일간신문의 기사 제목만 봐도 그 증거를 쉽게 구할 수 있다. "캐슈미르의 힌두교도와 무슬림 전쟁 직전", "보스니아 무슬림에 대한 만행으로 재판정에 선 세르비아 기독교도", "점령지에서 유대인 주민들에게 살해된 팔레스타인인", "예루살렘 피자 가게에서 이슬람 전투원의 자살 폭탄 공격으로 20명 사망", "낙태수술 의사를 살해한 기독교 근본주의 목사에 대한 살인 사건 재판 시작", "코란경을 불태운 목사." 이 밖에도 이런 제목은 수도 없이 많다.[22]

그러나 맥그래스는 "이것이 종교의 필연적 특징인가?"라고 되묻는다. 종교가 폭력을 발생시킬 수 있다는 데는 분명 의심의 여지가 없다. 그러나 종교만 폭력을 일으키는 것은 아니다.[23] 도킨스나 해리스 또는 스텐저와 같은 무신론자들은 자살 폭탄 테러의 원인이 종교적 믿음이라고 본다. 그러나 페이프(Robert Pape)가 1980년 이래 발생한 모든 자살 폭탄 테러에 관한 동기들을 연구한 내용을 보면, 모든 종류의 종교적 믿음은 자살 폭탄 테러를 자행하는 사람들을 만들어내는 필요조건도, 충분조건도 아니다. 그 연구가 보여주는 증거에 의하면 자살 폭탄 테러의 근본적인 동기는 정치적이다. 즉 사용할 수 있는 군사적 자원이 매우 제한되어 있는 억압받는 민족이, 자신들의 소유라고 믿는 땅에서 그 땅을 점령하고 있는 외국 군대들의 철수를 강제하고자 불가피하게 선택하는 것이 자살 폭탄 테러의 근본적인 동기다.[24]

킴볼도 같은 맥락에서 종교 자체가 정말로 문제인지를 묻는다. 그가 보기에는 "아니기도 하고 그렇기도 하다. 오랜 세월을 걸쳐 갖가지 시험을 이기고 살아남은 종교 안에서 우리는 수 세기 동안 수백만 명의 삶을 지탱해주고 의미를 부여해준, 생명을 긍정하는 신앙을 발견할 수 있다. 그러나 이와 동시에 사람들을 타락시켜 악행과 폭력으로 이끄는 힘 역시 모든 종교에서 발견된다."[25]

그러나 도킨스는 종교 자체가 문제라고 말한다. 그는 이 세상에 종교가 없으면 악도 사라질 것이라고 주장한다. 그러나 그의 주장을 곧이곧대로 믿어도 좋을까? 정말 종교가 없으면 악도 사라질까? 그는 과연 무슨 근거로 종교 자체가 문제라고 할까? 그가 종교를 악이라고 규정하는 기본 근거는 신이 사악하다는 것이다. 그는 "구약성서의 신은 모든 소설을 통틀어 가장 불쾌한 주인공"[26]이라고 말한다. 그리고 비달(Gore Vidal)의 말을 빌려 다음과 같이 주장한다.

우리 문화의 중심부에는 일신교라는 감히 입에 담아서는 안 되는 거대한 악이 자리하고 있다. 구약성서라는 야만적인 청동기 시대의 문헌에서 유대교, 기독교, 이슬람교라는 세 가지의 반인간적인 종교가 나왔다.[27]

도킨스는 더 나아가 종교가 광기를 신성시하게 만든다고 주장한다. 그에 따르면 종교는 자살을 정당화하고 폭력을 합리화한다.

종교 신앙의 위험은 그것이 없었다면 정상적일 사람들을 광기로 내몰고 광기를 신성시하게 만든다는 데 있다. 새로운 세대의 아이들은 종교적 주장은 다른 모든 주장들이 거쳐야 하는 정당화 과정을 필요로 하지 않는다고 배우기 때문에, 문명은 여전히 얼토당토않은 무리에게 시달리고 있다. 지금도 우리는 고대 문헌 때문에 자살하고 있다. 그토록 비극적으로 불합리한 일이 가능하리라고 과연 누가 생각했겠는가?[28]

도킨스가 보기에 "종교적 주장들은 다른 모든 주장들이 거쳐야하는 정당화 과정"을 거치지 않았기 때문에 미신에 불과하다. 종교가 합리적 논증과 증명의 과정을 거치지 않았다고 문제 삼는 것이다. 그는 코인(Jerry Coyne)의 말을 인용하여 "진짜 전쟁은 합리주의와 미신 사이에 벌어진다. 과학은 합리주의의 한 형태인 반면, 종교는 가장 흔한 형태의 미신이다"라고 선언한다.[29] 결국 그의 세계는 합리주의와 미신, 이 두 개의 진영으로 나뉜다.

도킨스는 종교의 현상을 곧 종교의 본질로 본다. 그것은 자연 현상을 실재라고 보고, 그 현상 뒤에 본질은 없다고 보는 것과 마찬가지다. 다시 말하면 도킨스는 사건의 현상과 본질을 구분하지 않는 일원론으로 우주를 보는 것이다. 인간이나 우주를 물리학의 관점에서 유물론적 일원론으로 보는 순간, 종교는 부산물이 되고 믿음은 미신이 된다. 그러나 인간은 유물론이나 진화론에 근거한 일원론으로는 설명할 수 없는 존재다. 이런 도킨스의 주장에 대해 카우프만(Stuart Kauffman)은 다음과 같이 문제를 제기한다.

고전적 상태를 물리적 측면과 정신적 측면으로 나누어보자. 둘 중에서 물리적 측면만으로도 뒤이은 정신적 측면을 충분히 인과적으로 설명할 수 있다면, 대체 어떻게 정신적 측면이 물리적 측면에 '작용'한다는 말인가? 알 수 없다. 물리적 측면만으로도 인과 요인이 충분하다면 물질에 대한 마음의 작용은 필요 없으니까. 심지어 마음의 작용이 존재하는 편이 더 혼란스럽다.[30]

I 종교는 악인가

오늘 우리가 살아가는 현실 세계에서 실제로 종교적인 이유로 자살 폭탄 테러를 감행하고, 지하드 즉 거룩한 전쟁을 벌이는 호전적인 무슬림들이 존재하는 것은 부인할 수 없는 사실이다. 나는 9.11 테러로 세계무역센터가 무너질 때 뉴욕에 있었기 때문에 그 사실을 절대로 잊을 수 없다. 그해 나는 연구년을 맞이하여 나약 대학교의 밴해튼 캠퍼스에서 교환 교수로 강의를 하며 학교에서 제공하는 아파트에 가족과 함께 머물고 있었다. 그리고 그날은 아이들과 함께 자유의 여신상과 쌍둥이 빌딩에 다녀온 지 일주일도 채 안 되는 날이었다. 나는 종교인의 한 사람으로서 황폐한 테러 현장을 지켜보며 너무나 큰 고통과 아픔을 느껴야 했다.

하지만 9.11 테러와 같이, 일부 종교에서 나타나는 잘못된 현상은 인간의 악한 본성 때문이지 종교 그 자체 때문은 아니다. 사악한 것은 신이 아니라 인간이다. 앞서 말했듯이 이런 일들은 대부분 정치적인 맥락에서 발생한다. 또한 정치적 요인 외에 여러 가지 복합적인 원인들이 영향을 미친다. 이것은 단지 종교적인 사건만이 아니라는 말이다. 실제로 종교 현상에 대한 문제들을 심도 있게 연구한 몇몇 학자들은 이러한 현상이 종교의 문제가 아니라 인간 본성의 문제임을 지적한다. 이에 대해 맥그래스는 "신적이든 초월적이든 인간적이든 또는 고안되었든, 모든 이상은 악용될 수 있다. 이것이 바로 인간 본성이 작동하는 방식이다. 그리고 이것을 안다면 우리는 면밀한 판단력 없이 종교를 혹평하는 대신 인간의 본성을 어떻게 다룰 것인지 힘써 궁구할 필요가 있다"라고 말한다.

그러나 도킨스는 인간 본성이 아니라 종교 자체에 문제가 있다고 생각한다. 그는 "사람은 종교적 확신을 가졌을 때 가장 철저하고 자발적으로 악행을 저지른다"고 단언한다. 하지만 도킨스는 캄보디아의 폴 포트(Pol Pot)가 사회주의의 이름으로 수백만의 사람을 학살한 일과 소련이 종교말살정책을 통해 수많은 종교인을 죽였던 일, 그리고 히틀러가 제2차 세계대전을 통해 수많은 유대인을 학살했던 일들이 무신론과는 관련이 없다고 말한다. 그는 "히틀러와 스탈린이 무신론자였는가가 아니라, 무신론이 사람들로 하여금 나쁜 짓을 하도록 체계적으로 영향을 미쳤는가"가 문제이며, "그런 증거는 손톱만큼도 없다"고 반박한다.[31] 도킨스는 오히려 히틀러가 예전에는 기독교인이었음을 강조한다. 그는 히틀러가 진화론의 영향을 받아 기독교를 비난하면서도 "신의 섭리"라는 말을 계속 사용했다는 사실을 놓치지 않는다.[32]

그러나 벌린스키(David Berlinski)는 『악마의 계교』(The Devil's Delusion, 행복우물 역간)에서 "고통받는 인류에게 독가스, 철조망, 고성능 폭약, 우생학 실험, 자이클론 B 공식, 장사정포, 대량학살에 대한 사이비 과학의 정당화, 집속탄, 공격 잠수함, 네이팜, 군사용 우주정류장, 그리고 핵무기를 안겨준 사람들은 누구였던가?"라고 반문한다.[33] 적어도 살상무기를 만든 사람이 교황이나 목사나 이맘과 같은 종교지도자는 아니다. 벌린스키는 "다윈에서 히틀러까지: 독일의 진화론적 윤리, 우생학, 그리고 인종주의"라는 훌륭한 논문을 읽을 수 있는 사람이라면, 다윈(Charles Darwin)의 진화론이 히틀러의 말살 정책에 영향력을 끼쳤다는 사실을 분명하게 알 수 있음에도 불구하고 과학적 무신론자들은 이러한 사실에 대하여는 한마디도 언급하지 않는다고 꼬집는다.[34] 도킨스 자신의 이론대로라면 과학자들이 살상무기를 만들었으니 그들을 악마라고 불러야 마땅하지 않을까?

그럼 왜 도킨스는 종교에 대한 편견을 가지고 있는가? 그것은 종교가 과학의 발전을 가로막고 있다고 느끼기 때문이다. 그는 자신이 과학자로서 종교 근본주의에 적대적이라고 말한다. 그가 보기에 종교는 과학적 탐구심을 적극적으로 꺾으려 하고, 과학을 전복시키며 지성을 부패시킨다.[35] 종교 근본주의에 대한 그의 적개심은 상당히 공격적으로 나타난다. 그는 비근본주의적인 "양식 있는" 종교는 그런 짓을 안 할지 모르지만, 종교 근본주의는 무조건적으로 믿는 것이 미덕이라고 가르침으로써 순진하고 선량하고 열의가 있는 젊은 이들의 과학 교육을 망치고, 근본주의가 활개 칠 수 있는 세상을 만들기 때문에 문제라고 주장한다.

도킨스는 종교를 통해서 드러나는 좋은 점은 자연선택(natural selection)의 결과라고 말하고, 나쁜 점은 종교 자체가 악하기 때문이라고 주장한다. 그러나 그가 문제 삼는 것은 종교의 본질이 아니라 역사 속에서 나타난 종교의 현상들이다. 종교적 현상은 잘못된 인간의 본성에 의해 왜곡되거나 악한 형태로 나타날 수 있다. 그러나 그것은 종교의 본질이 아니라 타락한 인간 본성이 종교에 반영된 결과일 뿐이다. 기독교는 인류가 타락한 상태에서 자신의 욕망에 따라 신을 만들어 섬긴다는 사실을 늘 경계해야 한다고 가르쳐왔다. 인간은 늘 자신의 욕구를 따라 우상을 만들고 이를 신으로 섬긴다. 이 타락한 본성이 바로 기독교에서 말하는 원죄 또는 죄의 성향이다.

도킨스는 타락한 인간 본성이 드러나는 종교적 현상과 종교의 본질을 서로 구분하지 않는다. 이와 관련해 플루(Antony Flew)는 도킨스를 돌아온 실증주의자라고 부른다. 19세기의 실증주의자들은 눈에 보이는 것, 또는 경험할 수 있거나 증명할 수 있는 것만을 실재라고 여겼기 때문이다. 그러나 기독교는 모든 불완전한 현상의 배후에 참된 본질이 있다고 본다. 즉 종교는 눈에 보이는 물질적인 것이 아니라 보이지 않는 초월적·내재적 영역에 속한 본질을 추구한다.

그러므로 종교는 눈에 보이는 것들보다 눈에 보이지 않는 것을 더 중요하게 여긴다. 따라서 종교의 본질은 도킨스가 내린 정의와 정반대다.

도킨스는 종교 현상을 비판하는 과학적 무신론자들의 주장을 짜깁기하여 종교를 악으로 규정했다. 사실 도킨스가 "종교에 대한 일반적인 견해"라고 부르는 내용은 그가 만들어낸 것에 불과하다. 그는 자기가 보고 싶은 것만 보려고 한다. 더 나아가 그는 종교에 대한 반감을 가지고서 종교의 좋은 점은 외면하고 나쁜 점만 들추어 공격하는 선동가 역할을 하고 있다. 그러나 학자로서 그의 주장이 설득력을 가지려면 종교의 현상 가운데 좋은 점과 나쁜 점, 그리고 종교가 말하는 종교의 본질을 충분히 논해야 할 것이다.

나도 도킨스가 인용한 존 레논의 노래를 좋아한다. 내가 이 노래뿐만 아니라 일부 언더그라운드 가수들이 부르는 노랫말을 좋아하는 이유는 하나다. 그들의 노래에는 절대 권력에 저항하는 반항 정신이 담겨 있기 때문이다. 나는 『반항하는 인간』(L'homme révolté, 책세상 역간)을 쓴 카뮈(Albert Camus)를 좋아하며, 『반항의 의미와 무의미』(The Sense and Non-Sense of Revolt, 푸른숲 역간)를 쓴 줄리아 크리스테바(Julia Kristeva)도 좋아한다. 그녀는 우리 시대가 겪고 있는 종교적·정치적 난관에 직면해서 "반항의 경험"만이 우리를 구원해줄 것이라고 제안했다.[36] 그럼에도 저항 정신을 드러낼 때 조심해야 할 점은, 나쁜 것에는 저항하되 좋은 것은 인정할 줄 알아야 한다는 사실이다. 반항이나 저항 자체가 목적이 아니라 변화를 통해서 새로운 미래를 전망하기 원한다면, 그리고 저항이 지니고 있는 목표가 파괴나 전투가 아닌 개혁과 화해와 상생이라면 더욱 그렇다.

| 세상에 종교가 없다면

문제는 종교 자체가 아니라 종교를 이용하는 우리에게 있다. 종교를 개혁할 것이 아니라 우리 자신이 먼저 변화되어야 한다. 종교를 정치적 목적이나 탐욕을 위한 수단으로 사용해서는 안 된다. 종교는 언제나 진리를 향한 개방성을 지녀야 하고, 신의 도움은 더욱 거룩하고 참된 삶의 차원으로 나아가기 위해 추구되어야 한다. 이와 관련해 리더(Ian Reader)는 종교의 성격을 다음과 같이 규정한다.

> 종교는 정치와 마찬가지로 인간의 한 영역이다. [종교는] '세균'처럼 분리하거나 질병의 근원으로 지적하여 제거할 수 있는 실체가 아니다. 종교는 도덕적으로 중립적이며, 이를 구성하는 사람들을 반영한다. 종교는 본질적으로 '선'하거나 '악'하지 않다. 종교의 형태는 그 종교를 믿는 사람들에게 달려 있다.[37]

미국 무신론자협회(The Skeptics Society) 회장인 셔머(Michael Shermer)는 이러한 자기 개혁성이 무신론자들에게도 필요하다는 사실을 간파했다. 그는 새로운 무신론자들에게 그들이 종교를 없애는 데 에너지를 집중하는 대신 다음과 같은 사실과 원칙을 생각해보라고 권고한다.

1. 무신론자들은 과학과 이성, 그리고 합리성을 옹호한다. 이는 확신에 찬 단언을 통해 가장 큰 효력이 발생하며 반종교적 호전성은 바람직하지 않다.
2. 무엇인가를 반대하는 운동은 애초부터 실패할 수밖에 없다. 무엇인가를 반대하는 운동은 부정적인 태도만 드러내므로 내용과 상관없이 결코 성공할 수 없다.
3. 가급적 많은 사람들의 의식을 과학의 경이로움, 이성의 힘, 합리성의 미덕으로 고양시키는 것이 목적이라면 자신의 사상만이 아니라 행동에도 과학과 이성과 합리성을 적용시켜야 한다. 종교에 대한 분노를 퍼붓거나, 적대적이고 저급하거나 경시하거나 짐짓 생색내는 듯한 태도를 취하는 것은 합리적인 행동이 아니다.[38]

셔머는 도킨스에게 종교를 헐뜯거나 투쟁하지 말라고 경고한다. 그는 마틴 루터 킹 목사의 연설문 "내게는 꿈이 있습니다"의 한 구절을 인용하여 도킨스에게 도전한다.

정당한 우리의 자리를 쟁취하는 과정에서 정당하지 못한 행동을 저질러서는 안 됩니다. 증오와 빈정거림의 잔을 마시고 자유에 대한 갈증을 풀려고 하지 맙시다. 우리는 늘 존엄과 절제라는 높은 경지에서 투쟁해야 합니다.

셔머는 무신론을 주창하는 자신들의 투쟁이 자유의 원칙을 위배히면 인 된다는 사실을 알고 있다.

자유의 원칙이 있다면 왜 종교에 대해 관대한 태도를 지녀야 하는지 알수 있다. '짐짓 근사해 보이고' 싶어서도 아니고, 예절 바른 사회에서 예절을 차리기 위해서도 아니며, 과학을 통해 개방적인 토론과 논쟁이 촉진되기 때문도 아니다. 우리는 존엄과 절제라는 높은 경지에서 투쟁을 수행해야 하는데, 그것이 합리적이기 때문이다. 의심할 자유를 원한다면 다른 사람들의 믿을 자유 또한 인정해주어야 한다. 관용을 촉진시키고 자유의 영역을 확장하고 믿음과 의심을 자유롭게 표현할 수 있도록 하는 것이 더 높은 목적이라고 전제할 경우, 신을 숭배하지 않을 무신론자의 자유는 신을 숭배할 유신론자의 자유와 밀접하게 엮여 있다.[39]

사실 종교에 인간의 욕망이 투영됨으로써 일어나는 종교 왜곡 현상은 오랜 역사적 전통을 가지고 있다. 예수 당시 팔레스타인에는 "열심당"이라는 애국 단체가 있었다. 이들은 로마로부터 조국을 해방시키고자 하는 유대인 혁명가들의 모임이었다. 일부 신학자들은 예수의 열두 제자 중에 가룟 사람 유다가 열심당원이었을 것이라고 본다. 열심당원인 유다가 반로마 혁명을 위해 예수를 따라다녔으나 여의치 않자 혁명에 불을 붙이기 위한 최후 수단으로 예수를 배신하고 팔아넘겼다는 것이다. 이렇게 볼 때 유다는 예수 그리스도의 가르침과는 상관없이 자신의 정치적 목적과 욕심을 채우려는 인물이었다. 그는 예수가 구약성경에 예언된 메시아의 왕국을 정치적으로 건설해줄 것이라고 기대했다. 가룟 유다뿐만 아니라 요한과 야고보도 새로운 나라에서 더 높은 자리를 차지하고 싶어했다. 이는 예수의 제자들 중에도 자신의 정치적 목적이나 야망이 동기가 되어 예수를 따른 자들이 있었다는 이야기다.

오늘날도 마찬가지다. 셔머는 새로운 무신론자가 종교 탓으로만 돌리는 많은 사건들이 순수하게 종교적 동기에서 일어났다기보다는, 정치적 야망이나 권력을 쟁취하기 위한 야욕 때문에 벌어진 것임을 인정한다. 더 나아가 그는 "궁금한 점이 있다. 종교가 없다면 누가 가난한 자, 궁핍한 자, 굶주린 자, 병든 자, 곤궁한 자들을 돌보겠는가? 무신론자인 내 친구들은 이렇게 말한다. '정부'가 돌본다고. 정부라고? 그 말은 지금 허리케인 카트리나의 피해자들을 위한 정부의 미미한 조처를 의미하는 것인가? 도심의 빈민가와 한부모 가정에 정부가 취한 돌봄을 말하는 것인가?"라며 반문한다.[40]

시러큐스 대학교의 브룩스(Arthur Brooks) 교수가 2006년에 저술한 『누가 진정으로 사회를 보살피는가』(Who Really Cares)에 따르면 종교를 믿는 보수주의자들은, 수입을 동등하게 놓고 보아도, 자유주의자들보다 30%나 더 많은 돈을 기부하고, 헌혈과 자원봉사에 대한 참여율도 더 높다. 일반적으로 신자들은 모든 유형의 기부 행위 실천에 비신자들보다 적어도 네 배 정도 더 관대하며, 비종교 자선단체에도 10% 더 많은 기부금을 내고, 또 57%나 더 많이 노숙자를 돕는다. 양친이 모두 있고 종교를 믿는 가정에서 양육된 사람들은 그렇지 않은 사람들보다 자선 활동을 더 많이 한다. 사회건전성을 놓고 볼 때 자선을 행하는 사람들의 삶은 그렇지 않은 사람들보다 43% 더 많이 자신들이 "아주 행복하다"라고 말하고, 25% 더 많이 자신의 건강 상태가 "아주 좋다"거나 "아주 양호하다"고 말하는 경향이 있다. 그러므로 종교가 없는 세상을 꿈꾸기 전에 종교가 하는 모

든 선행을 대신할 사회제도가 무엇인가부터 고려할 필요가 있다.[41]

Imagine! 종교 없는 세상을 상상해보라! 정말 어떤 세상이 될 것 같은가?

2장
종교가 진화의 부산물인가?

도킨스의 정의에 따르면 종교는 망상이다. 그는 종교와 과학을 구분하여, 과학은 합리적이고 건전한 반면에 종교는 비합리적이고 실재하지 않는 것들을 믿는 정신병과 같은 것이라고 주장한다. 그는 종교와 과학을 떼어놓기 위해 자연적인 것과 초자연적인 것을 이분법적으로 나누고, 초자연적인 것은 모두 무시하고 자연적인 것만을 인정하는 경향을 보인다. 도킨스의 입장은 그가 인용한 바기니(Julian Baggini)의 설명으로 압축된다.

> 대다수의 무신론자들은 우주에는 한 종류의 재료만 있고 비록 그것이 물리적인 것이라 할지라도, 그 재료에서 마음, 아름다움, 감정, 도덕적 가치, 즉 인류의 삶을 풍성하게 하는 온갖 현상들이 나온다고 믿는다.[1]

도킨스에 따르면, 어떤 것을 초자연적이거나 초월적인 것이라고 여기는 인간의 사유와 감정은, 실제로는 뇌 속의 복잡한 물리적 실체들 사이에서 발생하는 상호작용에 불과하다. 더 나아가 도킨스와 같은 "철학적 자연학자라는 의미의 무신론자"는 자연적이고 물리적인 세계 너머에는 아무것도 없고, 관찰 가능한 우주의 배후에 숨어 있는 초자연적인 창조적 지성도 없으며, 몸보다 오래 사는 영혼은 없다고 믿는다. 따라서 도킨스를 포함한 일군의 자연과학적 무신론자들은, "사람들이 아직 이해하지 못하는 자연 현상들"이라는 의미로만 초자연적인 현상을 이해한다. 자연계 너머에 놓여 있는 듯이 보이는 무언가가 단지 이해되지 않은 현상이라면, 언젠가는 결국 그것을 이해함으로써 자연계 안에 포함시킬 수 있으리라는 희망을 품을 수 있을 것이다.[2]

도킨스가 이런 주장을 펴면서 염두에 두고 있는 자연과학적 무신론자에는 아인슈타인(Albert Einstein)과 호킹(Stephen Hawking)이 포함된다.[3] 그에 따르면 아인슈타인이 말하는 종교성은 인격적 신을 믿는 것이 아니다. 도킨스가 얼마나 신빙성 있는 자료를 근거로 말하는 것인지 알 수는 없지만, 그는 유신론자들 가운데 초자연적 실재를 믿지 않는 지적인 무신론자들이 많다고 주장한다. 도킨스의 세계에는 자연적인 것과 초자연적인 것의 중간 지대가 없는 것 같다.

| 종교적인 과학자들

한 가지 재미있는 사건은 도킨스가 자신의 편으로 여겼던 바기니가 2009년 3월 「자유사상」(*Fri Tanke*)에 "새로운 무신론 운동은 파괴적이다"(The new atheist movement is destructive)라는 제목의 글을 실은 것이다.[4] 바기니는 "설익은 물리주의는 물질적 대상만이 유일하게 존재하는 사물이라고 주장한다.…무신론자는 신의 존재를 부정하지만 본성적으로 그것을 거부하는 자는 아니다"라고 지적한다.[5] 이로 보건대 바기니는 도킨스와 한패가 아니며 오히려 도킨스가 바기니의 글을 자기 멋대로 해석하고 인용했음을 알 수 있다. 사실 이외에도 도킨스가 자신의 주장을 위하여 다른 사람의 글을 임의로 해석하고 인용하는 사례들은 적지 않다.

도킨스가 바기니를 왜곡하는 의도는 종교를 초자연적인 영역에 국한시키고자 하는 것이다. 그는 아인슈타인이 말한 종교의 내용도 아전인수 격으로 해석한다. 그는 "초자연적 종교와 아인슈타인 식의 종교를 계속 명확히 구분할 것이다. 따라서 초자연적인 신만을 망상이라 부를 것이다"라고 말한다.[6] 그러나 자연에 대한 아인슈타인과 바기니의 이해는 도킨스의 이해와는 많이 다르다. 도킨스에게 자연은 설익은 물리주의의 입장에서 본 자연이다. 그러나 아인슈타인과 바기니가 말하는 자연은 그 안에 신비적 요소를 지니고 있다.

도킨스는 "경험할 수 있는 무언가의 배후에 우리 마음이 파악할 수 없는 그 무언가가 있으며, 그 아름다움과 숭고함이 오직 간접적으로만 그리고 희미하게만 우리에게 도달한다고 느낄 때, 그것이 바로 종교다. 그런 의미에서 나는 종교적이다"라는 아인슈타인의 말을 인용하면서 "그런 의미에서 나 역시 종교적이다"라고 말한다.[7] 하지만 도킨스는 아인슈타인의 말에 자기 해석을 주입하여 "마음 또는 이성이 파악할 수 없다"라는 말이 "영구히 파악이 불가능하다"는 의미는 아니라고 꼬리표를 단다.

그러나 일반적으로 마음이나 이성이 파악할 수 없는 것은 원리가 아닌 가치 또는 의미의 세계를 포함한다. 아인슈타인의 말은 최소한 이것이 과학의 영역인지 아닌지를 떠나서 아직은 그것을 종교의 영역으로 이해하고 있다는 함의를 가진다. 그러나 도킨스는 자연 안에 내재하는 종교의 영역을 인정하지 않는다. 왜냐하면 그것을 인정하는 순간, 자연에 내재된 가치와 의미의 세계는 종교의 영역임을 인정할 수밖에 없기 때문이다. 대신 그는 이 세상의 모든 영역이 과학의 영역이라고 주장한다. 우리는 그의 주장에서 자연 속에 내재하는 가치와 의미의 세계를 유물론적 진화론으로 환원시키고자 하는 숨은 의도를 엿볼 수 있다.

바기니가 볼 때, 도킨스를 비롯한 새로운 무신론자들은 자연의 본성을 제거하고 물질적 대상만을 다루는 "제거적 유물론자"(eliminative materialism)에 속한다. 바기니는 도킨스와 같이 실증주의적 태도를 취하는 새로운 무신론을 "제거적 유물론"이라고 표현하며 다음과 같이 묻는다.

이 견해에 따르면 유일한 재료가 물리적 재료일 뿐 아니라 물리적 재료가 아닌 것은 어떤 것도 실제로 존재하지 않는다는 것 또한 사실이라고 말한다. 예를 들어 사고 혹은 관념과 같은 것들은 존재하지 않는다. 제거적 유물론은 우리가 믿어야 할 많은 것들의 존재를 부정하도록 요구하기 때문에 어렵다. 예를 들어 우리에게 정신이 있다는 것이 우리 존재 자체의 중심적 특징일 때에, 그 정신의 존재를 어떻게 부정할 수 있을 것인가?[8]

아인슈타인도 마찬가지다. 그는 스피노자(Benedict de Spinoza)의 범신론에 관심을 가지고는 있었지만 자신은 무신론자나 범신론자가 아니라고 분명하게 말한다.

나는 무신론자가 아니며, 또한 나 자신을 범신론자라고 부를 수 있다고 생각하지도 않는다. 우리의 처지는 여러 언어로 쓰인 책들이 가득한 거대한 도서관에 들어가는 어린아이와 같다. 아이는 누군가가 그 책들을 썼을 거라는 사실은 알지만 어떻게 썼는지는 모른다. 아이는 책들의 언어를 이해하지 못한다. 책들의 구성에 대한 어떤 신비한 질서가 들어 있을 거라고 어렴풋이 짐작은 하지만 그것이 무엇인지는 모른다. 내가 볼 때 지적으로 가장 뛰어난 인간의 경우에도 신을 향한 태도는 이 아이와 같다. 우리는 우주가 놀랍게도 조정되어 있고 또 어떤 법칙들을 따르는 것을 보지만 그 법칙들을 희미하게 이해할 따름이다. 우리의 제한된 정신은 천체를 움직이는 신비한 힘을 파악한다.[9]

아인슈타인은 "종교 없는 과학은 불구이며, 과학 없는 종교는 장님이다"라고 말함으로써 두 영역이 서로 적대적 관계가 아님을 천명했다. 그의 전기를 쓴 야머(Max Jammer) 또한 아인슈타인의 입장에 대해 다음과 같이 기록했다.

아인슈타인은 자신이 무신론자 취급을 받는 것에 언제나 이의를 제기했다. 뢰벤슈타인의 후베르투스(Hubertus) 공과 나눈 대화에서 그는 이렇게 말했다. "그들(신이 없다고 말하는 사람들)은 자신들의 견해를 뒷받침하기 위해 저를 인용합니다. 저는 그게 정말 화가 납니다." 이렇듯 아인슈타인은 무신론을 거부했다. 그는 인격적인 신을 부인했지만 그것이 신 자체를 부인한 것이라고는 생각하지 않았기 때문이다.[10]

여기서 아인슈타인을 기독교 신자인 내 편으로 끌어들이려는 게 아니다. 그는 분명 초월적인 한 존재자로서의 인격적 신을 믿지 않았다. 그러나 플루가 『존재하는 신』(*There Is a God*, 청림출판 역간)에서 보여주고 있듯이, 아인슈타인은 "과학 연구에 진지하게 참여하는 사람은 누구나 자연법칙이 인간보다 더없이 우월한 영, 그 앞에서 초라한 능력을 가진 우리가 겸손함을 느낄 수밖에 없는 영의 존재를 드러낸다고 확신하게 된다"라고 말한다.[11]

도킨스는 자연의 영역에 내재하거나 그 배후에 있는 파악할 수 없는 어떤 것에 대한 믿음을 범신론 또는 무신론으로 해석한다. 그런데 우리가 하나의 본문을 해석할 때 가장 주의해야 할 점은 먼저 주어진 본문 자체의 뜻이 무엇인지를 밝혀야 한다는 것이다. 본문의 뜻과는 상관없이 해석자의 생각을 집어넣어서는 안 된다. 그러나 도킨스는 아인슈타인의 말들을 교묘하게 뒤섞은 다음 자기 생각을 주입하여 새로운 의미로 바꾸어놓았다.

도킨스가 아인슈타인의 사상을 왜곡하는 의도는 분명하다. 그는 "실재와 전혀 관계가 없고 증명할 수 없고 경험할 수 없는 초자연적인 것을 믿는 종교는 망상이다!"라는 말을 하고 싶은 것이다. 이처럼 새로운 무신론자들은 스스로 종교를 정의하려고 한다. 데닛도 "종교란 '참가자들이 초자연적 행위자(들)에 대한 믿음을 공언하고 그(들)의 승인을 구하는 사회조직'이라고 정의"를 내린다.[12] 주커먼도 마찬가지로 종교를 정의한다.

> 내가 종교의 정의를 내려보겠다. 종교는 인간이 초자연적인 것이나 다른 세상의 것, 영적인 것에 대한 자신의 믿음을 바탕으로 구축한 개념, 의식, 경험, 제도를 일컫는다. 내가 보기에 여기에서 핵심은 초자연적인 것이다.…'종교적'이 되려면 반드시 초자연적인 것, 다른 세상의 것, 영적인 것에 대한 믿음이 있어야 한다.[13]

그런데 그들은 이렇게 스스로 종교에 대한 정의를 내리면서, 정작 다른 학자들이 오랜 고민 끝에 내린 정의들은 제대로 언급하지 않는다. 데닛은 제임스(William James)의 정의를 한 번 소개하지만, 곧 임의로 그 정의를 바꾸어버린다. 그리고 자신이 내린 종교의 정의에 근거해 종교를 공격하는 전략을 구사한다.

도킨스는 종교를 "망상"으로 치부한다. 『만들어진 신』의 서문에서 밝혔듯이, 망상이란 "모순되는 강한 증거에도 불구하고 잘못된 믿음을 고집하는 것, 특히 정신장애의 한 증상"이다. 그가 보기에 망상의 개념은 종교의 특성을 완벽하게 나타낸다. 그는 퍼시그(Robert Pirsig)의 견해를 인용해 "누군가 망상에 시달리면 정신이상이라고 한다. 다수가 망상에 시달리면 종교라고 한다"라고 말하면서 종교를 우스꽝스러운 것으로 만든다.

이제부터는 좀 더 진지한 대화를 위해 도킨스가 내린 종교의 정의를 자세히 살펴볼 것이다. 도킨스가 종교를 망상이라고 부르며 제시한 세 가지 근거를 하나씩 검토해보자.

| 진화의 부산물?

도킨스에게 종교란 그저 "진화의 과정에서 발생한 부산물"이다. 그는 나방이 촛불을 향해 날아드는 것을 종교적 행위와 연관 지어 설명한다. 도킨스는 나방이 촛불을 향해 날아드는 것은 자살행위가 아니라, 진화의 과정에서 나타나는 의도하지 않은 부작용이자 부산물이라고 말한다. 나방은 밤에 별빛과 달빛을 나침반 삼아 직선으로 날아가도록 진화했는데, 비교적 최근에 생긴 촛불과 같은 인공조명이 가까운 곳에서 비춰면 방향 감각을 잃고 나선 궤도로 날아들게 된다는 것이다. 그는 그것이 별이나 달과 같이 원거리에 있는 빛을 보고 날아가는—정상적인 상황에서는 유용했던—진화의 나침반이 만들어낸 빗나간 부산물이라고 설명한다.[14]

진화론에서는 진화의 과정에서 미처 새로운 상황에 바르게 대처하지 못하는 이와 같은 상황을 "타임래그(time lag) 현상"이라고 한다. 도킨스는 『확장된 표현형』(The Extended Phenotype, 을유문화사 역간)에서 "타임래그 효과는 현대인의 진화적 기준으로 보면 짧은 시간 동안 수많은 동식물의 환경을 격변시켰기 때문에 시대착오적 적응을 나타낸다. 예를 들어 고슴도치가 공과 같이 둥글게 하여 포식

자를 피하려는 반응은 슬프게도 상대가 자동차라고 한다면 적절치 않다"라고 설명한다.[15] 나방의 촛불을 향한 투신자살도 마찬가지다. 나방은 새롭게 출현한 상황을 제대로 파악하지 못했다. 나방이 인공 조명을 구분해낼 때까지는 오랜 시간이 걸릴 것이다. 그렇다면 나방은 행동을 수정할 것인가? 도킨스는 "그러나 반드시 그렇다고는 할 수 없다. 개선에 필요한 간접비용이 그 결과로 생기는 이익을 상회할 수도 있다. 즉 촛불과 별을 식별하기 위한 대가를 치른 나방은 그렇지 않은 나방, 즉 투신자살의 위험성을 감수한 나방에 비해 평균적으로 성공적이지 않을 수 있다"라고 덧붙인다.[16] 이와 관련해 도킨스는 종교의 특성을 나방의 예에 적용하며 다음과 같이 주장한다.

이제 그 교훈을 인간의 종교적 행동에 적용해보자. 우리는 대단히 많은 사람들이 남들이 믿는 경쟁 종교들뿐 아니라 검증할 수 있는 과학적 사실과도 명백히 모순되는 신앙을 가지고 있는 것을 본다. 사람들은 이런 신앙들에 열정적인 확신을 갖고 있을 뿐 아니라 손실을 무릅쓰고 거기에 시간과 자원까지 투자한다. 그들은 종교를 위해 죽거나 종교를 위해 죽인다. 우리는 나방의 '자기희생 행동'에 놀라는 것처럼 그것에도 놀란다.…종교적 행동은 빗나간 것, 즉 다른 상황에서는 유용한 혹은 과거에는 유용했던 심리적 성향의 불운한 부산물일지 모른다. 이 견해에 따르면 우리 조상들에게서 자연적으로 선택된 성향은 종교 자체가 아니었다. 그것은 다른 어떤 혜택이었고, 다만 부수적으로 종교적 행동으로 발현되었을 뿐이다.[17]

나는 진화생물학자는 아니지만 나방이 진화 과정에서 습득한 행동이 투신자살로 이어지는 것과 순교를 같은 맥락에서 비교하는 것은 명백한 모순이라는 것쯤은 쉽게 알 수 있다. 나방은 죽을 것을 알면서 누군가를 위해 투신자살을 하지 않기 때문이다. 나방에게는 "자기희생"이라는 표현 자체가 어울리지 않는다. 또한 종교가 "검증할 수 있는 과학적 사실과도 명백히 모순되는 신앙을 지니고 있는 것"이라는 표현도 하나의 주장일 뿐이다. 나아가 "종교적 행동은 빗나간 것" 또는 "과거에는 유용했던 심리적 성향의 불운한 부산물"이라는 표현도 도킨스가 종교에 대한 이해가 많이 부족함을 드러내준다. 나방에 대한 연구는 진지하게 이루어졌는지 모르지만, 종교에 대한 연구는 올바르게 이루어지지 않았다.

도킨스는 너무 쉽게 나방의 행위와 종교의 행위를 같은 범주에 집어넣고 연결시킨다. 그리고 그것이 종교의 본질이라고 말한다. 그러나 정말 그럴까? 도킨스가 말한 "그들은 종교를 위하여 죽거나 종교를 위해 죽인다"라는 표현은 정치적인 목적을 가지고 종교를 이용하는 자살 폭탄 테러범을 염두에 두고 한 말이다. 그러나 참된 기독교 순교자는 테러범들과는 달리 타인을 위해 기꺼이 죽음을 택하는 사람이다. 기독교 순교자는 생명을 헌신짝처럼 버리고 천국의 행복을 얻기 위해 투신자살하는 사람이 아니다. 또한 순교자는 삶에 부대껴 자살하는 사람들과는 달리 남아 있는 다른 사람들의 더 나은 삶을 위하여 순교를 선택한다. 즉 자신이 속한 공동체의 진정한 가치를 위해 희생하며 이것을 통해서 참된 삶을 실현하는 것이다.

기독교는 유대교 전통과 성경의 가르침에 따라 자살을 강하게 정죄했고, 자살에 관용적인 로마의 스토아 사상을 신학적으로 비판했다. 아우구스티누스(Augustinus)는 자살을 심각한 도덕적·신학적 주제로 삼은 가운데 이를 정죄한 최초의 신학자였다. 그는 『신국론』(De Civitate Dei)에서 자살 문제를 정면으로 다룬다. 로마의 귀부인 루크레티아가 성폭행을 당한 뒤 수치심을 견디지 못하고 자결하는 사건이 벌어졌다. 이에 대해 아우구스티누스는 "두 사람이 있었지만 간음을 저지른 것은 한 사람뿐이다"라고 해석했다. 한 사람은 폭력으로 정조를 유린하는 범죄를 저질렀지만 다른 한 사람은 몸을 빼앗겼어도 정신이 동조하지 않았으므로 순결하다는 것이다.

그런데 아우구스티누스는 루크레티아가 자살을 통해 자신이 순수한 피해자였음을 사람들에게 인정받고 또 이를 통해 명예를 지켰는지는 모르나, 그것은 신학적으로 잘못된 행동이었다고 지적했다. 작은 악을 벗어나기 위해 더 큰 악을 행한 것으로 간주했기 때문이다. 그는 자살이 살인하지 말라는 제6계명을 어기는 것이며, 성경은 악을 피하거나 벗어나기 위해 자살하는 것을 허용하지 않는다고 주장했다. 제6계명은 제9계명과 달리 "네 이웃"이라는 수식어가 없는데, 이것은 이 명령이 자신의 생명까지 포함하는 명령임을 보여준다는 것이다.

토마스 아퀴나스도 『신학대전』에서 자살이 하나님과 공동체에 대항하는 죄라고 밝힌다.

자살은 다음의 세 가지 이유로 완전히 잘못된 일이다. 첫째, 만물은 자신을 사랑함이 당연하다. 그러기에 만물은 자신을 보존하고 적대적인 힘에 대항하려고 애씀이 당연하다. 자살은 자신의 자연적 경험성을 거스르는 것이고, 자신을 마땅히 보호하려는 자비로운 마음에도 역행하는 것이다. 둘째, 모든 부분은 그 자체로 한 전체의 부분이 된다. 한 사람은 자살로 자신에게만이 아니라 그기 속한 공동체에게도 손해를 끼친다. 셋째, 생명은 하나님께서 사람에게 부여해주신 선물이다. 이에 생명은 생과 사의 주인이신 하나님께 복속되는 것이다. 그러므로 자기 목숨을 스스로 빼앗는 사람은 하나님께 죄를 짓는 것이다. 이는 다른 사람의 노예를 살해함으로써 그 주인에게 해를 끼치는 것과 같다. 혹은 권한을 부여받지 못한 일에 자신이 권한을 가지고 판단하는 것과도 같다. 생과 사에 대해서는 오직 하나님만이 권한을 가지고 계신다.[18]

교회사를 통해 볼 때에 교회가 스스로 죽은 자를 위한 장례를 허용하지 않은 것은 바로 이런 이유 때문이다. 그렇다면 순교적 자살은 어떨까? 도킨스가 말하는 "종교를 위하여 죽거나 죽이는 것"을 순교라고 할 수 있을까? 일반적으로 순교는 "신앙을 지키기 위해 목숨을 버리는 것"을 의미한다. 그러나 좀 더 정확하게 말하면 순교는 자기 스스로 목숨을 끊는 자살을 의미하는 것이 아니라, 신앙을 지키기 위해 죽임을 당하는 것을 의미한다. 기독교는 스스로 목숨을 끊는 자살을 순교로 인정하는 것이 아니라 죽음의 위험을 무릅쓰고 신앙을 지키다가 죽임을 당하는 것을 순교라고 한다.

도킨스는 마치 이슬람 근본주의의 주장이 기독교의 가르침인 것처럼 기술한다. 그러나 기독교는 아름다운 처녀, 총각들이 천국에서 순교자를 기다린다고 가르치지 않는다. 누가복음 20:35의 가르침에서 볼 수 있듯이 기독교가 고대하고 지향하는 천국에는 장가가는 일도 시집가는 일도 없다. 이로 보건대 도킨스는 자신이 수집할 수 있는 가장 나쁜 해석들을 짜깁기하여 종교를 공격하고 있음을 알 수 있다.

도킨스는 아이들의 뇌가 매우 취약해서 어른들이 하는 말을 그대로 믿는 경향이 있다는 점을 강조하며 다음과 같은 주장을 한다. 아이들은 어른들이 하는 말대로 했을 때에 선택적 이점이 있다는 사실을 경험을 통해서 터득했을 것이다. 특히 부모가 하는 말이나 부족 원로들이 하는 말을 따르는 것은 일반적으로 아이에게 매우 유익한 규칙이다. 자연선택은 아이의 뇌에 부모나 다른 어른이 어떤 말을 하든 믿는 경향을 심어놓았다. 실제로 그렇게 믿고 따르는 것은 생존에 매우 유익하다. 그러나 아이는 부모가 주는 좋은 교훈과 나쁜 교훈을 구분하지 못하고 무작정 믿는다. 마치 컴퓨터가 바이러스에 감염되는 것과 같은 이치다. 아이의 뇌는 컴퓨터처럼 부모가 주는 명령을 수행한다. 컴퓨터는 어떤 명령이 좋은 결과를 빚고 어떤 명령이 나쁜 결과를 빚을지 알아낼 방법이 없다. 컴퓨터는 그렇게 의문을 품지 않고 복종하기 때문에 유용하며, 바로 그 때문에 필연적으로 바이러스나 웜과 같은 외부 공격에 취약하다. 같은 논리로 아이들의 뇌에 신앙을 주입하면 그대로 믿고 따른다. 나방의 예에서 볼 수 있듯이 그것은 잘못된 결과를 불러올 수 있다.[19]

여기서 도킨스는 아이들의 뇌와 나방의 진화된 나침반, 그리고 컴퓨터를 동일하게 다룬다. 그러나 대부분의 기독교인들은 아이들에게 맹목적인 신앙을 가지라고 교육하지 않는다. 교회를 통해 자녀를 교육시키는 대부분의 부모는 근본주의적인 교육이 아니라, 성경의 가치를 따라 인격적인 교육을 시키려고 노력한다. 주일학교 교육은 아이들에게 올바른 가치관을 심어주기 위한 것이지 과학교육을 막기 위한 것이 아니다. 몇몇 근본주의자들이 진화론에 대해 부정적인 의견을 가지고 창조론을 강조했다는 사실만으로 종교가 과학을 수용하지 않으려 한다고 오해하는 것 자체가 비과학적이다. 심지어 진화론에 관한 이론들도 여전히 서로 경쟁하고 있어서 어느 것이 가설이고 어느 것이 정설인지가 아직도 확실하지 않다. 물론 도킨스 자신은 "개체 중심"보다는 "유전자 중심"의 진화론, 그리고 "단속평형이론"보다는 "계통점진이론"이 확실하다고 주장하지만 말이다.

도킨스는 기독교가 지구의 나이를 1만 년이 안 된다고 주장하는 것에 대해 비난의 목소리를 높인다. 이것은 소위 "젊은 지구설"로서 17세기에 활동한 어셔(James Ussher)가 문자적으로 추적한 성경의 연대에 기초한다. 그러나 창조론을 언급하는 대부분의 신학자들은 지구의 나이가 1만 년이 채 안 되었다고 주장하지 않는다. 신학자들은 성경의 문자를 그것이 쓰인 고대의 언어규칙에 따라 해석하려고 노력한다. 구약성경에서 "욤"(yom)이라는 단어는 "하루"를 의미하기도 하지만 "일 년"을 의미하기도 하고, 나아가 어느 한 기간인 "세대"를 의미하기도 한다. 이에 따라 창세기에서 묘사하는 6일 동안의 창조와 이어지는 하루의 안식은 다양한 해석이 가능하다. 욤을 "한 기간"으로 해석하면 기독교의 창조는 여섯 단계를 거쳐서 이루어진 사건이 된다.

실제로 기독교의 초대교부들 가운데 아우구스티누스는 "욤"을

"한 기간"으로 해석해 창조가 여섯 단계를 거쳐 이루어졌다고 보았다. 이와 같은 이론을 "날(욤)-세대" 이론이라고 한다. 이 이론은 굴드(Stephen Jay Gould)와 엘드리지(Niles Eldredge)가 1972년에 발표한 "단속평형이론"과도 잘 맞는다. 단속평형이론은 진화가 점진적으로 이루어진 것이 아니라 단계적으로 이루어졌다고 보는 이론이다. 이 이론에 따르면 세계 생태계는 여섯 단계의 대(大)진화를 통하여 이루어졌고, 각 단계를 통과할 때마다 급격한 진화가 이루어졌다.

반면 도킨스는 종의 진화가 매우 오랜 시간에 걸쳐 점진적으로 이루어진다는 계통점진이론을 더 신봉한다. 그러나 계통점진이론은 진화의 중간 단계를 찾을 수 없다는 데에 맹점이 있다. 따라서 계통점진이론보다는 단속평형이론이 오래된 지구설을 주장하는 신학자들 입장에서 볼 때 더 설득력이 있다. 그리고 진화가 하나님의 창조 방법이라고 보는 학자들은 한 생물 집단이 진화하면 관련된 생물 집단도 함께 진화한다는 공진화(共進化) 현상을 인정한다.

여기서 나는 나 자신이 진화생물학자가 아니기 때문에 어느 것이 옳고 그른지는 구체적으로 말하기 어렵다. 그러나 내가 확실하게 말할 수 있는 것은 신학은 과학을 반대하지 않으며 오히려 과학을 통해 하나님의 창조 세계 안에 있는 것들의 가치와 의미를 발견하고자 노력한다는 사실이다. 도킨스는 교회가 진정으로 무엇을 가르치는지는 제대로 헤아리지 않고 오로지 역사적인 과오—교회가 과학자들의 견해를 받아들이지 않고 유보하다가 뒤늦게 수용한 점—만을 근거로 교회를 공격한다. 그는 극단적이고 근본주의적인 종교의 예를 동원한 뒤, 그것이 기독교나 종교의 전체라고 규정하는 오류를 범할 뿐이다.

　도킨스는 기독교인이나 그 밖의 종교인들이 자식들을 자살 테러범으로, 혹은 신을 위한 순교자로 만들기 위해 어려서부터 의도적으로 뇌에 잘못된 신앙심을 심어놓는다고 주장한다. 그는 진리를 향한 목마름으로 신을 찾는 종교인들을 모두 사기꾼으로 만드는 것도 모자라 자식마저 테러범으로 만드는 야만인으로 폄하한다. 그러나 대부분의 기독교인은 자신의 자녀들이 생명을 아끼고 진리를 추구하며 공공의 가치를 존중하고 이웃을 사랑하는 참된 삶을 살아가도록 가르친다. 기독교인들은 자신에게 주어진 삶이 신의 은총이며 축복이기에 감사하는 마음으로 최선을 다해 행복하고 아름답게 살기 위해 노력한다. 대부분의 건전한 교회는 비진리에 저항하며 정의를 위해 투쟁하고 삶의 가치를 존중해 자살을 억제하며 삶의 고통의 순간도 감사로 이겨내라고 가르친다. 그는 도대체 기독교의 가르침을 제대로 들어보기나 했을까?

　도킨스는 종교가 악성 바이러스라는 전제 위에서 자신의 논리를 전개한다. 9.11 테러를 통해 종교가 악의 뿌리라는 것이 이미 역사적으로 증명되었다고 보는 것이다. 그러나 벌린스키가 지적했듯이, 실제로 살상무기를 개발하고 총, 대포, 핵폭탄을 만든 것은 과학자들이다. 종교와 마찬가지로 과학을 악용하는 것은 인간의 나쁜 본성이다. 종교는 그런 악한 성향을 바른 방향으로 개전(改悛)시키려고 노력한다. 다시 한 번 말하지만, 종교를 정치적 목적으로 악용해 자기 이익을 취하는 사람들의 행위를 종교의 본질로 규정하는 것은 잘못이다. 그것은 종교의 현상을 종교의 본질로 왜곡시키는 것이다.

이와 관련해 이글턴은 디치킨스를 가리켜 "공격하기 좋게 기독교를 왜곡하는 일은 이제 학자와 지식인 사이에서 지겨울 만큼 만연해 있다"라고 지적한다.[20]

| 종교는 심리적 부산물?

도킨스가 종교와 미신을 구분하지 않는 이유는, 종교와 미신을 똑같이 이원론의 부산물로 보기 때문이다. 그는 블룸(Paul Bloom)의 주장을 따라 아이들은 타고난 이원론자라고 주장한다. 블룸에 따르면 아이들은 태생적으로 이원론적인 성향이 뇌에 새겨져 있으며, 이에 따라 종교 개념을 포용하는 자연스러운 성향을 보인다. 도킨스는 또한 켈러먼(Deborah Keleman)의 견해를 받아들여 아이들이 타고난 목적론자라고 주장한다. 그는 이원론을 "진화심리학"의 입장에서 심리적 부산물로 본다. 진화심리학자들에 따르면 우리의 의식은 뇌의 부산물이고 영혼도 심리의 부산물일 뿐이다. 물질과 마음이 근본적으로 하나라는 얘기다. 반대로 이원론은 물질과 마음을 구분한다. 도킨스는 이원론을 다음과 같이 설명한다.

이원론자는 물질과 마음이 근본적으로 다르다고 본다. 반면에 일원론자는 마음이 물질(뇌 또는 컴퓨터 속의 물질)의 한 표현이며 물질과 따로 존재할 수 없다고 믿는다. 이원론자는 마음이 몸에 깃든, 일종의 육신 없는 영혼이므로 몸을 떠나 다른 곳에서 존재할 수 있다고 믿는다.

이원론자는 정신병을 '악령에 사로잡힌 것'이며 그 악령이 몸에 일시적으로 들어온, 따라서 '쫓아낼' 수 있는 영혼이라고 쉽게 해석한다. 이원론자는 틈만 나면 생명이 없는 물리적 대상을 의인화하며, 심지어 폭포나 구름에서도 영혼과 악마를 본다.[21]

그러나 이원론에 대한 도킨스의 설명은 충분하지 않다. 기독교뿐만 아니라 진리를 추구하는 많은 종교들은 이원론을 이렇게 설명하지 않는다. 몸과 영혼, 두 가지 요소가 하나로 통합되어 있는 것이지 언제든지 분리되어 몸 따로 영혼 따로 활동하는 것이 아니다. 살아 있는 사람들의 영혼이 몸을 바꾸어 입는 가르침도 없다. 그러나 도킨스는 이원론자들이 앤스테이(F. Anstey)의 소설 『뒤바뀜』(*Vice Versa*)이나 우드하우스(P. G. Wodehouse)의 『웃음 기체』처럼 몸이 바뀌는 이야기를 무리 없이 받아들이는 사람들이라고 말한다.[22] 그는 그런 식으로 기독교의 가르침을 멋대로 왜곡시켜놓고 공격하는 비지성적인 작업을 계속한다.

대부분의 상식 있는 사람들은 설령 이원론을 인정하더라도 유체이탈을 통해 영혼이 바뀔 수 있다고 믿지는 않는다. 기독교적인 관점에서 인간은 육체와 영혼의 통합체로서 살아가는 존재이며, 살아 있는 동안 몸이 싫다고 영혼이 떠날 수는 없다. 이원론자들이 믿는 것은 죽음에 이르러 육체는 흙으로 돌아가고 영혼은 존재의 근원에게로 돌아간다는 것이다. 만일 기독교 이원론자들이 도킨스가 표현한 대로 믿는다면 대부분 몸을 바꾸어달라고 기도하고 있을 것이다. 아무튼 그는 계속해서 이런 식으로 기독교의 가르침을 자신의 구미에 맞게 왜곡시키고 있다. 그의 이러한 반복적인 글쓰기 습관은 한 마디로 "고약하고 못된 버릇"이라고 표현할 수밖에 없다.

그러나 여기서 부득불 한 가지 인정해야만 하는 점은 세상의 모든 기독교인이 다 성숙한 신자는 아니라는 사실이다. 기독교인들 가운데 아직도 미신을 믿는 사람들이 있다는 사실은 여전히 부정할 수 없다. 왜냐하면 대부분의 신자가 처음부터 진리를 깨달은 상태에서 신앙생활을 하는 것이 아니라 초보적인 신앙에서 시작해 성숙한 신앙에 이르는 선상에 있기 때문이다. 어떤 사람은 욕구 결핍을 해결하기 위해 종교를 가지는 사람도 있고, 또 어떤 사람은 처음부터 진리를 추구하는 사람도 있다. 모든 사람들이 처음부터 올바른 목적을 가지고 종교를 믿기 시작했다고 생각한다면 그것이야말로 순진한 생각이다. 기독교는 오히려 잘못된 또는 유아기적 믿음에서 벗어나 장성한 신앙의 모습을 지향하도록 가르친다.

도킨스는 "왜 자연선택은 이원론과 목적론을 선호했을까?"라는 질문을 통해, 우리가 이원론적인 생각을 갖는 것이 자연선택의 전략이라고 말한다. 우리를 둘러싼 세계에 존재하는 실체들의 움직임을 예측하는 것은 우리의 생존에 중요하며, 자연선택이 그 일을 효율적이고 신속하게 해내도록 우리들의 뇌를 다듬어왔다고 전제하는 것이다.[23] 도킨스의 주장에 따르면 이원론과 목적론은 망상에 불과하지만 그럼에도 생존을 위해서는 필요한 전략이다. 대표적 예가 사랑인데, 사랑도 본질적으로는 유전적 이점을 지니고 있는 망상에 불과하다는 것이다.

피셔(Helen Fisher)는 『연애본능』(*Why We Love*, 생각의나무 역간)

에서 낭만적인 사랑은 필요 이상으로 과장되어 있다고 주장한다. 그녀는 일부일처제보다는 일종의 "다자연애"가 더 합리적이라고 말한다. 그녀의 견해에 따르면 우리가 전적으로 배우자만 사랑할 것이라는 기대는 지극히 기이한 것이다. 그러나 거기에는 분명한 이유가 있는데, 그것은 사랑에 빠질 때 뇌에서 분비되는 신경활성 물질들—사실상 천연 약물들—이 대단히 특이하고 특징적인 상태를 이루기 때문이라는 것이다. 도킨스는 피셔의 견해를 따라 한눈에 반하는 비합리적인 현상이 오랫동안 아이를 함께 키울 수 있도록 상대에게 충실하게 하는 메커니즘일 수 있다고 동의한다.[24]

그는 이미 1993년에 사랑에 빠지는 것과 종교를 비교하면서, 종교에 감염된 개인의 증상들이 "통상적으로 성적인 사랑과 관련이 있는 증상들을 놀라울 정도로 상기시킨다"고 주장했다. 그는 사람이 종교에 빠지는 것은 일종의 컴퓨터 바이러스와 같은 현상으로, 뇌에 나타나는 정신 바이러스의 강력한 작용 때문이라고 본다. 또한 "성녀인 아빌라의 테레사가 오르가즘을 일으키는 듯한 환영을 본 것"이라든지, 로마 가톨릭 사제가 미사를 올리면서 "그리스도의 몸을 만질 때…잘못된 혼인이라는 현실 앞에 짧게 끝나고 마는 낭만적인 연애"와 같았다고 표현한 것을 그러한 예로 제시한다.[25]

도킨스가 종교에 대한 감정을 학문적인 논리의 전개가 아닌 견강부회(牽强附會)로 짜깁기하여 정신 바이러스에 감염된 결과로 표현한 것도 문제지만, 종교에서 나타나는 헌신적이며 숭고한 사랑의 감정을 성적 쾌락의 감정으로 바꾸어 공격하는 것은 더욱 납득하기 어렵다. 진화론자들의 사랑은 육체적 경험을 통해 얻는 성적 쾌락이 전부인 것 같다. 그는 정신적인 사랑이 뇌에서 분비되는 신경활성 물질들에 의해 나타나는 현상일 뿐이며 실제로는 아무것도 아니라는 입장에 있다. 아무리 무신론자라지만 양심과 지성이 살아 있다면 신적 사랑의 가치를 비합리적 메커니즘의 산물로 치부하고, 성적 즐거움이 아닌 사랑은 천연 약물이나 인공 약물을 통하여 일어나는 망상에 불과하다고 주장할 수 있을까?

무작정 기독교를 깎아내리고 싶어하는 사람들은 도킨스의 말에 기꺼이 동의할지 모르겠다. 그러나 좀 더 양식 있는 사람들은 도킨스의 논리나 표현이 얼마나 조잡하며 형편없는지 단번에 느낄 수 있을 것이다. 나 역시도 그의 표현 자체가 너무 조잡해서 대응할 가치를 느끼지 못할 때가 있다. 그러나 아직 기독교를 잘 알지 못하면서 도킨스의 말에 귀를 기울이고 있는 많은 사람들을 위해 논의를 더 지속해보자.

도킨스가 지적하는 또 하나의 비합리적 메커니즘은 프레이저(James Frazer)가 『황금가지』(The Golden Bough, 동서문화사 역간)에서 말하는 종교의 일반 원리에 의존한다. 그 가운데 하나는 "동종 요법 주술"이다. 즉 인간은 의식적으로 자기가 보고 싶은 것만 보려는 경향이 있고, 종교는 인간의 그러한 갈망과 관련이 있다는 것이다. 이에 대해 도킨스는 다음의 예를 든다.

바로 코뿔소의 뿔 가루에 최음 효과가 있다는 믿음이다. 그 터무니없는 속설은 뿔이 건장한 음경과 비슷해 보인다는 데에서 비롯되었다. 동종 요법 주술이 그렇게 널리 퍼져 있다는 사실은 취약한 뇌를 감염시키는

허튼 생각들이 전적으로 무작위적이고 제멋대로인 것만은 아님을 시사한다.[26]

그리고 도킨스는 "인간 심리는 욕망으로 채색된 믿음을 허용하는 보편적인 경향을 지니고 있기 때문에" 종교를 객관적으로는 받아들이기 어렵지만, 주관적으로는 호소력이 있고 또한 갈망하는 사고와 맞아 떨어지기 때문에 살아남아 퍼진다는 설명을 덧붙인다.

이처럼 도킨스는 욕구 충속을 종교의 전체적인 특징으로 간주하지만 이는 사실이 아니다. "욕망으로 채색된 믿음"이라는 말만으로 기독교의 믿음을 전부 다 설명할 수는 없다. 물론 기독교인들 가운데는 "욕구 충족"을 바탕으로 하는 기복신앙을 가지고 있는 사람들도 있음을 부정할 수 없다. 그러나 그것은 종교가 보여주는 일면이기는 해도 종교의 본질 자체는 아니다. 기독교는 오히려 예수의 가르침에 따라 내가 가지고 있는 것을 팔아 가난한 이웃들에게 나누어주며 불쌍한 사람을 도와 더불어 살아가는 사회를 추구한다. 도킨스가 이해하는 것과는 정반대로 사도 야고보는 "욕망이 죄의 근원이며 참된 자신의 존재 가치를 죽이는 사망에 이르는 길"이라고 가르친다. 맥그래스에 따르면 프레이저의 『황금가지』에 나타나는 일반 원리는 명백히 실패로 끝난다. 맥그래스는 도킨스가 "자신이 그렇게 하고 있는지도 제대로 깨닫지 못한 채, 자기 자신의 견해에 들어맞는 증거를 앞세우며 그렇지 않은 증거는 무시하거나 왜곡하고 있다"고 지적한다.[27]

기독교는 욕망을 버림으로써 얻게 되는 참된 진리를 추구한다.

성경의 가르침에 따르면 욕심은 죄다. 욕심이 잉태한즉 죄를 낳고 죄가 장성한즉 사망을 낳는다(약 1:15). 비단 기독교뿐만 아니라 대부분의 건전한 종교는 고행 또는 수련을 통해 이기주의와 욕심에서 벗어나라고 가르친다.

예수 그리스도는 하나님 나라의 복음을 전하기 전에 먼저 성령의 이끌림을 받아 광야에서 40일을 금식하고 나서 세 가지 시험을 통과해야 했다. 첫 번째 유혹은 식욕에 관한 것이었다. 시험하는 자는 40일을 굶은 예수께 다가와 "네가 만일 하나님의 아들이어든 명하여 이 돌들로 떡덩이가 되게 하라"라고 유혹했다. 그러나 예수는 "사람이 떡으로만 살 것이 아니요 하나님의 입으로부터 나오는 모든 말씀으로 살 것이라"라고 대답했다. 두 번째 시험은 명예욕에 관한 것이었다. 시험하는 자는 예수를 거룩한 성으로 데려가 성전 꼭대기에 세우고 "네가 만일 하나님의 아들이어든 뛰어내리라 기록되었으되 그가 너를 위하여 그의 사자들을 명하시리니 그들이 손으로 너를 받들어 발이 돌에 부딪히지 않게 하리로다"라고 유혹했다. 그러나 예수는 "주 너의 하나님을 시험하지 말라"라고 답변하셨다. 마지막 시험은 권력욕에 관한 것이었다. 시험하는 자는 예수를 지극히 높은 산으로 데리고 가서 천하만국과 그 영광을 보여주며 만일 자신에게 엎드려 경배하면 그 모든 것을 줄 것이라고 유혹했다. 이에 예수는 "사탄아 물러가라 기록되었으되 주 너의 하나님께 경배하고 다만 그를 섬기라 하였느니라"라고 시험하는 자를 꾸짖었다.

기독교는 눈에 보이는 물질, 명예, 권력을 탐하거나 그것을 추구하지 않는다. 기독교는 진리를 향한 열정을 가지고 진리 그 자체를 사랑한다. 곧 눈에 보이는 사물을 사랑하는 것이 아니라 사물이 지니고 있는 가치를 존중하고 그것들 가운데 들어 있는 신성한 의미와 목적을 추구한다.

I 종교는 밈 – 복합체?

도킨스는 오스카 와일드(Oscar Wilde)의 말을 빌려 "종교에서 진리는 그저 살아남은 견해(밈)를 지칭한다"고 표현했다. 그가 여기서 말하는 밈(meme)이란 무엇일까? 그는 『이기적 유전자』(*The Selfish Gene*, 을유문화사 역간)에서 생물학적 진화와 문화적 진화 사이에는 양쪽 모두 복제자를 필요로 한다는 근본적인 유사성이 존재하는데, 생물학적 진화에서 복제자가 유전자(gene)라면 문화적 진화에서는 "밈"이라는 가상의 복제자를 상정할 수 있다고 말한다.

유전자가 유전자 풀 내에서 번식할 때 정자나 난자를 운반자로 하여 몸에서 몸으로 뛰어넘는 것과 같이, 밈이 밈 풀 내에서 번식할 때에는 넓은 의미로 모방이라고 할 수 있는 과정을 매개로 하여 뇌에서 뇌로 건너다닌다. 만약 과학자가 좋은 생각을 듣거나 또는 읽으면 그는 동료나 학생에게 그것을 전달할 것이다. 그는 논문이나 강연에서도 그것을 언급할 것이다. 이때 다른 사람들이 그 생각을 잘 이해하게 되면 뇌에서 뇌로 퍼져 자기 복제한다고 말할 수 있다.[28]

그러나 한 사람의 이론이 다른 사람에게 얼마나 정확하게 전달될 수 있을까? 도킨스 자신도 밈의 복제에 있어서 정확도의 문제가 있음을 인정한다. 언뜻 보아서는 밈이라는 자기 복제자가 복제상의 정확도를 조금도 가지고 있지 않은 것처럼 보이기 때문이다. 오히려 밈의 전달은 계속되는 돌연변이, 그리고 나아가서는 혼합에 의해서 지배받는 것처럼 보인다. 예를 들어 오늘날 생물학자들이 모두 다윈의 이론을 믿고 있다고 해도 모든 생물학자가 다윈의 말을 문자 그대로 받아들이는 것은 아니다. 개개의 학자는 다윈의 이론에 관해 독자적 해석을 내린다. 그럼에도 불구하고 "다윈주의의 본질이라고 말할 수 있는 이론"은 모든 사람들의 머릿속에 현존한다고 할 수 있다. 도킨스는 이 본질을 "아이디어의 밈"이라고 부르고 뇌와 뇌 사이에서 전달 가능한 실체로서 정의되어야 한다고 말한다.[29] 그는 밈에 대한 비판에 대해서도 잘 알고 있다.

현재 유전자의 정확한 물리적 특성(DNA의 서열 등)은 알려져 있는 반면 밈의 특성은 알려져 있지 않다.…밈 이론에 대한 가장 중요한 반대 논리는 밈이 다윈주의적 자기 복제자 역할을 하기에는 복제 신뢰도가 너무 낮다는 것이다. 세대마다 '돌연변이율'이 높다면 다윈적인 선택이 밈 풀에서 그 밈의 빈도에 영향을 미치기도 전에 그 밈이 돌연변이로 사라지지 않을까 의심스럽다는 것이다.[30]

블랙모어(Susan Blackmore)는 복제의 정확도가 높은 "기술에 의한 복제"를 소개한다. 그녀는 복사기나 컴퓨터와 같은 기계를 매개로 하는 복제에서 기술에 의존하는 복제자를 팀(teme) 또는 트림(treme)이라고 명명하고 이것이 세 번째 복제자라고 말한다.[31] 이에 대해 도킨스는 "밈은 뇌에만 존재할까? 아니면 시를 적은 종이쪽지나 복사용지도 밈이라고 할 수 있을까?"라고 묻는다. 앞서 다윈 이론의 전달 과정에서 살펴보았듯이, 그는 "밈이란 세부적인 사항들은 기이할 정도로 달라질 수 있지만 핵심은 변함없이 전달된다. 밈을 유전자에 비유하고자 할 때 필요한 것은 그것뿐"이라고 말한다.[32]

그러나 도킨스의 밈은 복제 과정상의 정확도 이외에도 다양한 문제들을 안고 있다. 맥그래스가 지적하는 것처럼 어느 누구도 밈이 뇌에서 뇌로 건너뛰는 것을 본 사람이 없고, 또 밈이 살아 있다는 것도 증명할 수 없다. 밈의 물리적 실체를 규명하기는 힘들기 때문에, 밈의 단위를 규정하고 밈의 복제와 저장 메커니즘을 정확히 알기는 어렵다. 과학적인 개념이 되기 위해서는 구체적이고 정확한 정의가 필요한데, 밈 이론에는 그것이 결여되어 있다. 또한 밈이 존재한다면 그것은 정말 유전자의 성격을 지니고 있을까? 그렇다면 후천적 획득 형질이 유전된다고 보는 라마르크 식인가 아니면 비(非)라마르크 식인가 하는 문제에 부딪히게 된다. 내가 이해하기로 유전자는 수직적으로 이동하는 반면 밈은 수평적으로 이동한다.

이런 문제점들은 뒤로하고 일단 도킨스가 종교에 적용한 밈에 대해 살펴보자. 그는 종교 밈 가운데 다음과 같은 몇 가지를 소개한다. "당신은 죽어도 살 것이다. 당신이 순교한다면 72명의 처녀와 즐길 수 있는 천국으로 갈 것이다. 이교도, 신성모독자, 배교자는 죽여야 한다."[33] 하지만 여기서 그는 기독교와 이슬람 근본주의의 가르침을 혼동하고 있다. 그중에서 도킨스가 첫 번째 공격 대상으로 삼는 것은 소위 "신-밈"이다.

> 밈 풀 속에서 신의 밈이 나타내는 생존가는 그것이 갖는 강력한 심리적 매력의 결과다.…인간의 문화가 만들어내는 환경 속에서 신은 높은 생존가 또는 감염력을 가진 밈이라는 형태로만 실재하는 것이다.[34]

그리고 두 번째로 그가 공격하고자 하는 종교적인 밈 복합체는 "믿음"이다. 그는 믿음이 "증거가 없어도—증거를 무시하고라도—맹신"하는 것이라고 설명한다.[35] 그리고 "맹신이라는 밈들은 각기 독특하고 잔인한 방법으로 스스로 번식해가고 있다. 애국적 맹신이든 정치적 맹신이든 종교적 맹신이든 똑같다"라고 비판한다.[36]

설령 도킨스의 이론을 따라 밈의 복제를 문화의 전달 수단으로 인정한다 해도 종교-밈만을 정신 바이러스나 잘못된 부산물로 여기는 데는 문제가 있다. 사실상 모든 "아이디어-밈", 즉 이데올로기적 밈은 같은 문제를 지니고 있다고 보아야 한다. 문화 자체를 어떤 시각으로 보느냐에 따라 바이러스로 보일 수도 있고 정상적인 체계로 보일 수도 있다. 그리고 만일 우리가 밈 기계이며 우리 사회가 밈 복합체로만 구성되어 있다면 우리는 절대로 바이러스를 치유할 수 없을 것이다.

밈은 유전자와 같은 객관적인 존재인가 아니면 하나의 비실재적 개념일 뿐인가?[37] 도킨스는 안셀무스의 실념실재론을 비판하면서 다른 한편으로는 밈을 하나의 존재 가치를 지닌 복제자로 소개한다.

그러나 그가 밈을 복제자로 인정하면서 안셀무스의 실념실재론을
거부하는 것은 모순이다.

도킨스는 잘못된 밈을 고칠 수 있는, 또는 밈을 올바르게 적용하
고 활용할 수 있는 유일한 존재가 인간이라고 말한다.

> 우리는 유전자 기계로서 조립되었지만 밈 기계로서 교화되어 있다. 그
> 러나 우리에게는 이들의 창조자에게 대항할 힘이 있다. 이 지구에서는
> 우리 인간만이 유일하게 이기적인 자기 복제자들의 전제에 반항할 수
> 있는 것이다.[38]

나는 이 점에 동의한다. 만일 밈이 개체로 존재한다면 밈을 만드
는 것도 정신이며 밈을 수용하는 것도 정신이다. 밈 풀은 정신이며
사고를 수용하고 생산하는 세계다. 그러므로 밈이 잘못 적용될 때에
그것을 고치고 저항하는 힘도 정신에 있다. 그리고 오직 정신을 소
유하고 있는 인간에게만 그런 힘이 있다. 육체를 일깨우고 정신의
세계로 이끄는 그 정신이 비판적 성찰을 통하여 밈을 교정하고 새
롭게 변화시키는 것! 그것이 바로 종교가 말하는 정신이며 인간의
가치에 부합하는 힘이다.

하지만 도킨스는 바로 이 점이 진정한 종교 정신이라는 사실을
인정하지 않는다. 잘못된 문화나 믿음, 체제에 저항하는 밈이 있다
면 그것은 프로테스탄트 정신, 즉 저항 정신 또는 개혁 정신이다. 가
톨릭의 잘못된 것에 대항한 개신교 정신, 신을 하나의 형상으로 만
드는 것에 대한 비판 정신, 욕망에 사로잡힌 자들에게 회개를 촉구

하고 새로운 존재로 변화시키는 정신, 부패한 문화를 성스러운 문화로 개혁하려는 정신, 이성의 구조나 합리성이 밈과 같은 틀에 갇혀 있는 것을 구출하는 힘, 바로 그것이 종교 정신이다.

물론 도킨스는 밈이 규정하는 문화 복제의 틀을 수정하고 뛰어넘는 힘과 능력이 프로테스탄트 원리이며 정신이라는 사실에 동의하지 않으려고 한다. 그러나 이런 프로테스탄트 정신, 즉 종교는 최소한 진화의 부산물이 아니라 본질에 속한다는 사실은 분명히 인정되어야 한다.

3장
맹신인가 확신인가?

도킨스는 『만들어진 신』을 여는 첫 장의 부제를 "믿음을 믿다"라고 붙였다. 그는 일찍이 『이기적 유전자』에서 "신앙은 사실이 아닌 줄 알면서도 믿는 것이다"라고 정의를 내리면서 "증거가 없어도, 심지어는 증거를 무시하는 맹신"이라고 주장했다.[1] 이는 그가 "믿음"이라는 용어를 어떤 의미로 사용하는지를 잘 보여준다. 또한 데닛은 같은 맥락에서 "주문을 깨다"(Breaking The Spell)라는 표현을 쓴다. 이처럼 새로운 무신론자들은 믿음을 "주문" 또는 "주술"과 같은 의미로 사용한다. 여기서의 주문이나 주술은 부모로부터 또는 전통을 통해 물려받는 것인데, 기독교인들은 믿음을 주문이나 주술처럼 세습하고 무비판적으로 받아들인다는 것이다. 이것이 "믿음을 믿다"라는 도킨스의 표현에 내포된 의미이며, 이것을 깨야 한다고 주장하는 것이 데닛의 입장이다.

새로운 무신론자 히친스도 같은 입장에서 기독교의 믿음을 비판한다. 그는 기독교가 이성이나 도덕적인 측면에서 더 쉽게 설명할 수 있는 것을 굳이 믿음이나 신앙으로 포장한다고 지적한다. 그러면서 "우리는 과학에 어긋나거나 이성을 능욕하는 모든 것을 불신한다"라고 선언한다.[2] 그러나 그가 "과학에 어긋나는 것"이 곧 "이성을 능욕하는 것"이라고 표현한 것은 과한 표현이다. 그렇다면 모든 이성이 그들이 말하는 과학을 지지해야만 한다는 소리가 아닌가? 그것이야말로 비이성적인 일이다.

새로운 무신론자들은 과학적 이성을 지식의 척도로 삼는다. 그들은 과학의 원리나 합리주의적 이성으로 이해할 수 없는 모든 것을 미신이나 잘못된 정신의 부산물로 여긴다. 도킨스가 과학을 얼마나 신봉하는지는 그가 쓴 『현실, 그 가슴 뛰는 마법』(The Magic of Reality, 김영사 역간)에서 잘 드러난다. 그는 이 책에서 세 가지 마법을 소개하며 과학이야말로 최고의 마법이라고 말한다. 그가 분류한 첫째 마법은 "초자연적 마법"으로 과학적 기법이 발달하기 전에 사람들이 세상을 설명하기 위해 의존했던 마법이다. 고대 이집트 사람들은 누트 여신이 태양을 삼켜서 밤이 온다고 설명했고, 바이킹들은 무지개가 신들이 땅으로 내려올 때 쓰는 다리라고 믿었다. 이런 이야기들은 마법적이고 특별하다. 둘째 마법은 "무대 마법"으로 마술사들이 무대 위에서 행하는 것과 같은 일종의 속임수다. 마지막 마법인 과학은 "시적 마법"으로서 우리가 가진 의문들에 대한 진정한 해답을 찾아내는 즐거움이 담긴 현실의 마법이다.[3]

히친스나 도킨스는 이 세상에 현존하는 모든 사물들이 드러내는 체계나 활동 양식을 관찰해보면 과학에 어긋나는 것이 하나도 없다고 주장한다. 그들은 도덕과 자연을 전부 다 하나의 과학 원리로 풀어가려고 한다. 그러나 이 둘을 하나의 원리로 설명할 수는 없다. 자연과학과 인문과학은 전혀 다른 구조로 구성되어 있으며 접근하는 방법도 다르다. 오늘날 자연과학은 사물이나 현상을 경험 감각의 범주 안에서 설명하려고 한다. 그러나 인문과학은 사물의 현상 너머에 있는 본질이나 내용을 파악하기 위한 객관적 틀, 즉 형이상학을 필요로 한다.

뿐만 아니라 자연과학 안에서조차 서로 다른 견해들이 경쟁하고 있다. 오늘날 자연과학에서 핵심 위치를 차지하고 있는 물리학을 살펴보더라도 그 안에는 "불확정성의 원리"와 "확정성의 원리"가 공존한다. 이 두 원리는 서로 주장하는 바가 달라서 하나의 이론으로 설명될 수 없다. 물리학자들은 거시적인 세계에서는 확정성의 원리라고 할 수 있는 고전물리학의 이론을 따르지만, 미시적인 세계에서는 불확정성의 원리라고 할 수 있는 양자역학의 이론을 따른다.

나는 자연과학과 인문과학을 통합하는 원리를 찾는다고 해서 과학과 종교의 문제가 해결될 거라고는 생각하지 않는다. 과연 자연과학이 인문과학의 문제를 해결할 수 있을까? 오늘날 우리가 말하는 자연과학은 감각경험을 통해 지식을 생산하는 주관적 이성 또는 기계적 이성을 사용한다. 그러나 인문과학은 객관적 이성을 사용한다. 디치킨스가 과학을 말할 때나 이성을 말할 때 이 둘을 구분하지 않고 뭉뚱그려 하나로 설명하는 데 문제가 있다. 자연과학과 인문과학의 차이점을 『브리태니커 사전』에서 찾아보면 다음과 같다.

인문과학이라는 오늘날의 개념은 고대 그리스의 '파이데이아'(*paideia*)

와 라틴어 '후마니타스'(humanitas: 문자 그대로 해석하면 '인간성')에서 유래했다. '파이데이아'는 BC 5세기 중엽 소피스트들이 젊은이들을 폴리스(도시국가)의 능동적 시민으로 양성하기 위해 마련한 일반 교육과정이고, 후마니타스는 BC 55년 키케로가 '데 오라토레'(De Oratore: 웅변학교)에 마련한 웅변가 양성과정이었다. 수사학자인 성 아우구스티누스를 비롯한 중세 초기 교부들은 파이데이아와 후마니타스를 그리스도교의 기본 교육과정으로 채택했다. 그들은 이것을 '유익한'(bonae) 과목 또는 '교양'(liberales) 과목이라고 부르기도 했는데, 수학·언어학·역사·철학·과학 등이 포함되었다. 중세 후기에 후마니타스의 구성과목은 그대로 통용되었지만 후마니타스라는 말 자체는 별로 쓰이지 않다가 르네상스 시대에 이르러 다시 널리 쓰이게 되었고 형태도 약간 바뀌었다. 15세기 이탈리아 인문주의자들은 세속적인 문예 및 학술 활동(문법·수사학·시·역사·도덕철학, 고대 그리스어 및 라틴어 연구)을 가리켜 '스투디아 후마니타티스'(studia humanitatis: 인간 연구)라는 말을 썼다. 그들은 이 학술 활동을 신에 대한 연구가 아니라 본질적으로 인간과 고전에 대한 연구로 생각했다. 18세기에 디드로를 비롯한 프랑스 백과전서파는 스투디아 후마니타티스가 오직 고대 그리스어·라틴어와 고전 문헌 연구에만 몰두하는 무미건조한 학문이 되었다고 비난했다. 19세기에 이르러 인문과학은 그 범위가 넓어지자, 신의 영역과 선을 긋기보다는 오히려 발달하고 있는 자연과학의 소재론·방법론과 구분함으로써 정체성을 확보하기 시작했다. 왜냐하면 자연과학은 인간의 의도나 목적과는 관계없이 세계와 자연 현상을 객관적으로 조사하는 경향이 있었기 때문이다.[4]

디치킨스는 과학을 언급할 때에 오직 자연과학만을 마음에 두고 있는 것 같다. 그들은 세계의 목적이나 의도를 배제하고 오직 눈에 보이는 현실만을 보려 한다. 그러나 인문과학은 자연 현상 가운데서 드러나는 신비적 요소, 가치와 의미, 그리고 그 안에 내재적인 것들을 찾는다. 그것을 종교적인 용어로 말한다면 "세속적인 것 속에 있는 성스러운 것"이라고 표현할 수 있다. 그리고 그것이 우리의 삶에 적용될 때에는 "가치 있는 삶" 또는 "영적인 것"으로 표현된다.

인문과학에서는 교양이라는 말 자체가 "고귀하고 가치 있는 삶의 육성"을 의미한다. 인문과학은 르네상스 시기에는 종교와 선을 그으며 인간의 문화 속에서 "가치 있는 삶"을 추구했다. 그러나 자연과학이 발달하면서부터는 종교와 선을 긋기보다는 오히려 자연과학과 선을 긋게 되었다. 오늘날 인문과학은 종교와 철학을 포함하는 폭넓은 의미로 사용된다. 그런 의미에서 새로운 무신론자들은 인문과학을 무시하고 실증주의에 입각한 자연과학을 추구함으로써 바기나 루스(Michael Ruse) 또는 셔머와 같은 이전의 무신론자들과 충돌을 빚고 있는 것이다.

정리하자면, 인문과학은 문예부흥기에 중세 신학과 독립하며 생겨났지만 개체나 사물에 들어 있는 의미와 가치를 배제하지는 않았다. 그러나 새로운 무신론자들은 그렇지 않다. 바기니가 자연과학에 의존하는 도킨스와 같은 새로운 무신론자들을 "제거적 물질주의자"라고 부르는 것은 자연 안에 내재하는 의미와 가치체계를 제거하기 때문이다. 오늘날 인문과학자들은 신학이나 철학을 배제하지 않고 오히려 자연과학과 선을 긋고 논쟁하고 있다.

| 이성이란 무엇인가? 객관적 이성과 주관적 이성

디치킨스는 "이성을 능욕하는 것을 불신한다"라고 말한다. 그러나 이 표현도 좀 더 깊이 들여다보는 가운데 그들이 말하는 이성이란 과연 어떤 것인지를 생각해봐야 한다. 막스 호르크하이머(Max Horkheimer)나 아도르노(Theodor Wiesengrund Adorno)는 자연과학이 사용하고 있는 합리적, 또는 감각경험만을 의존하는 실증주의적 이성을 가리켜 "이성의 상실" 또는 "이성의 몰락"이라고 표현했다.

호르크하이머는 『도구적 이성 비판』(Zur Kritik der instrumentellen Vernunft, 문예출판사 역간) 또는 『이성의 상실』(Eclipse of Reason)에서 이성을 객관적 이성과 주관적 이성으로 구분한다. 그에 따르면 계몽주의 철학자들은 이성의 이름으로 종교를 신화나 미신으로 간주하고 공격했는데, 결과적으로 그들이 무너뜨린 것은 교회가 아니라 오히려 철학이 가지고 있는 힘의 원천인 형이상학과 객관적 이성 개념 자체였다. 그 결과 계몽주의는 사물의 참된 본성을 파악하고, 인간의 삶을 이끄는 원칙들을 확정하는 기관으로서의 이성을 시대에 뒤떨어진 것으로 여기게 되었다. 계몽주의에 의해 사변은 형이상학과 동의어가 되었고, 형이상학은 신화와 미신의 동의어가 되어버린 것이다.

그때부터 인간은 행위의 절대적·규범적 척도와 보편적 구속력을 갖는 신학이나 철학적 이념들로부터 점진적으로 자유로워졌다. 형이상학이나 신학의 중심이 되는 신을 제거하게 되면, 인간은 자기 자신이라는 척도 이외에는 어떠한 다른 척도도 필요로 하지 않기 때문에 완전히 자유로운 것으로 간주된다. 그러나 결과적으로 인간은 자신의 수단과 관련된 계산을 하는 데는 예민해졌지만 목적을 선택하는 데는 무뎌졌다. 예전에는 목적을 선택하는 것이 객관적 진리에 대한 믿음과 서로 연관되어 있었기 때문이다.[5]

다윈은 신이 인간을 자신의 형상에 따라 창조했다는 기독교 신앙의 근본적인 교리를 깨뜨렸다. 동시에 다윈은 아리스토텔레스(Aristoteles)로부터 헤겔(Georg Wilhelm Friedrich Hegel)에 이르기까지 지배적이었던 형이상학적 진보 개념 역시 깨뜨렸다. 그는 진화를 사건의 맹목적인 연쇄 과정으로 이해했고, 그 과정에서 생존은 유기적 본성의 전개보다는 생활 조건에 대한 적응에 의존한다고 주장했다. 다윈에 따르면 이성은 결코 독립적인 능력이 아니다. 이성은 더듬이나 발톱처럼 어떤 유기적인 것으로서 자연 조건에 적응해가면서 진화하며, 식량을 획득하고 위험을 방지하는 등 자연 조건을 극복하기에 적합한 수단으로 드러나기 때문에 살아남는 것이다.[6]

다윈주의는 신학이냐 철학이냐에 상관없이 이성이 인식하고자 하는 진리를 표현하는 어떤 것으로 자연 자체를 고찰하는 모든 학설을 파괴함으로써 궁극적으로 자연의 반란을 돕는다. 전통적인 신학과 형이상학에서 자연적인 것은 대개 나쁜 것으로, 반면 정신적인 것이나 초자연적인 것은 좋은 것으로 파악되었다. 이에 비해 대중적 다윈주의에서 좋음은 잘 적용한 것이고, 그 가치는 적용이 얼마나 확고부동하게 지속되느냐에 따라 평가된다. 겉으로 보기에 이처럼 새로운 경험적 이성은 형이상학적 전통의 이성보다도 자연에 대해 더 겸손한 것처럼 보인다. 그러나 결과적으로 그것은 "유용하지

않은 정신적인 것"을 가차 없이 무시하고 폐기하는 이성이다.[7]

이성이 인간에 의해 인간적 자연과 인간 외적 자연을 지배하는 도구가 되어버린 이래로, 즉 이성의 기원 이래로 진리를 발견하려는 이성의 고유한 의도는 좌절되었다.[8] 객관적 진리를 부정하는 주관적 이성의 전면화는 이성을 목적에 합당한 수단을 계산하는 도구로 전락시켰다. 호르크하이머에 따르면 계몽의 기획은 형식화되고 도구화된 주관적 이성의 전면화로 발전했으며, 이로부터 현대 문명의 위기가 등장했다. 여기서 새로운 것은 주관적 이성 자체가 아니라 그것의 전면화다. 주관적 이성은 유용성 이외의 어떠한 객관적 원칙도 인정하지 않기 때문에, 비합리적인 억압적 현실을 부정하기보다는 그 현실에 적응하는 데에만 관심을 갖는다.[9]

이성을 유용성의 도구로 전락시킨 주관적 이성의 전면화는 모든 것을 사유화한다. 이성의 도구화는 첫째로 이념과 언어를 도구화하며, 둘째로 사유를 도구화하고, 셋째로 활동조차도 도구화한다. 그리고 넷째로 학문과 예술, 다섯째로 자연을 도구화하며, 마지막으로 인간까지도 도구화한다. 결과적으로 이성을 도구적 이성으로 축소하는 것은 자연과 인간, 그리고 인간의 모든 문화적 활동을 도구화한다. 따라서 도구적 이성이 전면화된 세계에는 이성과 사유를 비하하는 반지성주의만 남는다.[10]

객관적 이성은 현실에 내재하는 원칙으로서 수단보다는 목적의 규정과 그것의 실현 방법을 지향하지만, 주관적 이성 또는 도구적 이성은 자연을 수단으로 삼는다. 그리고 자연과학을 신화화한다. 호르크하이머는 자연과학을 신화화하는 실증주의에서 오늘날 위기의 원인을 찾는다. 그는 실증주의가 철학을 과학으로 환원하는 가운데 과학의 정신 자체를 부정한다고 말한다.[11]

다시 말해서, 계몽은 신화를 해체하고 또 지식으로 상상력을 붕괴시켜버렸다. 이는 실험철학의 아버지라고 불리는 베이컨(Francis Bacon)을 살펴보면 잘 알 수 있다. 베이컨에 의하면, 미신을 정복한 오성은 신화를 벗어나서 탈마법화된 자연 위에 군림해야 한다. 즉 인간이 자연으로부터 배우고 싶어하는 것은, 자연과 인간을 완전히 지배하기 위해 자연을 이용하는 방법이다. 계몽을 통하여 신화를 정복한 과학이 이성을 통해 모든 현실을 수학적으로 또는 기호나 원리로 파악할 수 있다는 오만 안에는 이성으로 자연을 도구화하는 기획이 들어 있다. 그러나 그러한 계몽의 기획 안에서 역설적으로 인간 자신도 하나의 도구로 전락하고 만다. 오늘날 기계문명 사회에서 인간은 존재론적 존엄성의 가치를 상실하고 하나의 실용적 가치로 상품화되어 경제시장에서 거래되고 있다.

바야흐로 21세기는 인간이 신화가 아닌 기계와 싸워야 하는 시대가 되었다. 인간은 신화를 벗어나서 신으로부터 자유를 누리기는 커녕, 도구적이며 합리적인 이성이 만들어놓은 기계의 틀 속에 갇혀 신음하고 있다. 가령 하루 종일 기계와 함께 전쟁을 치루고 있는 문명사회의 기계치들을 보라. 히친스가 "우리는 과학에 어긋나거나 이성을 능욕하는 모든 것을 불신한다"고 한 말이 왜 이렇게 끔찍하게 들리는 것일까?

나의 존재 가치는 무엇인가? 도킨스에 따르면 인간은 하나의 교화된 "밈 기계"이며 "유전자의 탈것"에 불과하다. 비록 도킨스가 인간을 유전자의 프로그램에 저항하는 유일한 존재라고 부를지라도, 합리주의를 옹호하고 실증주의적 입장에서 이성을 도구적으로 사용하는 한, 그의 이론은 모순을 피할 수 없고 또 그의 주장은 궤변에 지나지 않는다.

실증주의를 낳은 주관적 이성은 어느 역사적 특정 시점에서 지식을 정당화하려는 경향이 있고, 객관적 이성은 모든 역사의 현실을 관통하는 내재적이며 또는 초월적인 순수 형태의 형이상학적 체계를 정당화하려는 경향이 있다. 그러나 객관적 이성이나 주관적 이성은 어느 한쪽을 정당화하면 할수록 함정에 빠질 수밖에 없다. 헤겔이 『정신현상학』(Phänomenologie des Geister)에서 주장하는 바와 같이 이성을 분화시키면 생명은 소실된다. 이 둘은 하나이며, 존재론적 이성으로서 통합을 통해 참된 지식에 가까이 나아간다.

신학에서 이성은 하나님의 형상의 한 요소로서 그 안에 존엄성과 가치를 지니고 있다. 이성은 단지 자연을 이해하는 하나의 도구가 아니라 자연과 자연에 내재하는 신성을 파악하는 힘이다. 그러나 신학은 유한한 존재인 인간의 이성이 지닌 한계를 인정한다. 세계가 자신을 드러내는 한계 내에서만 이성은 지식을 얻을 수 있다. 그러나 그 지식도 완전하지는 못하다. 왜냐하면 참된 지식은 "어떻게"라는 범주에만 국한되지 않고, "왜"라는 가치와 목적을 함께 추구하기 때문이다. 종교나 철학이 추구하는 진리는 사실의 영역에서 발견되는 것이 아니라 사실이 지니고 있는 **의미와 가치의 영역**에서 발견할 수 있다.

신학의 관점에서 볼 때, 이성은 비록 유한성을 지니고 있더라도 신으로부터 오는 계시를 수용하면 비로소 진리를 발견하게 된다. 계시란 무엇인가? 만일 자연이 신의 피조물이라면 신의 솜씨가 드러나게 되어 있다. 자연 안에 신의 섭리가 내재해 있다면 자연의 변화는 신의 활동을 반영한다. 그리고 신이 역사를 주관한다면 역사의 흐름은 신의 의지를 가늠하는 척도가 된다. 하지만 이를 부정하면 과연 무엇이 남을까? 그 대답은 매우 비관적이고 부정적일 수밖에 없다. 호르크하이머와 아도르노가 지적한 바와 같이 계몽의 프로젝트가 신화를 거부하고 탈마법화하는 과정에서 교회를 제거한 것이 아니라 실은 철학과 객관적 이성과 인간성을 제거해버린 것이다.

I 믿음은 믿는 것이 아니라 믿어지는 것이다

믿음에는 여러 종류가 있다. 먼저 관계적 믿음이 있다. 이 믿음은 내가 일방적으로 가질 수 있는 것이 아니다. 내가 무엇을 믿거나 누군가를 믿는다면, 그 믿음은 나와 믿는 대상과의 관계 속에서 형성된다. 내가 믿는 대상이 나에게 믿음을 심어줄 때, 그 믿음의 관계는 형성될 수 있다. 믿음이 관계적이라면 내가 믿는 대상은 나에게 신실함을 드러내야 한다. 그렇지 않은 믿음은 망상에 불과하다. 그런 점에서 기독교의 믿음은 일종의 관계적 믿음으로서, 내가 일방적으로 무작정 믿는 것이 아니라 세상을 경험하면서 그 가운데 내재하고 있는 많은 작용들을 통해서 **믿어지는 것들을 믿는 믿음**이다.

두 번째로 신앙이라고 부를 수 있는 믿음이 있다. 이 믿음은 궁극적 관심이 투영된, 즉 "내가 바라보는" 목적론적인 믿음이다. 곧 신앙은 가치 있는 것들을 추구하고 그것들이 이루어질 것을 믿는 믿음이라고 할 수 있다. 관계적 믿음이 현실에 기초한다면, 신앙은 미래를 향한 목적론적 요소를 포함하는 **미래에 대한 믿음**이며 **소망**이다.

믿음은 사실에 근거해서 그 의미를 추구하는 과정에서 형성된다. 다시 말해, 눈에 보이는 것들을 통해서 그 사물의 원인과 목적 그리고 가치와 의미를 포함하는 진리를 추구하는 가운데 믿는 것이다. 이 점에서 믿음은 나와 진리 사이를 연결하는 관계 속에서 형성되는 마음의 성향을 의미한다. 자연이 그 속에 내포하고 있는 목적론적 의미를 발견하게 될 때, 나는 자연을 빚은 신성을 느끼고 믿는 것이다.

그런 의미에서 믿음은 보이지 않는 것들의 증거다. 그러나 새로운 무신론자와 같은 실증주의자들은 보이지 않는 것들은 없는 것이라고 말한다. 자연과학에서 말하는 믿음은 도구적 이성에 대한 신뢰다. 도구적 이성이란 앞에서 살펴본 바와 같이 논리실증주의자들이 사용하는 이성으로서, 수학의 공리처럼 2+2=4와 같이 객관적으로 증명될 수 있거나 경험적으로 확실한 증거가 없으면 받아들이지 않는 이성이다. 도킨스와 같은 입장에 있는 새로운 무신론자 샘 해리스는 믿음이 무엇인가를 말하는 성경의 한 부분을 자의적으로 해석하면서 다음과 같이 소개한다.

히브리서 11:1은 믿음을 '바라는 것들의 실상이요 보지 못하는 것들의 증거'라고 정의했다. 정석대로라면 이 구절은 스스로 옳음을 증명하는 것을 믿음으로 여기는 것 같다. 즉 어떤 사람이 아직 다가오지 않은 것들('바라는 것들의 실상'), 혹은 아무 증거도 없는 것들('보지 못하는 것들')을 믿는다는 사실 그 자체가 실재('실상')에 대한 증거를 구성하는 듯하다는 말이다. 그 효력에 대해서 이렇게 생각해보자. 나는 니콜 키드먼과 사랑에 빠졌다는, 온몸이 떨리는 '확신'의 감정을 느낀다. 우리는 절대 만난 적이 없기 때문에, 나의 그러한 감정은 니콜과 내가 특별하고 형이상학적이기까지 한 관계를 맺어야만 함을 의미한다. 그렇지 않고서 내가 어떻게 처음부터 그런 감정을 느낄 수 있겠는가? 나는 내 소개를 하기 위해 그녀의 집 밖에 진을 치기로 결심한다. 이런 종류의 믿음은 확실히 골치 아픈 것이다.[12]

그러나 바울은 에베소교회에 보낸 편지에서 믿음을 하나님의 선물이라고 표현한다(엡 2:8-9). 그 이유는 인간이 스스로 무엇을 믿을 수 있는 것이 아니라 믿음의 내용이 외부로부터 주어지기 때문이다. 성경은 히브리서 11:1을 비롯한 여러 곳에서 믿음이라는 단어를 능동태가 아닌 수동태로, "믿는 것"이 아니라 "믿어지는 것"의 의미로 사용한다. 믿음은 인격적 관계를 형성하는 관계적 용어로 사용될 때 상대편이 나에게 주는 신뢰, 곧 신실함을 의미한다. 그러므로 믿음은 나에게서 출발하는 것이 아니라 타자로부터 나에게 전달되는 선물이다. 믿음은 하나님의 약속에 대한 믿음이다. 하나님이 약속하지 않은 것을 믿는 것은 참된 믿음이 아니다. 기독교는 구약과 신약에서 말하는 구원의 약속을 믿는 믿음에서 출발한다. 구원이 무엇을 의미하는가는 종교의 중심 주제다. 이것은 부르심에서 시작되며 새로운 관점으로 세계를 바라보게 되는 출발점이다. 신이 보여주는 세계와 약속 그리고 그것을 믿을 수밖에 없고, 믿어야만 하는 가치와 당위성이 공존할 때 믿음이 시작된다. 결국 해리스는 기독교의 믿음을 자의적으로 해석하고 공격한 것이다.

| 믿음과 지식

지식은 눈으로 볼 수 있는 것을 믿는 것이다. 그런데 어떤 사건이 어떻게 발생했는가를 해석하는 순간, 우리 안에서는 그 해석에 대한 믿음이나 신뢰가 시작된다. 따라서 우리는 사건을 있는 그대로 이해하는 것이 아니다. 어떤 사건에 하나의 해석만 가능하다면 그것은 해석이 아니라 진실이 된다. 그러나 하나의 해석이 아닌 다양한 해석이 가능하다면 그때에는 어느 해석이 옳은지를 선택해야 하는 믿음과 확신의 문제가 된다. 해리스는 이것을 모르는 것일까? 그렇지 않다. 그도 이것을 알고 있다. 해리스는 다음과 같이 말한다.

1975년 작품 『믿음의 역동성』(*Dynamics of Faith*, 그루터기하우스 역간)에서 폴 틸리히(Paul Tillich)는 '우상숭배 신앙'으로 불렀던 것과 신앙과 믿음 사이의 모든 유사한 개념을 버리고 신앙이라는 용어와 원래 의미를 실존으로 정화시켰다. 그 외의 신학자들도 이와 비슷한 작업을 한 것이 확실하다. 물론 어떤 방식으로 적합성을 발견하든 '신앙'이라는 용어는 누구나 마음껏 재정의할 수 있으며, 따라서 합리적 혹은 신비주의적인 이상에 마음대로 일치시킬 수 있다. 그러나 그것은 2천 년 동안 신자들을 움직여온 '신앙'이 아니다. 지금 내가 의문을 제기하고 있는 신앙은 정확하게 틸리히 자신이 '낮은 수준의 증거를 가진 지식이 하는 행위'라고 폄하한 태도를 말한다. 결국 내 주장은 모든 종교의 대다수 신자들을 향한 것이지 틸리히가 말한 결백한 신자들을 겨냥한 것은 아닌 것이다.[13]

도킨스도 틸리히와 같이 뛰어난 신학자들이 정의한 종교나 믿음에 대해서는 반론을 제기하지 않는다. 그러나 대중적인 종교나 믿음에 대한 해리스의 말을 고스란히 인용한다. 그런데 도킨스가 정말 틸리히나 기독교 신학자들이 말하는 신앙을 제대로 이해했기 때문에 그런 태도를 보이는 것일까? 꼭 그런 것 같지는 않다. 실제로는 단지 자신들이 규정한 믿음의 범주에 들지 않는 학자들과의 충돌을 피하면서 공격을 전개하기 위한 하나의 전략일 뿐이다. 도킨스가 인용한 해리스의 의견을 살펴보자.

우리에게는 합리적인 근거가 전혀 없는 갖가지 믿음을 지닌 사람들을 가리키는 다양한 이름들이 있다. 그들의 믿음이 대단히 흔할 때 우리는 그것을 종교적이라고 말한다. 그렇지 않을 때에는 그것을 '미친', '정신병적', '망상적'이라고 부를 가능성이 높다.…수가 많으면 분명 제정신일 것이다. 그러나 우리 사회에서 우주의 창조자가 당신의 생각을 들을 수 있다는 믿음은 정상적인 것으로 여겨지는 반면에, 그가 마치 모스부

호처럼 빗방울로 침실 창문을 두드려 당신에게 이야기를 한다는 믿음은 정신병적이라고 보는 것은 역사적인 우연의 산물일 뿐이다. 따라서 종교인은 일반적으로 미치지 않았지만, 그들의 믿음은 절대적으로 미친 것이다.[14]

그들은 대중에게도 널리 알려진 믿음에 대한 뛰어난 논증을 소수 의견으로 단정하고 피해간다. 그렇다면 과연 틸리히가 『믿음의 역동성』에서 제시한 믿음이나 신앙에 대한 견해가 소수 의견에 불과한가? 그렇지 않다. 그럼에도 불구하고 도킨스는 틸리히나 본회퍼가 "무시할 수 있을 정도로 소수파"라고 주장한다. 그와 비슷하게 해리스는 자신이 종교에 대해 부정적으로 묘사한 것은 모든 종교의 대다수 신자들을 향한 것이지, 틸리히가 말하는 결백한 신자들을 겨냥한 것은 아니라고 피해간다. 그러나 도킨스나 해리스가 말하는 소수의 결백한 신자들이야말로 진정한 기독교인들이 아닐까?

이와 같이 종교를 자기 멋대로 해석하고 공격하는 새로운 무신론자들에 대해 이글턴은 다음과 같이 지적한다.

성경에 대한 지식인의 신학적 이해와 그런 학문적 탐구를 할 여유도, 교육적 바탕도 없는 수많은 평신도의 믿음 사이에는 간격이 있다.…진화를 믿는 일반인들과 진화생물학자 도킨스 사이에도 그 정도의 간격이 있고, 자기네 종교의 진정한 가르침에 무지한 채 미망에 휘둘리는 이슬람 급진주의자들과 이슬람 신학자 사이에도 그 정도의 간격이 있다.[15]

새로운 무신론자들은 초신자와 성숙한 신자가 지니고 있는 믿음의 차이를 고려하지 않는다. 그들은 인간의 본성과 뒤섞여 있는 믿음의 현상과 믿음의 본질도 구분하지 않는다. 단지 종교와 관련된 것들 가운데 나쁜 현상들만을 선별한 후 그것을 "대중적 믿음"이라는 이름으로 공격하면서 믿음 자체를 매도하는 것이다.

I 믿음과 개인적 경험 논증

도킨스와 해리스는 믿음이 비합리적이고 정신병적 또는 망상적인 것이고 따라서 절대로 미친 것이라고 지속적으로 언급한다. 도킨스는 자신의 주장을 입증하고 독자들을 설득하기 위해 "개인적 경험 논증"이라는 개념을 통해 믿음을 폄하한다. 그는 "많은 사람들은 자기 눈으로 신의 모습을 보았다고 확신하기에 신을 믿는다. 혹은 신이 그들의 머릿속에 말을 걸기도 한다. 개인적 경험 논증은 그런 경험을 했다고 주장하는 사람들에게는 설득력이 있다. 하지만 그것은 다른 사람에게는 가장 설득력이 없는 논증이며, 더욱이 심리학에 일가견이 있는 사람들에게는 더더욱 그렇다"라고 주장한다.[16] 그의 주장을 더 자세히 살펴보자.

당신이 신을 직접 경험했다고 말하는가? 일부 사람들은 분홍색 코끼리를 보았다고 말하지만, 당신은 아마 그 말을 시답잖게 생각할 것이다. 요크셔의 살인마 피터 섯클리프는 여자들을 죽이라는 예수의 목소리를 또렷이 들었다고 했다.…조지 부시는 신으로부터 이라크를 침공하라는 말을 들었다고 한다. 정신병원에 수용된 사람들은 자신이 나폴레옹이나 찰리 채플린이라고 생각하거나, 세계 전체가 자신을 향해 음모를 꾸민다고 여기거나, 남들의 머릿속에 자신의 생각을 주입할 수 있다고 생각한다. 우리는 그들의 말에 맞장구를 쳐주지만, 그들의 내면에 있는 믿음을 진지하게 받아들이지는 않는다. 주된 이유는 같은 믿음을 공유하는 사람들이 많지 않기 때문이다. 종교적 경험은 경험했다고 주장하는 사람들이 많다는 점만 다를 뿐이다.[17]

이어서 그는 종교의 믿음이 뇌에서 일어나는 잘못된 현상이라고 말한다. 인간의 뇌는 모형구축에 탁월하기 때문에 사물이나 현상을 통해 착시나 환청 등을 일으키는데 사람들이 그것에 속는다는 것이다. 도킨스는 자신의 개인적인 경험을 꺼낸다.

나는 어렸을 때 유령의 목소리를 들은 적이 있다. 그러나 그것은 바람 소리였다. 또 한 번은 거대한 둥근 얼굴이 이루 말할 수 없는 악독한 표정으로 어느 평범한 가정집 창문 너머에서 나를 노려보는 것을 보았다. 나는 공포에 질린 채 그것이 정말 무엇인지 알아볼 수 있을 정도로 가까이 다가갔다. 그것은 커튼의 주름이 만들어낸 모호한 얼굴의 형상이었다. 그 얼굴과 사악한 분위기는 겁 많은 아이의 뇌가 구축한 것에 불과했다. 2001년 9월 11일, 독실한 신자들은 뉴욕 쌍둥이 건물에서 뿜어나오는 연기 속에서 사탄의 얼굴을 보았다고 생각했다. 인터넷에 유포된 한 장의 사진이 그 미신을 뒷받침했다.

도킨스가 이러한 조잡한 예를 들어 믿음이라고 규정하는 것은, "모든 속임수는 보는 사람의 뇌에서" 일어나기 때문에 결국 신앙도 미신이라고 믿어달라는 간청으로 들린다.

도킨스는 더 나아가 신앙을 가진 과학자들까지도 폄하한다. "나는 많은 신자들이 신앙을 갖게 되는 가장 강력한 이유는 이른바 '기적' 때문이 아닐까 추측한다. 그리고 정의에 따라서 기적은 과학 원리들에 위반되는 것이다." "나는 증거가 전혀 없음을 인정하면서도 종교를 믿는 과학자들에게 자신의 신앙을 정당화해보라고 했을 때 이런 종류의 부조리와 마주친 적이 있다. '나는 증거가 전혀 없음을 인정하오. 그래서 그것을 신앙이라고 하는 겁니다.'" 그는 "일반적으로 종교적인 성향을 지닌 사람들은 진실인 것과 자신들이 진실이라고 믿고 싶은 것의 차이를 구분하지 못하는 고질적인 습성을 지닐 때가 많다"고 비아냥거린다. 증거에 의존하는 도킨스의 실증주의는 여기서도 분명하게 나타나는 것이다.

도킨스의 개인 경험 논증이라는 것은 따지고 보면 진지한 대화를 통해 진위를 가리기 위해 노력하는 것이 아니라 단지 종교를 험담하는 수준이라는 것을 누가 보아도 알 수 있다. 그럼에도 반종교적인 정서를 지닌 사람들은 도킨스의 이야기를 기꺼이 사실로 받아들여 자신들의 입장을 강화하려고 한다. 그리고 도킨스는 그런 정서를 이용해 정신병의 사례 가운데 예수의 이름이 들어간 경우를 모아서 기독교를 공격한다. 그는 신학을 잘 알지 못하기에 끊임없이 기독교의 가르침을 왜곡하면서 자신의 주장을 펼친다. 기독교의 신은 하나의 개체로서 존재하지 않으며 또 어떤 형상도 지니고 있지 않다. 그럼에도 도킨스는 제퍼슨(Thomas Jefferson)의 말을 인용한다.

비물질적인 존재들에 관해 말하는 것은 존재하지 않는 것들에 관해 말하는 것과 같다. 인간의 영혼, 천사, 신이 비물질적이라고 말하는 것은 그들이 존재하지 않는 것들이라고, 즉 신도, 천사도, 영혼도 없다고 말하는 것과 같다. 꿈과 허깨비로 이루어진, 끝없는 심연으로 빠져들지 않는 다음에야…달리 추론할 수가 없다. 나는 정말로 있을지도 모르지만 내가 전혀 증거를 갖고 있지 않은 것들을 붙들고 씨름하거나 고심하지 않으며, 실재하는 것들에 만족하며 충분히 몰입해 있다.[18]

이미 이 문제에 대해서는 앞에서 충분히 다루었다. 실증주의나 합리주의만으로는 설명할 수 없지만 믿어지는 것들이 분명히 있다. 정의는 눈에 보이지 않지만 존재한다. 그럼에도 불구하고 정의는 하나의 개체가 아니며 물리학이나 생물학적으로는 존재한다고 볼 수 없는 개념이다. 한마디로 개념의 본질은 역사의 장에서 상황이 바뀔 때마다 다르게 나타나기 때문에 한 현상으로 충분히 설명할 수 없다. 그와 같은 것이 믿음의 본질이다. 그것은 뇌의 착각이 아니다. 그것은 "다른 사람들이 우리에게 그렇게 믿으라고 말했기 때문에 생긴 것"도 아니다.[19]

I 두 가지 믿음

도킨스나 데닛처럼 믿음을 선조로부터 물려받은 주문으로 여기는 것에는 어떤 문제가 있을까? 초대교회로부터 지금까지 교회의 성도는 믿음에 관해 두 가지 방법으로 접근해왔다. 먼저는 전통적인 믿음을 배우는 것이고, 둘째는 이 믿음을 경험하는 것이다. 확실한 믿음은 배운 믿음, 또는 학습된 믿음과 경험으로 확인한 믿음이 일치할 때 발생한다. 그것은 과학에서도 마찬가지다. 아이들은 학자들이 발견한 개념을 학교 교육을 통해—다 이해하지 못해도—수용하고 믿는다. 그 후 실험이나 삶의 경험을 통해서 그것을 확인한다. 즉 신앙 교육뿐만 아니라 모든 교육은 믿음을 전제로 한다는 이야기다. 우리는 어쩔 수 없이 자신의 전공 분야가 아닌 분야에 대해서는 그 분야의 전공자들의 학문적 연구 결과를 존중할 수밖에 없다. 그리고 우리는 대부분 다른 사람이 전달해주는 지식을 믿음으로 받아들인다. 도킨스의 표현대로라면 우리는 모두가 믿음을 믿는다.

과학적 지식이 진리인가? 아니다. 칸트(Immanuel Kant)는 우리에게 과학은 실재에 대해서 아무것도 안다고 주장할 수 없다는 것, 우리에게 가능한 인식론은 현상에 대한 지식일 뿐이기에 과학은 사물 그 자체가 아니라 우리에게 보이는 대로의 사물인 현상만을 다룬다는 것을 알려주었다. 그러나 오늘날 우리는 물리적 속성이 지니고 있는 원리를 적용한 기술적인 진보로 인해 사실을 진리라고 여기며 살아간다. 도구적 이성을 통해 기술 과학이 되어버린 과학은 그 생산능력으로 인해 스스로 진리가 되었다.

니체에 따르면 과학은 "자연을 더욱 쉽게 계산 가능하게 만들고, 결과적으로 지배할 수 있게 만들 목적으로 모든 현상에 대한 공동의 기호 언어를 만들려는 시도다. 이러한 기호는 관측한 모든 것을 설명할 수는 없으나, 생기적 사건에 대한 간략한 기술일 뿐이다." 그에 따르면 우리는 사물과 그 사물의 연속성을 기술함으로써 우리 자신을 더욱더 정확하게 기술하는 법을 배운다. 니체에게 과학적 법칙이란 인간이 만든 우연적인 구조물이다. 과학이 다소 그 이상의 것으로 생각되곤 하지만 그 이유는 오로지 "법칙"과 같은 말이 지닌 설득력 때문이다. 결국 과학은 계몽주의의 유해한 마지막 소산이며 단지 세계에 대한 하나의 일시적인 해석일 뿐이다. 토마스 쿤(Thomas S. Kuhn)은 과학적 지식이 생산한 이 일시적 해석을 "패러다임"이라고 명명한다.

자연과학자들은 진리가 마치 독립적으로 존재하기라도 하듯이, 사물의 현상을 해석하는 하나의 패러다임을 만들어놓고는 그것을 진리라고 말한다. 그들은 자신들이 사물이 실제로 존재하는 대로, 절대적인 상태에서 객관적으로 관찰한다고 믿는다. 그들은 또한 과학적 지식만이 실재적인 것이라고 주장한다. 하지만 과학은 실재를 과학의 합리성이 파악할 수 있는 것으로 환원시키고, 결과적으로 다른 양태의 지식들이 갖는 중요성을 축소한다. 결국 과학은 스스로 수행하고 있다고 주장하는 비판적인 정신으로부터 완벽하게 도피한다.

기계론적 세계관은 근대적인 과학 이념의 근간을 이룬다. 베이컨이 규정해주었듯이 근대적인 과학의 이념은 세계를 인간의 목적에 따라 지배하려는 의도를 갖는다. 이것은 세계를 수학적으로 인식할 수 있기 때문에 가능하다. 세계를 수학적으로 인식한다는 것은 일종의 "계산가능성"을 말한다. 따라서 세계는 이미 인간의 목적에 따라 개조되고 변경될 수 있는 대상으로 존립한다. 수학적으로 무장된 사유의 길도 이미 결정되어 있다. 수학적 방식에서 사유는 사물화되지 않을 수 없다. 다시 말해서, 수학적 사유는 이미 설계된 방식에 따라 움직이는 자동적인 과정이며, 이러한 점에서 자동적으로 돌아가는 기계와 비슷하다.

이러한 논지를 따라가면, 결국 신은 아인슈타인이 말한 것처럼 주사위를 던지지 않는다. 세계는 이제 객체화되고 사물화되어버린다. 이것이 근대과학이 낳은 비극이다. 생물학은 주관주의와 감각경험의 한계에 머물고, 진화생물학은 철저하게 인간을 역사의 한계 안에 가두게 된다. 사물의 심연에서 흘러나오는 생기나 의식, 주체, 자아와 같은 것은 실재로서 인정받지 못한다. 더욱이 역사의 건너편에서 혹은 역사를 초월하는 존재의 활동은 언급할 가치도 없는 망상으로 치부될 수밖에 없다.

┃ 슬픈 진실

도구적 이성 또는 주관적 이성이 추구하는 지식은 사물의 현상을 해석하는 과정에서 얻어진 인식이다. 즉 그것은 이성을 지닌 주체가 관찰한 결과만을 통해 발견한 원리다. 그러나 주체가 관찰할 수 없다고 해서 어떤 것이 존재하지 않는다고 말할 수는 없다. 왜 그들은 통합적인 전체로서의 자연을 멀리하고 사실의 세계에 안주하면서 다른 측면에 대해서는 눈을 감는 것일까? 이것이 과학지상주의의 슬픈 진실이다.

근대는 데카르트(René Descartes)의 "주체의 발견"에서 시작되었다. 데카르트의 영향 아래 있는 실증주의자들은 주체를 물질에서 출현한 것으로 규정한다. 그런 의미에서 일원론을 주장하는 과학자들에게 정신세계는 환상에 불과하다. 그러나 우리의 인식이 비록 감각경험을 통해서 개념에 이를지라도, 그 인식이 정신세계 속에서 형성되고 존재한다면 우리에게 정신은 실재다. 정신에게 정신은 실재일 수밖에 없다. 물질에게는 물질이 실재이고 정신에게는 정신이 실재다. 그러나 과학은 정신의 출현을 단지 자연선택의 부산물로 믿는다. 그러한 믿음은 주체가 객체를 관찰할 때 나타나는 현상이다. 하지만 주체로서의 정신이 자신의 비판적 성찰과 선험적 오성을 망각하고 현상을 감각적인 범주 안에 제한할 때 얻는 결론은 인간을 설명하기에는 너무나 빈약하다.

주체와 주체의 만남은 정신적인 관계를 형성하는 것이며, 객체가 아닌 정신은 약속과 신뢰와 믿음이라는 장을 형성하게 된다. 인간의 정신이 영적인 보편적 존재를 만나서 얻는 확신은 믿음을 통해서 드러난다. 인격적 관계는 믿음과 신뢰의 관계다. 믿음은 객체와의 만남을 통해서 형성되는 것이 아니라 인격적 주체와의 만남을 통해서 형성된다. 믿음이나 신뢰는 사람과 사람 사이에서 또는 인격적 주체 사이에서 형성되는 것이다. 그러나 신이 선 그 자체이며, 사랑의 본질이며, 정의 그 자체라는 사실을 신과의 만남을 통해서 확신할 때, 그 믿음은 신의 본질에서 나오는 선물이며 은총이다.

인간은 늘 삶 속에서 무언가 부족함을 느낀다. 우리의 영혼은 본디 거룩한 삶을 추구한다. 우리 안에서 가치를 추구하는 정신은 현재 나의 삶의 모습이 내가 살아내야 하는 본질과 차이가 있다는 사실을 일상의 삶 속에서 느끼게 한다. 그것은 내 안에 내가 되어야 할 마땅한, 혹은 내가 될 수 있는 그 무엇을 향하지 못하고 있다는 후회로 나타난다. 이는 기독교적 회개의 시작점이 된다. 내 안의 주체 또는 정신은 삶의 현장에서 불의가 일어나는 것을 보면 의분이나 정의감에 사로잡히기도 한다. 내 안에 있는 정의감, 내 안에 있는 거룩성과 같은 본질이 이미 내재하고 있다는 사실을 발견하고 그 본질을 일깨울 때, 나는 새로운 존재로 다시 태어날 수 있다. 이는 기독교의 "거듭남" 또는 "중생"과 연결된 개념이며 또는 "신 형상의 회복"이라고 말할 수도 있다. 그리고 이를 통해서 우리는 물질이 아니라 신성을, 욕망을 따르는 삶이 아니라 거룩한 삶을 추구하는 존재로 변화될 수 있다. 우리는 이와 같은 경험을 통해서 내 안에 이미 현존하는 전적 타자로서의 신의 형상을 만나게 된다.

우리에게 아무런 믿음이 없고 또 진리가 존재한다는 믿음과 그것을 앙망하는 그런 신앙이 없다면, 인류의 미래와 가치의 세계는 무너질 것이다. 분명 믿음을 통해서 정의가 실현된다. 믿음을 통해서 도덕이 실천된다. 그리고 믿음을 통해서 참된 사랑이 구현된다. 우리 안에서 믿음은 의미와 가치를 생성하게 하고 감정을 풍성하게 하며 평안과 기쁨을 준다. 그러나 이 모든 가치의 정점에 신이 존재한다는 믿음이 없다면, 이 모든 것이 헛것이다. 믿음이 필연적이라면 신의 존재도 필연적이다. 믿음을 통해 이 모든 가치와 의미와 평안과 기쁨과 사랑이 은총으로 다가올 때에 거기 하나님의 뜻이 있고 하나님이 존재한다고 확신하게 되는 것이다. 따라서 믿음은 신을 받아들이는 수단이며 은총의 통로가 된다.

도킨스는 기독교의 믿음이 일종의 맹신으로서 심지어 폭력, 살인과 같은 것들까지도 정당화한다고 비난한다. 그리고 믿음은 망상이며 건전한 정신을 해치는 바이러스라고 말한다. 그가 준비한 수사학적 논증 과정을 따라가다 보면 신앙은 어느덧 증거를 무시하는 맹신, 건강한 정신을 해치는 질병으로 둔갑하게 된다. 그러나 도킨스의 이러한 정의는 왜곡된 것이다. 확실히 누군가 자신이 믿는 것이 사실이 아닌 줄 알면서도 믿는다면 자기기만에 불과하다. 하지만 신앙은 사실이 아닌 줄 알면서도 믿는 것이 아니다. 신앙은 아직 이루어지지 않았지만 앞으로 반드시 이루어져야만 하는 궁극적인 목표를 바라보는 믿음의 행위다. 맥그래스는 『도킨스의 신』(Dawkin's God, SFC 역간)에서 도킨스의 한계를 정확하게 지적한다.

그렇다면 우리도 이렇게 질문해보자. 도킨스가 이렇게 엉성한 방식으로 '신앙'을 정의하는 데 사용한 증거는 무엇인가? 이에 대한 쉬운 답변은 도킨스는 실제의 종교적 의미와는 상관없이 신앙에 대한 자신만의 정의를 사용하고 있으며, 이를 위해 어떠한 증거도 제시하고 있지 않다는 것이다. 그러므로 이 정의는 도킨스만의 정의일 뿐이며, 자기 스스로 생각해낸 정의이고, 자신이 비판하고자 하는 사람들이 가지고 있었으

면 하는 바람으로 만들어놓은 정의다.[20]

기독교는 마치 보이는 세상만이 전부인 것처럼 세상에서 경험하는 사물을 통하여 현상을 파악하는 데서 멈추지 않는다. 기독교는 보이지 않는 것들을 믿는 믿음으로 현상의 배후에 있는 본질을 탐구한다. 과학은 사물을 읽고 분석할 때에 그 현상 또는 현상을 드러내는 하위계층의 양자 또는 유전자의 세계가 모든 것의 궁극적인 원인이며 실재라는 환원주의적 입장에서 설명한다. 우리가 과학적 환원주의를 따라 물질의 하위계층으로 들어가 보면 가치, 의미, 역사는 무의미한 것으로 드러난다. 이런 입장에서 노벨 물리학상 수상자인 핵물리학자 와인버그(Steven Weinberg)는 "우리가 우주를 알면 알수록 더 무의미해 보인다"라고 말한다.

그러나 신학이나 철학은 현상 너머에 혹은 그 안에 분명 물질로 환원될 수 없는 의미와 가치체계를 형성하는 어떤 본질이 있다는 믿음에서 출발한다. 현상 가운데 본질이, 혹은 객체 가운데 주체가 있다. 즉 믿음은 현상을 드러내는 원리가 아니라 그 원리 너머에 존재하는 원인자가 궁극적 실재라고 여기는 것이다. 우리는 사물이 드러내는 현상을 통해 주체의 활동을 느끼고 확신한다. 활동한다는 것은 주체의 의지 작용이 **있음**—내적이든 부과된 것이든—을 의미한다. 그리고 이 믿음은 객관적 이성의 합리주의적 논증을 넘어서 주관적 이성의 통찰(insight)과 직관(intuition)과 직감(immediate feeling)의 영역까지 포함한다.

믿음은 사물의 겉모습을 잘못 보고 착각하는 뇌의 작용을 통해 생기는 것이 아니라, 변화하는 사물의 깊이에서 드러나는 주체의 활동을 느끼고 확신하는 과정에서 생긴다. 그러므로 믿음 또는 확신은 궁극적 실재로부터 오는 은총이며 선물이다. 종교적 용어로 설명하면 믿음은 계시를 통해서 주어진다고 할 수 있다. 즉 내가 믿고 싶어 믿는 것이 아니라 믿어지기에 믿을 수밖에 없는 믿음이다. 앞서도 말했듯이 믿음은 일방적이지 않으며 타자와의 관계성에서 발생하기 때문에 일방적인 신뢰를 믿음이라고 할 수는 없다. 믿음은 내가 타자에게 줄 수 있는 것이며 또한 타자의 신실함을 통해서 받을 수 있는 것이다. 그런 의미에서 기독교는, 내가 믿는 것이 아니라 하나님이 약속대로 실행하시는 신실함을 통해서 믿는 것이기에 "믿음은 선물"이라고 표현한다.

믿음은 다중 영역의 지식들을 분석하고 인지하는 과정에서 발생하는 종합적 판단의 확신이다. 자연과학만으로는 이것에 다다를 수 없다. 자연과학은 감각경험에만 토대를 두고 사물의 현상을 해석하기 때문이다. 하지만 믿음은 객관적 이성과 주관적 이성, 직관과 감각, 그리고 통찰을 모두 포함한 판단의 결과이기 때문에 쉽게 규정할 수 없다.

기독교는 도킨스가 "강한 인식론"에 근거하여 언젠가는 컴퓨터 CPU가 의식을 갖고 생명체가 될 것이라고 믿는 것보다 훨씬 더 건전한 믿음을 가지고 있다. 그가 믿고 있는 강한 인식론은 아직은 경험 감각의 범주에서 한 번도 진짜로 나타난 적이 없다. 이는 그가 얼마나 진화론을 맹신하고 있는가를 보여주는 좋은 예다. 만일 그가 정말로 컴퓨터 CPU가 언젠가는 의식을 가질 거라 믿는다면, 그는

계통점진이론이 아니라 단속평형이론이나 공진화 이론을 믿어야
마땅하지 않을까?

4장
신은 망상이다?

"신은 망상이다!" 이는 도킨스가 내린 정의다. 그는 먼저 신을 망상이라고 단정한 다음 사람들을 설득하기 위해 『만들어진 신』을 썼다. 그렇다면 그가 신을 가리켜 망상이라고 확신하는 근거는 어디로부터 온 것일까? 한마디로 말하면 그는 신이 존재하지 않는다는 전제를 가지고 있다. 즉 사람들이 있지도 않은 존재를 믿으니 망상에 사로잡혔다고 단정하는 것이다. 그는 사람들이 왜 실재하지 않는 존재를 만들어놓고 그것을 믿는지 묻는다. 그리고 신은 진화 과정에서 유전자의 생존을 돕기 위해 만들어진 유용한 부산물이었으나 지금은 그렇지 않다고 대답한다.

도킨스는 『만들어진 신』에서 신이 존재하지 않는다는 주장을 강화하기 위해 와인버그가 내린 정의를 인용한다. 와인버그에 따르면 신이라는 단어가 무용지물이 되지 않으려면 사람들이 일반적으로 이해하는 방식으로 사용해야 한다. 즉 신이라는 단어는 "우리가 숭배하기에 적합한 초자연적인 창조자"를 지칭하는 데 사용해야 한다.

도킨스는 왜 기독교 신학자나 유신론 철학자가 내린 신의 정의는 외면하고 도리어 무신론 과학자가 내린 정의를 그대로 받아들였을까? 이는 별다른 이유가 있다기보다는 단지 공격하기 좋은 신의 개념을 만들고 있다고밖에 볼 수 없다. 플루는 도킨스의 이러한 전략을 일명 "허수아비 전략"이라고 부른다.

도킨스는 신을 망상이라고 규정한 뒤, 구약성경에 나오는 구절들을 문자적으로 해석하면서 기독교의 신을 공격한다. 그는 구약성경의 신을 "시기심이 많고 거만한 존재, 좀스럽고 불공평하고 용납을 모르는 지배욕을 지닌 존재, 복수심에 불타고 피에 굶주린 인종청소자, 여성을 혐오하고 동성애를 증오하고 인종을 차별하고 유아를 살해하고 대량 학살을 자행하고 자식을 죽이고 전염병을 퍼뜨리는 과대망상증에 가학피학성 변태성욕에 변덕스럽고 심술궂은 난폭자"라고 부른다.[1] 하지만 이는 기독교의 구약성경 이해와는 너무나 거리가 먼 이야기다.

| 본문의 상호 연관성과 내재성

어떤 이야기를 이해하고자 할 때에는 그 이야기가 탄생한 동시대의 상황을 파악하기 위한 노력이 필요하다. 우리가 사용하고 있는 언어는 우리 시대 언어문화의 규칙을 따른다. 그 어떤 개인도 독립적으로 언어의 규칙을 정해서 사용할 수는 없다. 이것이 어느 시대나 당시에 쓰인 언어와 문화의 세계를 알지 못하면 그 언어로 이루어진 이야기를 올바로 이해할 수 없는 이유다. 따라서 구약성경을 제대로 읽으려면 구약성경이 쓰인 당시의 상황과 맥락을 이해하기 위해 노력해야 한다.

언어는 자의성과 함께 역사성을 가진다. 만일 기표(記標)[2]와 기의(記意)[3] 사이에 본질적이고 필연적인 관계가 있다면, 기호는 시간의 흐름과는 상관없는 본질적인 표현양식(시니피앙, *signifiant*)과 의미내용(시니피에, *signifié*)을 가질 것이다. 그러나 기호는 무시간적인 본질을 가지지 않고, 단지 차이의 관계 체계 속에서 기표와 기의가 우연히 결합된 자의성을 특징으로 한다. 기호는 다른 기호와의 상관적 관계에서 의미가 규정되는 상관적 실체다. 따라서 기호는 기표와 기의에 있어서 모두 변할 수 있는 역사성을 가진다. 즉 어느 특정한 시점에서 특정 기표와 특정 기의의 결합은 역사적 과정의 우발적 결과로서 기호는 자의적이고 역사적 발전에 온전히 종속된다.

언어로서의 기호는 다른 기호들과의 관계에서만 의미를 가지는 가치체계다. 그렇다면 그 관계는 어떤 유형의 관계이며, 그 관계는 언어의 역사성과 어떤 관련이 있을까? 언어는 기호들 사이의 "순수한 관계의 그물망" 이외의 다른 어떤 것이 아니다. 그리고 이 관계 체계는 통시적 특성과 공시적 특성의 양면성을 가진다.

기호의 통시성이란 시간적인 연속성을 배경으로 나타나는 특징으로서, 서로 다른 시대에 속하는 두 요소들 사이의 관계다. 하나의 기호는 이전 시대의 기호와 연결되어 있다. 즉 하나의 단어나 어구, 사건은 그 이전의 단어들과 어구들, 사건들과 함께 공유할 수 있는 그 무언가를 가지고 있다.

기호의 공시성이란 동일한 시대에 속하는 기호들 사이에 형성된 관계에서 볼 수 있는 특성이다. 즉 언어의 공시성은 하나의 단어나 어구, 사건이 동시대의 다른 단어들과 어구들, 사건들과 함께 공유할 수 있는 관계성이다. 따라서 통시적 관계는 경우에 따라 수직적 관계라고 부를 수 있고, 공시적 관계는 지평적 관계라고 부를 수 있다.

언어의 공시적 관계가 두드러진 하나의 예를 들어보겠다. 우리 집 딸아이가 세 살 때 일이다. 한겨울에 외출을 하기 위해 문을 열자 차가운 바람이 들어왔다. 아이는 차가운 바람을 맞으면서 "아이, 따뜻해"라고 말했다. 나는 "얘야. 이럴 땐 따뜻하다고 말하는 게 아니라 춥다고 하는 거야"라고 바로잡아주었다. 나는 그때 아이가 왜 그렇게 말하는지를 몰랐다. 그런데 겨울이 지나고 여름이 오자 아이는 문으로 들어오는 뜨거운 바람을 맞으며 "아이, 시원해"라고 말하는 게 아닌가. 나는 혹시나 아이가 뜨거운 것과 차가운 것을 구별하지 못하는 것은 아닐까 하고 걱정을 하며 지켜보았다. 그런데 나중에 알고 보니 딸아이는 내가 뜨거운 국물을 마시면서 "아, 시원하다"라고 표현했던 것, 그리고 피곤하고 지친 몸을 뜨거운 물이 담긴 욕조에 담그면서 "어이, 시원하다"라고 한 말을 기억하고, 뜨거운 바람을 "아이, 시원해"라고 표현한 것이었다.

이처럼 "시원하다"는 말은 문맥에 따라 전혀 다른 의미가 된다. 하나의 어휘가 서로 다른 문맥에서 전혀 다른 의미를 갖는 것은 언어의 공시성이 드러나는 현상이다. 이처럼 하나의 단어가 상황에 따라서 전혀 다른 여러 가지 의미를 갖는 경우는 어렵지 않게 찾아볼 수 있다. 영어에서 시원하다는 의미로 사용되는 "cool"이라는 단어를 생각해보자. "Cool"의 일차적인 의미는 경험적인 감각에서 시작되지만 이차적인 의미에서는 보는 눈이 시원하도록 잘생긴 외모를 가리키기도 한다. 이외에도 하나의 단어가 다른 의미로 사용되는 용례는 얼마든지 있다. 따라서 언어의 공시적 관계를 염두에 두는 것은, 하나의 본문이나 이야기가 수용할 수 있는 의미의 범주를 밝히고 더 나아가 일차적 의미와 이차적 의미의 차이를 발견함으로써 언어의 지평을 열어가는 것이다.

다음은 언어의 통시성에 대해 생각해보자. 나는 어렸을 때 어머니가 쌀을 사러 가시면서 "쌀 팔러 간다"라고 하시는 말씀이 도무지 이해되지 않았다. 분명 집에 쌀이 없는데 어머니는 왜 쌀을 팔러 간다고 하시는지, 쌀을 팔러 간다고 하면서 왜 빈손으로 가시는지, 쌀을 파는 것과 사는 것은 정반대의 일인데 왜 자꾸 틀리게 말씀하시는지 영 모를 일이었다. 나중에 알고 보니 바로 그 부분에서 어머니와 나는 언어가 서로 통하지 않았던 것이다. 나는 어머니 세대에서 쌀이 화폐를 의미하고 "쌀 팔러 가다"라는 말이 "장을 보러 가다"라는 의미임을 나중에야 알게 되었다. 어머니의 문화와 나의 문화 사이에는 분명한 차이가 있었다. 이처럼 특정한 언어의 의미를 제대로 파악하기 위해서는 그 언어가 형성된 문화나 역사적 상황을 이해하는 것이 매우 중요하다.

우리 어머니가 쓰는 언어를 올바르게 이해하려면 나는 어머니 시대의 문화를 이해할 수 있는 다른 자료들을 참고해야 한다. 이처럼 독자가 어떤 텍스트를 해석할 때 다른 텍스트의 도움을 받을 수 있는 것은 동시대의 텍스트들이 본문상호연관성(intertextuality)을 가지고 있기 때문이다. 마찬가지로 고대의 텍스트를 이해하려면 먼저 그 당시에 같은 언어를 사용했던 다른 이야기들을 살펴보아야 한다. 언어는 삶을 떠나 독립적으로 존재하지 않는다. 언어는 문화와 삶 속에서 형성되고 성장하며 변형된다. 심지어 언어의 의미는 감각경험을 통해서 직접 표현될 수 있는 일차적 의미와 그것을 토대로 적용할 수 있는 이차적 의미, 그리고 그 의미가 추상적인 개념으로 변환되어 발생하는 삼차적 의미로 나타날 수 있다.

철학의 경우에도 마찬가지다. "실재"(reality)란 말은 형이상학이 주도하던 시대에는 보이지 않는 본질, 또는 보편적 본질을 의미하는 것이었다. 그러나 근대 이후부터는 실재라는 말이 시간과 공간 안에 현존하는 존재자를 의미하게 되었다. 또한 같은 시대라 하더라도 형이상학자들이 실재라는 용어를 사용할 때와 실존주의자들이 그것을 사용하는 의미는 전혀 다르다. 하나의 단어를 놓고 동시대의 사람들조차 다르게 사용하는 것이다. 신학자들과 과학자들의 차이는 바로 여기에 있다. 과학자들에 비해 신학자들은 어떤 용어를 해석할 때 인간의 삶과 역사의 풍부한 경험과 상황을 포함하는 의미와 가치체계를 바탕으로 해석하려고 한다.

하나의 본문에는 그것이 내적으로 지니고 있는 고유한 세계관(intratextuality)이 있다. 이것은 관용어구에서 두드러지게 표출되는데, 관용어구에는 합리적이지 않은 표현들도 많다. 한 예로, 우리말에 "문 닫고 들어오세요"라는 표현이 있다. 따져보면 어떻게 문을 닫고 들어오라는 것인지 도무지 모를 일이다. 그러나 그 말은 먼저 들어온 후에 문을 꼭 닫으라는 본뜻을 가지고 있다. 그 말에는 한겨울에 추위가 뼛속까지 파고드는 척박한 환경에서 살아본 사람들이 온몸으로 체득한 경험이 녹아 있다. 난방이나 단열이 제대로 갖춰지지 않은 상태에서 문을 제대로 닫지 않으면 차고 매서운 바람이 문틈으로 파고들어 와 실내의 온기를 빼앗아 간다. 그러므로 추운 지방 사람들은 "문 닫고 들어와라"라는 말이 문을 닫는 것을 강조한다는 사실을 잘 알고 있다. 하지만 그런 상황에 직접적으로 처해보지 않은 사람은 이 말의 진짜 의미를 느끼기 어렵다. 특히 언어를 문자적으로만 해석하는 사람은 그 말의 문법구조와 사건의 순서를 따지면서 말이 안 된다고 주장할 것이다.

말이나 문자는 단순히 기호에 그치는 것이 아니라 기호-복합체(언어)로서 역사적 상황이나 문화와 얽히면서 의미를 형성한다. 말이나 문자가 지니고 있는 의미나 가치를 읽는 것은 해석학에서 매우 중요한 문제다. 본문은 항상 상황과 더불어 이해해야 한다. 더욱이 가치나 정신의 세계에서 진리를 드러내는 본문은 역사적 정황을 가지고도 완전히 이해할 수 없다. 문자는 우리의 경험이나 사건의 현상을 통해서 설명하지만, 내용은 현상 자체에 국한되지 않고 그 안에 담겨 있는 다양한 의미를 통해 내적인 가치의 세계를 그려주는 경우가 더 많기 때문이다.

| 기독교인은 성경을 어떻게 읽는가?

성경에 기록된 문자는 하나의 단층적 세계를 설명하는 것이 아니다. 앞에서 살펴본 대로 오늘날에는 실재라는 말이 단순히 현실적 실재(existential reality)를 지칭하지만, 고대에는 눈에 보이지 않는 본질적 실재(essential reality)를 가리켰다. 오늘 우리가 자연스럽게 현실적 실재라고 이해하는 말이 고대에는 형이상학적 실재를 의미했던 것이다. 그와 비슷하게 성경에 기록된 역사적 사건은 가치와 의미를 추구하는 형이상학적 초월성의 세계, 역사 속에서 고민하는 인간의 심층적 내면세계, 존재의 근원과 방향을 제시하는 세계를 함께 드러내는 다층적 구조를 지니는 경우가 많다.

이 점에서 도킨스는 성경의 다층적인 이야기를 자신의 틀에 맞춰 멋대로 해석하고는 기독교인들을 향하여 그 해석을 받아들이라고 강요한다. 그는 진화생물학자로서 유전자 코드를 읽는 방식으로 성경의 문자를 읽는다. 어쩌면 문자를 문자 그대로밖에 해석하지 못하는(?) 무신론적 근본주의자인 그의 눈에는 성경이 그렇게 비쳤을지도 모른다.[4] 그러나 기독교인들은 초대교회 당시부터 성경을 문자적으로만 읽지는 않았다. 초대교회의 대표적인 성경 읽기 방법은 "삼중적 해석"이었다. 삼중적 해석은 인간이 몸과 혼과 영으로 구성되어 있다고 보고, 그와 마찬가지로 성경의 가르침이 문자(역사)적 의미, 도덕(윤리)적 의미, 신비(영)적인 의미로 구성된다고 보는 방법이다. 그리고 중세에 이르러 여기에 비유적 해석을 더해 성경의 사중적 해석이 자리 잡게 되었다. 중세 교회는 비유적 해석을 통해 문자가 지니고 있는 상징적 요소들을 찾아내려고 노력했다.

그렇다면 왜 기독교인들은 성경을 문자적으로만 또는 역사적으로만 해석하려 하지 않는 것인가? 가장 큰 이유는, 문자나 역사가 단순히 사실만을 기록하지 않고 그것을 통해서 그 사건이 지니고 있는 의미나 가치에 해당하는 신의 말씀, 또는 계시를 전달해준다고 보기 때문이다. 가치와 의미를 담지 않는 문자나 역사는 무가치하며 무의미하다. 중요한 것은 그 문자 안에 들어 있는, 또는 역사 속에 들어 있는 가치와 의미의 세계다.

이때 최고의 가치와 의미는, 역사 안에서 나타나지만 변하지 않는 진리로 구현된다. 최고의 가치를 지니는 진리는 시간과 공간 속에서 역동적으로 활동하면서도, 즉 현상학적으로는 다양한 모양으로 드러나면서도, 그 중심성은 변하지 않는다. 자신은 불변하는 가운데 모든 변화 속에서 자신을 드러내는 것이 진리다. 변화 속에서 불변하고, 불변하면서 변화하는 것이 역사 속에서 진리가 지니고 있는 패러독스다. 즉 진리는, 본질 자체는 변하지 않으면서 시공 속에서 다양한 현상으로 나타난다.

하나의 문자는 다차원적 의미들을 담고 있다. 그렇다고 다층적이며 다차원적이며 다양한 의미들을 무조건 다 허용하는 것이 아니라, 당시의 이야기들과의 상호연관성 속에서 특정한 의미와 가치로 수렴된다. 따라서 문자가 표현하고 있는 의미를 일차원적으로만 해석할 것이 아니라 그것이 어떤 가치와 의미를 지니고 있는가를 살펴보는 것이 더 중요하다.

도킨스가 공격하고 있는 성경의 예를 들어보자. 도킨스의 주장에 따르면 구약의 신은 악하다. 왜냐하면 구약의 신은 툭하면 전쟁을 일으키고 사람들을 무자비하게 죽이라고 명령하기 때문이다. 그러고도 십계명에서는 "살인하지 말라"고 명령한다. 이는 이율배반적이다. 도킨스는 이 모순이 사실은 내(內)집단에서는 살인하지 말라는 명령이 적용되고, 외(外)집단에 대하여는 살인하라는 명령이 적용되는 것이라고 해석한다.

그러나 십계명에서 "살인하지 말라"는 계명은 내집단과 외집단을 따로 구분하지 않는다. 십계명을 제대로 이해하려면 십계명이 주어진 고대의 역사적 맥락을 살펴보아야 한다. 오늘날 우리는 삶을 전쟁터로 표현한다. 그러나 야만에 가까운 고대에는 실제로 목숨이 왔다 갔다 하는 전쟁이 삶의 일부분이었다고 해도 과언이 아니다. 구약의 신이 그와 같은 역사적 상황 가운데 자신을 전쟁의 신으로 계시한 것은 사느냐 죽느냐의 기로에서 그를 믿는 자를 책임지신다는 의미였다. 정글과 같은 삶의 한복판에서, 나약한 존재가 갖고 있는 믿음은 전능자가 그 나약한 존재를 승리자로 만들어줄 것에 대한 기대다. 이처럼 구약의 신은 당시의 문화 자체를 무시한 채 무작정 초월적 윤리관을 제시한 것이 아니라, 인간 삶의 정황과 역사적 맥락에서 계시를 베풂으로써 거룩한 삶을 살아가도록 인도한다.

오늘날도 마찬가지다. 기독교인들은 삶의 치열한 현장에서 신으로부터 오는 능력이 믿음으로 살아가는 사람에게 승리를 가져다줄 것이라는 기대 속에서 구약성경을 읽는다. 또 어떤 기독교인들은 한 걸음 더 나아가 구약성경을 통해서 내면의 전쟁에서 맞닥뜨리는 사악한 생각들을 없애는 거룩한 정신의 현존, 즉 성령의 능력을 발견하기도 한다.

한편, 루즈(Michael Ruse)는 자신도 무신론자이지만 이런 도킨스의 입장에 대해 "내가 그 사람과 같은 무신론자인 것이 부끄럽다"라고까지 했다. 그는 다음과 같이 도킨스의 문제를 지적한다.

도킨스의 문제는 책에서 다뤄지는 문제를 진지하게 다루지 않는다는 데 있다. 30여 년 전에 출판된 『이기적 유전자』는 굉장히 훌륭한 책이다. 도킨스의 주장에 대한 동의 여부를 떠나서 그 책은 유전자의 이해를 위한 수준 높은 시도를 하고 있다. 메리 미즐리(Mary Midgley)가 도킨스에게 "유전자가 이기적이라니 멍청한 소리다"라고 말한 적이 있다. 이에 대해 도킨스는 "이기적이란 말은 유전자에 대하여 메타포를 사용한 것이다. 비평을 하고 싶으면 최소한 내가 무엇을 얘기하고자 하는지 이해하려고 노력해보라"고 했다. 이 경우 도킨스의 반응은 완벽하게 이해가 간다. 하지만 나 역시 그리고 모든 신학자들이나 철학자들 역시 도킨스에게 당신이 비평을 하고 싶으면 문제가 무엇인지 이해하려고 노력해보라고 할 수 있다.…다시 말하면 좀 더 정직하게, 지적으로 성실하게 논증 자체와 기독교 철학자들의 반론을 생각해보라는 것이다. 이는 앞에서 언급한 메리 미즐리의 사례와 똑같은 상황이다. 최소한 숙제 정도는 하고 오라는 것이다. 그러나 도킨스의 문제는 그렇게 하지 못한다는 데 있다. 도킨스는 구약의 신을 인종 청소자라고 부른다. 어떻게 보면 그렇게 보이기도 한다. 그렇다면 전통적인 기독교인들은 어떻게 생각해왔는가? 요점은 기독교인들이 이런 문제들에 대한 성숙한 대답을 가지고 있다는 것이다. 내 생각에 도킨스는 단순히 자신을 믿지 않는다는 이유만으로 기독교인들의 성숙한 대답을 무시한다. 그는 논의 수준을 후퇴시키고 있다.[5]

| 도킨스는 왜 종교의 나쁜 점만 언급하는가?

　도킨스의 책이 출판되자마자 사회 각층에서 "왜 당신은 종교의 좋은 점은 언급하지 않고 최악의 것만 언급하는가?"라는 질문과 "당신은 틸리히나 본회퍼와 같은 뛰어난 신학자들이 아니라 테드 해거드, 제리 팔웰, 팻 로버트슨과 같은 조잡하고 어중이떠중이나 몰고 다니는 위험 분자들만을 다룬다"라는 비난이 쏟아졌다. 이에 대해 도킨스는 다음과 같이 답한다.

　그런 세심하고 미묘한 종교가 주류라면 세계는 확실히 더 나은 곳이 되었을 것이고 나는 다른 책을 썼을 것이다. 우울한 사실은 이런 유형의 절제되고 온건하고 개혁적인 종교가 무시할 수 있을 정도로 소수파라는 것이다. 전 세계 신자들의 대다수는 로버트슨, 팔웰, 해거드, 오사마 빈 라덴, 아야톨라 호메이니 같은 지도자들에게서 볼 수 있는 것과 같은 종교를 믿는다.[6]

　도킨스는 기독교인들 가운데 "절제되고 온건하고 개혁적인 종교"를 가진 사람이 무시할 수 있을 정도로 소수라고 가볍게 넘긴다. 그러나 그가 진정한 학자라면 바로 그 절제되고 온건하고 개혁적인 기독교 학자들과 대화를 나누어야 한다. 그러나 그럴 마음이 없다는 것이 그의 문제다. 그는 역사에 등장했던 기독교의 좋은 모습이 아니라 최악의 현상들만을 수집하여 나열할 준비가 되어 있을 뿐이다.

　모든 현상에는 좋은 점과 나쁜 점이 있고, 같은 말도 해석하기에 따라 달라진다. 지금 나는 그가 지적한 종교의 잘못된 점들에 대해 변명하는 것이 아니다. 나도 맥그래스나 킴볼처럼 제도적 종교가 인간의 욕심이나 타락한 본성으로 인해 사악해질 때가 있다는 점에 충분히 동감한다. 그러나 역사적·본질적으로 종교는 악이 아니라 진리와 선을 추구한다. 이것은 분명한 사실이다. 그러나 도킨스는 대화를 시작하기도 전에 이미 신은 사악하고 종교는 악의 뿌리라고 규정해버린다.

결과적으로 도킨스는 종교의 좋은 점이나 뛰어난 학자들이 말하는 신 개념을 의도적으로 배제한다. 단, 아인슈타인 식의 종교와 초자연적 종교를 구분하면서, 『만들어진 신』에서 다루는 신은 아인슈타인과 같은 깨어 있는 과학자들의 신이 아니라고 분명하게 선을 긋는다. 독자들이 둘 사이에 혼란을 일으킬 가능성 때문에 걱정하는 것이다.[7]

도킨스가 아인슈타인이나 유신론적 과학자들이 경험한 종교적 체험이나 내재적 신 개념을 배제하는 이유는 분명하다. 그는 천문학자 세이건(Carl Sagan)이 "신이라는 말이 우주를 지배하는 물리법칙들을 의미한다면 그런 의미의 신은 분명히 존재한다"라고 한 말을 인용하면서, 자연에 내재하는 신은 없고 오직 자연의 법칙 혹은 물리법칙만이 존재한다고 주장한다. 도킨스의 주장에 따르면 이해할 수 없는 신은 신이 아니다. 그리고 사실 이해할 수 있는 신은 신이 아니라 물리법칙이다. 우주 안에서 경험할 수 있는 신비적 현상은 그에게는 아직 해독되지 않은 물리법칙일 뿐이다. 결국 도킨스는 신은 존재하지 않는다는 식의 근본주의적 합리주의 입장으로 돌아간다.

도킨스의 이런 입장을 플루나 바기즈(Roy Abraham Varghese)는 "돌아온 논리실증주의"라고 부른다. 그러나 엄밀히 말해서 아인슈타인은 논리실증주의자가 아니었다. 다만 도킨스가 실증주의적 시각을 가지고 아전인수 격으로 아인슈타인의 종교를 해석한 것뿐이었다. 아인슈타인은 자신의 사상에 대해 다음과 같이 말했다.

> 나는 실증주의가 아니다. 실증주의는 인간이 관찰할 수 없는 것은 존재하지 않는다고 말한다. 이런 개념은 과학의 옹호를 받을 수가 없다. 사람들이 관찰 '가능한' 것과 '불가능한' 것을 정당한 방법으로 확증하기란 불가능하기 때문이다. 그러면 결국 '우리 눈에 보이는 것만 존재한다'고 말할 수밖에 없는데, 그것은 분명 틀린 말이다.[8]

자연에는 물리적 층위만 있는 것이 아니라 보이지 않는 신비 역시 가득하다. 고대인들의 신앙 표현이었던 범신론, 정령신앙은 자연을 단순히 물리적 대상으로 보지 않고 그 안에서 신성을 발견할 수 있는 다층적 구조로 보는 관점이었다. 고대인들은 우주에 나타나는 모든 현상과 자연에는 표층과 심층이 함께 있다고 본 것이다. 모든 현상 또는 자연의 심층에 에너지와 역동성을 분출하는 어떤 힘 또는 원인이 있다는 관점은 다층적이고 다면화된 표현 양식을 가진 신화나 판타지로 나타난다. 고대인들에게 자연은 신화를 발생시키는 다층적 세계였다. 신화는 문자적 의미 하나로만 읽으면 안 되는, 표면과 심층이 한데 겹쳐서 표현되는 이야기들이다. 그러나 오늘날 도킨스와 같은 진화론자들이 도구로 삼은 물리학은 자연을 단층 구조의 기호로 구성된 세계로만 본다. 그에게는 인간의 심층이나 정신의 세계가 물질이 생산하는 환상이나 허구에 불과하다.

그러나 기독교뿐만 아니라 대부분의 고대 종교는 고유한 언어를 사용할 때에 기호가 아닌 상징으로 나타내는 경우가 더 많았다. 루마니아의 종교학자 엘리아데(Mircea Eliade)는 종교가 드러내는 상징의 의미들을 다음과 같이 설명한다.

첫째, 상징은 인간의 직접적 체험으로는 밝혀지지 않는 실재의 양태나 세계의 구조를 드러낸다. 예를 들어 합리적으로 인식하기 힘든 전 형태적인 것들, 잠재적인 것들은 "물"이라는 상징을 통해서 표현되고는 한다. "물은 형태가 없는 것, 잠재적인 것의 원리로서 모든 우주적 표명(表明, expression)의 토대이자 모든 씨앗의 용기로서 모든 형태가 발생하는 원초적 물질을 상징하고 있다." 둘째, 상징은 "실재하는 것", "세계의 구조"를 지시하기 때문에 진정한 의미에서 "종교적"이라고 할 수 있다. 셋째, 종교적 상징의 본질적인 특성은 다가성에 있다. 즉 종교적 상징은 직접적 체험으로는 그 연관성이 명료하게 나타나지 않는 많은 의미를 동시에 나타내는 능력이 있다. 넷째, 상징은 이질적인 여러 현상을 하나의 전체와 연결시키는 기능, 즉 하나의 "세계"로 통합시키는 성격을 가진다. 다시 말하면, 종교적 상징은 인간이 통일체의 세계를 발견하도록 하는 동시에 세계 속에 들어 있는 자신의 운명을 자각하게 한다. 다섯째, 종교적 상징의 가장 중요한 기능은 역설적 상황, 달리 표현할 수 없는 절대적 실재의 구조를 표현해낼 수 있다는 사실이다. 이는 15세기에 활동한 니콜라우스 쿠자누스(Nicolaus Cusanus)가 신의 본질을 "반대의 일치"라고 말한 것에서 잘 드러난다. 절대는 상징으로 표현될 수밖에 없다. 엘리아데가 "전체성의 상징"이라고 말한 것은 바로 이것을 두고 하는 말이다. 여섯째, 종교적 상징은 그 자체만으로도 존재적 가치를 지니고 있다. 상징은 인간 존재와 관련되어 있는 실재 혹은 상황을 가리키기 때문이다. 엘리아데는 "상징은 일종의 누미노제(Numinose)적 향기를 지니고 있다"라고 말하며 상징의 무의식적 발생설을 배격한다. 이미지나 상징에는 심리학적인 요소뿐만 아니라 초의식적 요소—기독교적 용어로 계시라고 할 수 있는—도 반드시 있게 마련이다.[9]

상징은 존재적 가치를 지니고 있기 때문에 상징의 메시지를 읽을 수 있는 사람은 존재적 계시를 얻을 수 있다. 그러나 종종 "상징의 타락"이 일어나는 경우가 있다. 엘리아데는 그것이 상징의 물신화에서 비롯된다고 지적한다. 쉽게 말해, 오늘날의 문자적 근본주의가 그 대표적인 예라고 할 수 있다. 상징은 존재에 선행한다. 그럼에도 불구하고 상징을 존재와 동일하게 여기면 상징의 타락이 일어나는 것이다.

사물은 신성으로 말미암아 존재의 가치와 의미를 부여받는다. 그런데 물질적인 세계에 내재하는 신성은 상징으로 표현될 수밖에 없다. 기독교는 상징을 존재와 동일하게 여기는 물신화를 극복하고 도리어 상징을 영적으로 해석하며 보편자를 추구함으로써 문자의 내용에 들어 있는 계시를 발견하기 위해 노력한다. 바로 이런 원리로 인해 성경의 삼중적 해석, 사중적 해석이 등장하게 된 것이다.

인간의 존재는 물질로만 구성되어 있는 것이 아니다. 인간은 정신의 활동을 통해 사물에 내재하는 의미, 즉 사물이 존재하는 가치나 목적을 읽을 수 있다. 다시 말하면 우리는 사물 안에서 의미나 가치를 드러내는 신성을 읽으려고 노력하는 것이다.

| 누가 지적인 반역 행위를 하는가?

도킨스는 "물리학자들의 비유적 또는 범신론적 신은 성서에 나오는, 그리고 사제와 이맘과 랍비가 말하는 신, 즉 인간사에 간섭하고 기적을 일으키고 우리의 생각을 읽고 죄를 벌하고 기도에 답하는 신과 아득히 멀다. 이 둘을 혼동시키는 것은 지적인 반역 행위다"라고 말한다.[10] 이 얼마나 독단적인 표현인가? 왜 기독교가 와인버그와 같은 무신론자들이 내린 신의 정의 또는 도킨스가 내린 신의 정의를 가감 없이 그대로 받아들여야 한단 말인가? 도킨스처럼 자신이 신을 규정하고 그것에 따르지 않으면 지적인 반역 행위라고 몰아세우는 그 자체가 지적인 반역 행위가 아닌가?

신은 인간의 내면에 있는 신의 형상을 통해 인간과 대화―기도―를 한다. 안셀무스의 「모놀로기온」(Monologion, 스스로에게 하는 말)과 「프로슬로기온」(Proslogion, 상대방에게 하는 말)은 그와 같은 과정을 잘 보여주는 기도문이다. 안셀무스는 하나님 앞에서 홀로 고백하며 「모놀로기온」을 썼고, 하나님을 향해 기도하며 「프로슬로기온」을 썼다. 우리의 생각 또는 사고의 주인이며 원천이 되는 가장 완전한 사고, 또는 가장 안전한 생각으로 존재하는 신은 우리의 생각을 주관한다. 최고의 개념, 지고선이 되는 신의 정신이 우리의 정신을 관찰한다. 그리고 이것은 우리 안에서 비평적인 성찰로 나타난다. 곧 우리 자신의 행동을 관찰하는 타자의 눈이 우리 안에 존재한다. 이 타자의 생각을 또 비평하는 타자의 근원은 신이다.

정신의 본질로서의 신은 비판적 성찰을 통해 전적 타자, 또는 완전한 타자로서 인간의 정신 가운데 자신을 드러낸다. 욕망에 이끌려 살 수밖에 없는 우리는, 타자로서 내 안에 현존하는 성령의 인도로 거룩함에 동참하게 된다. 우리는 전적 타자, 또는 초월적 타자의 정신의 도움으로 자신을 관찰하는 가운데 잘못된 생각을 깨닫고 자신의 부족함을 고백하며 올바른 방향으로 나아가게 된다. 신은 이러한 방법으로 인간사에 개입한다. 그리고 인간은 성령의 인도와 함께 자신이 무엇을 해야 하는가에 대한 부르심을 깨닫고 더 나은 세상을 위해 헌신하기 시작한다. 이 과정을 통해서 인간이 자신을 변화시키고 세상을 변화시키는 새로운 기적이 일어나게 된다. 이것은 물리세계가 일으킬 수 없는 변화이기에 기적이다. 곧 신은 인간의 의지를 바르게 변화시켜 물리세계 내에서는 불가능한 수많은 기적들을 일으키는 것이다.

그렇다면 이와 같은 신을 믿는 것이 과연 지적인 반역 행위인가? 이 점과 관련하여 다른 지성인이나 과학자들의 생각은 어떤지 궁금하다. 콜린스(Francis Collins)는 인간의 염색체 내의 모든 유전 정보를 밝혀내기 위한 인간 게놈 프로젝트(Human Genome Project)를 지휘한 유전학자다. 그는 도킨스가 『만들어진 신』을 출간한 2006

년에 『신의 언어』(*The Language of God*, 김영사 역간)를 저술했다. 그는 본래 무신론자였지만 도킨스와는 달리 유전자 지도에서 신을 발견하고 유신론자가 되었으며, 유전자 코드를 "신의 언어"라고 명명했다. 콜린스는 다음과 같이 말한다.

> 내 안에서부터 세계관의 조화를 찾아야 할 필요성을 느낀 건 우리 인간과 지구상의 다른 유기체의 게놈을 연구하기 시작하면서부터였다. 공통의 조상에서 변이를 거쳐 생물체가 탄생하기까지의 과정에 관한 풍부하고 상세한 자료가 쏟아져 나왔다. 나는 이러한 자료에 마음이 불편해지기는커녕 모든 생물이 서로 유연관계에 있다는 이 명쾌한 증거에 경외감을 느꼈고, 이는 전지전능한 존재가 세운 거대한 계획이라고 생각하게 되었다. 그 존재는 우주를 만들고 우주의 물리적 변수들을 정확히 정해놓음으로써 별과 행성과 중원소가, 그리고 생명 그 자체가 탄생할 수 있는 여건을 만들어놓은 바로 그 존재였다.[11]

유명한 무신론자였던 플루도 콜린스와 유사한 경험을 고백한다. 플루는 자신이 80세가 넘어서 유신론자가 된 경위를 『존재하는 신』에서 다음과 같이 설명한다.

> 예, 그렇습니다. 제가 그렇게 생각하게 된 것은…거의 전적으로 DNA 연구 결과 때문입니다. DNA 연구의 가장 큰 성과는 (생명을) 만들어내는 데 필요하며 믿을 수 없을 만큼 복잡한 DNA 배열을 보여줌으로써, 엄청나게 다양한 요소들이 함께 작용하게 만드는 일에 지성이 틀림

없이 개입했음을 보여준 것이라 생각합니다. 엄청나게 많은 복잡한 요소들이 아주 미묘한 방식으로 협력합니다. 이 두 요소가 우연히 정확한 시기에 맞아떨어질 가능성은 참으로 희박합니다. 엄청난 복잡성으로 이루어진 그 결과는 제게 지성의 작품으로 보였습니다.[12]

옥스퍼드의 과학자이며 신학자인 맥그래스 또한 비슷한 고백을 한다.

나는 무신론자로 시작했다. 그리고 나중에 기독교인이 되었다. 도킨스의 지적 여정의 방향과 정확히 반대다. 나는 원래 인생을 과학 공부를 하며 보낼 작정이었다.…나는 옥스퍼드 대학의 조지 라다 교수 밑에서 연구하면서 분자생물물리학 전공으로 박사학위를 취득했지만, 그 후 신학을 공부하기 위해 과학 분야에서 연구하는 것을 포기했다.…다윈의 진화론 너머에 계신 신을 발견했기 때문이다.[13]

앞에서 언급한 진화생물학자들이나 과학자들이 도킨스와 똑같은 유전자를 분석하면서 전혀 상반된 해석을 하는 이유는 무엇인가? 도킨스는 "신은 존재하든지 존재하지 않든지 둘 중 하나다. 그것은 일종의 과학적 질문이다. 즉 우리는 언젠가는 그 답을 알게 되며, 그동안은 확률적으로 어떻게 하고 강력하게 말할 수 있다"라고 주장한다. 사실 이 주장의 배경에는 "신이 우리의 인식으로 식별 가능한 하나의 개체로서 존재해야만 한다"라는 전제가 깔려 있다. 바기즈가 지적한 바와 같이 그는 실증주의의 오류를 범하고 있다. 도킨스가 실증주의의 논리를 따라 신을 하나의 물(物), 또는 인식 가능한 하나의 개체로 본다는 사실은 그가 러셀(Bertrand Russell)의 "찻주전자 우화"를 차용해 신 존재 논증을 우롱하는 과정에서 명확하게 드러난다.

> 내가 지구와 화성 사이에 타원형 궤도를 따라 태양을 도는 중국 찻주전자가 하나 있다고 주장하면서, 그 찻주전자가 우리의 가장 강력한 망원경으로도 보이지 않을 만큼 아주 작다는 단서를 신중하게 덧붙인다면, 아무도 내 주장을 반증할 수 없을 것이다.…현재 인터넷에서 인기를 끌고 있는 신(야웨나 다른 신 못지않게 반증 불가능한)이 하나 있다. 바로 비행 스파게티 괴물이다.[14]

도킨스는 러셀을 따라 신을 "현실 세계에 존재하는 인식 가능한 하나의 객체"로 규정한다. 결과적으로 신은 과학적 질문의 대상으로서 언젠가는 명확하게 규명할 수 있는 탐구거리가 된다. 신은 존재하든지 존재하지 않든지 둘 중 하나라고 말할 수 있는 것이다. 따라서 도킨스가 허용할 수 있는 신의 정체는 외계인이거나 진화의 결과로서 미래에 나타날 어떤 지성체다. 그의 주장을 살펴보자.

> 우리가 그들을 알게 되든 그렇지 않든, 신학자가 상상할 수 있는 그 어떤 것도 초월하여 신과 흡사한 수준에 이른 초인들의 외계 문명도 있을 수 있다.…가장 진보한 SETI 외계인은 어떤 의미에서 신이 아닐까?…이 질문에 대한 답은 '그렇다'이다. 신과 신 같은 외계 생명체의 핵심적

인 차이는 그들의 특성이 아니라 기원에 있다. 복잡한 지적 존재들은 진화의 산물이다.[15]

도킨스는 한 걸음 더 나아가 하나의 가설에 불과한 스몰린(Lee Smolin)의 "다중우주설"을 지지하면서 "우리 우주가 설계되었고(나는 전혀 믿지 않지만) 게다가 설계자가 우리의 생각을 읽고 전지한 조언과 용서와 구원을 제공한다면, 설계자 자신(신)은 아마도 다른 우주의 변형된 다윈주의의 최종 산물일 것이 분명하다"라고 주장한다. 그는 이처럼 자신의 견해를 변호하기 위해 아직 검증되지도 않은 외계인의 존재나 다중우주설을 아무런 망설임도 없이 끌어들인다. 하지만 이런 태도는 분명 도킨스 자신이 무기로 사용하는 합리주의와 어울리지 않는다. 오히려 그의 태도는 과학에 대한 맹신에 가깝다.

도킨스가 표방하는 실증주의나 합리주의의 문제는 무엇일까? 기독교의 신은 러셀이나 실증주의의 논리에 따라 증명할 수 있는 하나의 사물이 아니다. 신은 하나의 인식 가능한 객체가 아니다. 기독교의 신은 이성의 사유가 만든 이상적 존재가 마음이나 정신에 투사되어 생긴 투사체도 아니다. 도킨스가 간절히 바라는 바와는 다르게 신은 진화의 과정을 거쳐 고도로 발달된 지성체나 외계인도 아니다. 도킨스의 문제는 기독교의 신이 그런 종류의 허구나 상상, 또는 외계인이 아니라는 사실을 받아들이지 못하는 데에 있다. 기독교의 신은 물질이나 개체가 아니라 오히려 물질과 개체를 지으시고 물질과 개체를 통해 자신의 신성과 활동을 드러내는 분이시다.

| 존재를 가능하게 하는 존재

신학자들이 불가지론을 말하는 이유는 신이 "인식 가능한 객체"가 아니기 때문이다. 신은 단순히 이 세상의 현상을 드러내는 원리로서 존재하는 것이 아니라, 그 원리를 가능하게 하는 힘, 생명의 기원으로서 내재성이나 초월성으로 이해할 수 있을 뿐이다. 정신을 지닌 생명체 안에 내재하는 생각이나 의지, 의식의 작용은 물리학의 원리를 따라 움직이지 않는다. 물질이 정신을 지배하는 것이 아니라 정신이 물질을 지배한다면, 물리학이 정신을 규정하는 것이 아니라 그 반대다. 실제로 현상을 파악하고 이해하며 원리를 도출하는 것은 정신의 작업이다. 그러므로 신은 과학적 합리주의로 밝힐 수 있는 인식 가능한 객체가 아니라 인식의 주체다. 노년에 무신론에서 유신론의 입장으로 돌아선 플루의 고백은 이와 같은 사실을 명백하게 밝혀준다. 플루는 신의 존재 증명에서 "개념 식별"과 "개체화"를 주요한 쟁점으로 삼았다. 플루는 자신의 젊은 날을 회고하며 다음과 같이 말한다.

> 나는 신 개념은 '몸이 없고 무소 부재한' 영의 관념을 전제하기 때문에 정합성이 없다고 주장했다. 나의 근거는 아주 분명했다. '몸이 없는 인격체'란 말은 '거기 없는 사람'이라는 말과 상당히 비슷하다.[16]

무신론을 주장하는 철학자나 과학자들의 공통점은, 젊은 시절의 플루, 또 도킨스나 러셀에게서 볼 수 있듯이 신을 우리가 볼 수 있고 경험할 수 있는, 즉 인식 가능한 하나의 개체로서 규정한다는 사실이다. 그러나 플루는 신은 몸이 없는 인격체(영)라는 사실을 인정하게 되면서 유신론자가 되었다. 그는 신의 존재에 대해 논증하면서 코플스턴(Frederick Copleston)의 말을 인용한다.

> 신은 인격적으로 움직이는 초월성 속에서 인간 정신에 실제로 다가온다. 이 움직임 속에서 신은 그 움직임의 보이지 않는 목적지로 나타난다. 초월자가 그 자체로 포착되지 않는 만큼, 말하자면 우리의 개념 망이 그를 담아내지 못하는 만큼, 의심은 필연적으로 나타나게 마련이다. 그러나 초월성의 움직임 속에 들어가면(느끼고 경험하면), 그 움직임 속에 있는 확증이 즉시 의심을 떨치게 해준다. 인간 정신이 이렇게 인격적으로 움직이는 맥락 속에서 신은 인간에게 실체가 된다.[17]

과학적 원리는 스스로 작동하지 않는다. 도킨스도 생명이 없이는 진화의 메커니즘인 자연선택이 불가능하다고 말했다. 무신론적 과학자들은 세상의 근본 원리를 중력의 법칙으로 설명하려고 하겠지만 생명, 의지, 의식은 중력의 법칙으로는 설명할 수 없는 영역이다. 플루가 지적했듯이 중력의 법칙이 지성을 낳은 것이 아니라, 오히려 선재하는 지성이 물리적 우주를 만들었고 또 생명을 탄생시켰다. 맥그래스는 『신 없는 사람들』(*Why God Won't Go Away*, IVP 역간)에서 다음과 같이 지적한다.

새로운 무신론자들의 사고의 틀 안에서 보자면, 신은 결코 그들의 지적

고려의 대상조차 아니니 말이다. 신은 망상 그 이상도 그 이하도 아니지 않은가. 사람들은 그저 신을 믿는 믿음에 현혹된 것일 뿐, 새로운 무신론의 주장이 정말로 옳다면, 사람들에게 어떤 일을 하라고 명령할 신은 결코 존재할 수 없는 것이다.…새로운 무신론자들은 분명 신이라는 망상에 빠진 인간들이 그런 일을 벌일 것이라고 항변할 것이다. 하지만 그렇다고 해서 준엄하고 불편한 진실을 피할 수는 없다. 신이 없다면, 인간의 악에 대한 비난을 뒤집어쓸 존재도 없는 게 아닌가 말이다. 새로운 무신론은 인류의 이성적·도덕적 실패의 책임을 신에게 떠넘기면서, 자신의 세계관에 뻔히 드러나는 모순을 누구도 눈치 채지 못하기를 바란다.…그들 말대로 신이 만들어진 것, 즉 허구의 존재라면 비난은 여지없이 신을 만들어낸 인간이 받아 마땅하다.…인간은 자신의 모습대로 신을 창조하고, 이 초자연적 존재에 인간의 고유한 도덕적·합리적 특성을 부여한다.…종교가 인간성을 부패시키는 것이 아니라 부패한 인간성이 종교를 만들어내는 것이라고 말이다.[18]

신은 존재 자체다. 신은 하나의 존재가 아니라 모든 존재를 가능하게 하는 존재 자체이며 나아가 그 이상이다. 틸리히는 기독교의 신이 실존하지 않는다고 말한다. 실존하는 신은 신이 아니라 우상이다. 그것은 신을 물화시켜놓은 것이기 때문이다. 그에 비해 도킨스는 심지어 "신은 고도로 발달한 지성체인 우주인일 수도 있다"라고 주장한다. 그러나 기독교의 신은 결코 우주인과 동일시될 수 없다. 만일 우주인이 있다면, 그도 지성의 본질이며 지성 자체인 신의 피조물일 수밖에 없다는 것이 기독교인들의 고백이다. 바르트(Karl

Barth)는 나아가 신은 존재 자체가 아니라 존재를 초월한다고 고백한다. 신을 존재 자체라는 말로도 다 표현할 수 없다는 것이다. 틸리히는 이를 **신 위의 신**(God above god)이라는 말로 표현했다. 우리가 알고 있는 그 위에 계신 하나님은 바르트가 말하는 신, 곧 우리와 질적으로 전혀 다른 전적 타자로서의 신이라고 할 수 있다.

우리의 이해가 가능한 범주 안에서 신은 다른 이름으로도 불릴수 있다. 아모스 선지자에게 신은 "정의 그 자체"다. 호세아 선지자에게 신은 "공의 그 자체"다. 모세에게는 "존재 그 자체"이며 아브라함에게는 "믿음 그 자체"다. 여호수아에게 신은 "능력 그 자체"이며 요한에게는 "사랑 그 자체"다. 바울에게 신은 "지성 그 자체"이며 야고보에게는 "율법 그 자체"다. 기독교의 신의 다른 이름은 정의 그 자체, 사랑 그 자체, 진리 그 자체이며, 그 모든 것들의 근원이자, 아버지 그 자체다. 실상 위에 열거한 것들은 신의 속성들로 신에 속하는 것이다.

도킨스는 자연이나 우주 가운데서 신의 내재성으로 드러나는 신비적 체험마저도 미리 배제하고 또 그것에 대해 언급하지 않겠다고 말한다. 하지만 그것은 신의 본질을 제거하고 나서 신을 언급하겠다는 소리와 별반 다르지 않다. 분명한 한계를 지닌 인간은 신의 초월성을 경험할 수 없다. 그러나 우리는 자연과 과학적 원리를 통해서 그 배후에 존재하는 합리성이나 자율성과 같은 본성을 느낄 수 있고 종종 생명, 의식, 자아의 신비를 경험한다. 우리는 우리 자신, 즉 자아와 주체와 의식과 생명과 의지를 통해 우리 안에 존재하는 신성의 자취—하나님의 형상—를 발견한다. 그리고 그 발견을 통해 신을 인식하면서 더욱 나은 존재로의 부르심을 경험하게 된다. 이렇게 자연 안에 내재하는 신성과 신의 흔적들, 우리는 그것을 종교적인 용어로 계시라고 부른다.

5장
신 존재 증명은 가능한가?

도킨스는 "신 존재 증명"을 다루면서 안셀무스의 "존재론적 증명", 토마스 아퀴나스의 "다섯 가지 논증"의 구체적인 예를 들어가며 공격한다. 그는 우선 안셀무스의 존재론적 증명은 연역적 논증에, 토마스 아퀴나스의 논증은 귀납적 논증에 속한다고 소개한다. 그러나 도킨스가 안셀무스와 아퀴나스의 논증을 논박하는 과정을 살펴보면 존재론에 대한 그의 이해 자체에 문제가 있는 듯하다. 도킨스는 "존재"와 "존재자"를 서로 구분하지 못한다. 즉 그의 문제는 "신 존재 증명"을 "신 존재자 증명"으로 생각하는 것이다.

신학과 철학에서 존재(being, *essentia*)와 존재자(thing, *existentia*)는 분명하게 구분된다. 역사적으로 "존재"는 그것이 물질이든 정신이든 개념이든 상관없이 현존하는 모든 것을 가리키는 용어로 사용되었다. 존재와 존재자의 정확한 구분을 위해 먼저 플라톤과 아리스토텔레스가 이 개념들을 어떻게 사용했는지 알아보자.

I 플라톤의 존재^{idea}와 존재자
vs 아리스토텔레스의 존재^{ousia}와 존재자

플라톤은 존재를 불변하는 것으로 보았다. 그는 물리적 대상
인 개물(個物)들이 "존재한다"는 사실을 거부하고, 물리적 대상의 속
성인 이데아만이 참된 존재(being)이며 개물들은 이 이데아의 그림
자일 뿐이라고 주장했다. 따라서 플라톤에 의지해 존재 증명을 한다
는 것은 물질적 대상의 속성에 속하는 보편적 성질을 논하는 것이
다. 그는 개물들은 끊임없이 생성하고 소멸하지만 그 물리적 대상들
의 속성인 보편적 성질, 즉 이데아는 공통적으로 존속한다고 보았
다. 따라서 물리적 대상은 속성을 지니고 있으며 속성의 모상 내지
는 현상으로 보아야 한다.

예를 들어 "소크라테스는 사람이고, 공자도 사람이고, 간디도 사
람이다"라고 할 때에, 개별자인 소크라테스나 공자나 간디는 구별되
지만 그 안에 보편적 성질로서의 사람의 속성은 불변하며 이는 공
통적 본질이라는 것이다. 또 다른 예로 갑수와 철수와 순이가 각자
동그라미를 그렸다고 하자. 세 개의 동그라미의 크기나 모양은 서로
다를 수 있다. 그러나 동그라미의 원형적인 모습은 우리의 개념 속
에 있다. 여기서 개념 속의 동그라미는 이데아이고, 반면 눈에 보이
는 동그라미는 개체다. 이렇듯 현상이나 개별자는 이데아의 모상이
고 그림자라는 것이다.

플라톤에게 있어서 존재와, 존재자인 개물은 질적으로 완전히
다르다. 눈으로 볼 수 있는 동그라미를 지워도 머릿속에는 동그라미

의 원형이 남아 있다. 그러므로 종이 위의 동그라미와는 별개로 동그라미의 원형은 여전히 존재한다. 다시 말해 존재는 개물의 존재 방식을 초월해서 존재하기 때문에, 개별자의 존재 방식을 따져보는 방식으로는 존재를 증명할 수 없다.

반면 아리스토텔레스는 플라톤이 주장하듯이 이데아가 개물을 떠나서 존재하는 것이라면, 우리는 그 이데아를 알 수 없다고 본다. 따라서 우리가 알 수 있는 이데아는 개체와 독립해서 초월적으로 존재하는 이데아가 아니라 개체 속에 내재된 이데아라고 주장한다. 즉 감각적인 개별자들을 하나의 집단이나 종별로 묶어 일반화해서 보편적인 이름으로 부른 것이 이데아라는 것이다. 그러므로 이데아는 그것을 가지고 있는 개물들과 별로 다른 점이 없다. 따라서 아리스토텔레스는 이데아란 감각적인 존재를 비감각적인 존재에까지 높여 이야기한 것뿐이라고 말한다.

아리스토텔레스는 이데아가 개체를 초월해서 있는 것이 아니라 개체에 내재한다고 주장하면서, 현상적인 개체를 더 중시하고 또 현실적 존재에 더 적극적인 의미를 부여했다. 그래서 그는 개물 속에 들어 있는 보편자를 "본질"이라고, 그리고 이 본질을 자기 속에서 실현하면서 존재하는 구체적 개별자를 "실체"라고 했다. 즉 보편자로서의 본질은 그 개물들을 떠나서 따로 다른 세계에 독립적으로 존재하는 것이 아니다. 아리스토텔레스의 주장에 따르면 보편자인 본질을 가지며 참으로 실재하는 실체는 오직 개물뿐이다.

I 중세의 실재론과 유명론

안셀무스(1033-1109)는 「프로슬로기온」을 다음과 같은 질문으로 시작한다. "눈으로 보지 못하고 감각으로 느끼지 못하는 신을 어떻게 증명할 수 있을까?" 이 말을 이해하려면 플라톤과 아리스토텔레스의 탐구에 뿌리를 둔 중세의 실재론과 유명론을 살펴보아야 한다.

안셀무스는 플라톤의 이데아론과 아우구스티누스의 신학적 전통에 서 있는 실재론의 입장에서 신의 존재를 증명했다. 이와 같은 입장은 "실념론" 또는 "극단적 실재론"이라고 불린다. 극단적 실재론에 따르면 보편자는 형상이나 이데아로서 개물과 분리되어 실재한다. 보편자는 시간이나 계층에 있어서 근원적인 반면, 개별적 대상으로서의 개물은 보편자 내에 한정되어 있으며 보편자로부터 파생된 보편자의 산물일 뿐이다. 따라서 개별적인 인간이 존재하기 이전에 필시 인간성이 보편자로서 존재해야 하는 것처럼, 어떤 대상의 본질인 보편자는 그 개별적 대상이 존재하기 이전에 하나의 실재로서 존재해야 한다. 한마디로 극단적 실재론은 개물과 보편 중에 보편이 개체에 우선하며 또 그것이 실재한다는 관점이다.

유명론은 실재론과 반대되는 철학적 입장이었다. 아리스토텔레스의 전통을 따르는 유명론자들은 보편적 관념을 인정하지 않았다. 예를 들어 유명론자들은 "색 자체는 없다. 색이 있는 물체가 있을 뿐이다. 지혜 자체는 없다. 지혜 있는 사람이 있을 뿐이다"라고 말한다. 그중 대표적인 인물인 로스켈리누스(Roscelinus, 1050-1123)는 개물의 부분 관념이라고 할 수 있는 종(種)이나 집단도 우리가 임의

대로 분할했을 뿐이라며 다음과 같이 주장한다.

> 보편이란 것이 어떻게 존재할 수 있는가? 모든 것은 우리가 경험할 수
> 있는 사물에서 시작한다. 개체적 사물이 존재한 이후에, 그것의 범주를
> 묶어 보편이라고 말할 수 있는 것이다. 보편은 개체보다 후행한다.[1]

토마스 아퀴나스는 플라톤의 입장과 아리스토텔레스의 입장을
함께 수용하여 온건한 실재론을 주장했다. 그는 모든 사물에는 초월
적 보편자가 존재하지만, 그러한 보편자를 인식하기 위해서는 감각
적인 지식을 갖추어야 한다고 말한다. 즉 신앙은 절대적인 것이지만
신앙을 알기 위해서는 신앙이 절대적이라는 지식을 소유하고 있어
야 한다는 것이다. 이것은 실재론을 인정하면서 동시에 유명론도 수
용하는 입장이다. 따라서 이런 토마스 아퀴나스의 이론을 신앙과 이
성의 조화라는 말로 설명하기도 한다. 사실 신앙과 이성의 조화란
이데아 중심의 신플라톤 철학과 경험 중심의 아리스토텔레스 철학
의 조화와도 같다. 이처럼 두 철학적 입장을 조화시키는 가운데 변
형된 실재론을 온건한 실재론이라고 하며 이것이 중세의 기본 철학
이라고 할 수 있다.

l 중세의 신 존재 증명의 방식

보편자의 실재를 주장하는 사람들은 플라톤의 주장을 따라

존재를 이성이나 사유 자체로 보고 이성주의(rationalism)로 기우는 경향이 있다. 반대로 개별자만 실재한다고 주장하는 사람들은 아리스토텔레스의 자연철학에 기인하여 감각주의(sensualism)로 기울기 쉽다. 왜냐하면 존재 증명에 있어서 "초월적 보편자"는 결코 감각경험을 통해서 포착되지 않기에 이성이나 사유 자체를 통해서 증명할 수밖에 없고, 반대로 개별자에 대한 인식은 언제나 감각경험에 의해 증명될 수 있기 때문이다.

우리가 보통 "과학적 방법"이라고 부르는 것은 감각에 의존해서 개별자를 인식하고자 하는 "경험적 실증주의"다. 그러나 개체의 표층은 감각으로 인식할 수 있어도 그 내면에 들어 있는 속성을 파악하기는 쉽지 않다. 일반적으로 보편성은 감각으로 느낄 수 없는 심층에 있다. 나아가 개물 중에서 의식의 측면도 함께 지니고 있는 생명체의 속성이나 심층은 자연과학의 방법론으로 파악하기가 더 어렵다. 이런 경우 어떻게 경험적 실증주의 방식을 따라 본질을 증명할 수 있는가 하는 난제에 부딪히게 된다.

일단 생명체가 아닌 물리적 측면에서 살펴본다면, 이때 과학은 어떤 이론이나 모형(model)을 선택하게 된다. 과학적 연구란 하나의 모형을 선택하고 실험하는, 즉 가설을 세우고 그 가설을 검증해가는 과정을 의미한다. 과학자들은 아직 증명할 수는 없지만 지금까지 감각경험을 통해서 얻은 지식을 토대로 나름대로 "믿어지는 가설"을 세운다. 그리고 그 가설의 정당성을 증명하기 위한 실험을 시행하는데, 그 실험은 성공할 수도 있고 실패할 수도 있다. 물론 실험을 통해 가설이 검증될 경우 하나의 새로운 이론이 자리를 잡게 된다. 실제로 오늘날 물리학계에서는 보이지 않는 입자의 존재와 구조를 증명하기 위해 표준모형(Standard Model)이론에 따라 다양한 실험들을 시행하고 있다.

그러나 물리적 속성은 단 한 가지만 있는 것이 아니다. 이전에 생각하지 못했던 다른 속성이 드러나게 되면 이에 따라 새로운 가설과 실험이 필요해진다. 그리고 새로운 가설이 검증되면 새로운 이론이 확립된다. 이때 이전의 과학 이론은 폐기되기도 하고, 공존하기도 한다. 예를 들어 천동설은 지동설로 대체되어 폐기되었지만, 아인슈타인의 상대성이론과 양자역학은 물리학의 서로 다른 측면들을 상호 보완하는 원리로 함께 남아 있다. 그런데 오늘날 과학자들은 상대성이론과 양자역학을 하나의 통합이론으로 묶을 수 있다고 믿고 이를 위해 "초끈이론"이라는 새로운 가설을 제시한다. 물론 이 가설이 증명될 수 있을지는 아직 모르는 일이다.

그런데 여기서 근본적으로 물어야 할 질문이 하나 있다. 과학의 발전에 따라 새로운 이론이 등장하면 개물의 속성이 변한 것인가? 전혀 그렇지 않다는 것을 우리 모두가 안다. 새로운 이론은 단지 이전부터 있었던 개물의 속성을 새롭게 조명한 것에 불과하다. 곧 인간의 지식이 변한 것이지 사물의 속성 자체가 변한 것은 아니라는 말이다. 그런데도 새로운 과학 이론은 항상 사람들을 깜짝 놀라게 만들면서 등장하고는 한다.

포퍼(Karl Popper)에 따르면 오늘날의 과학적 방법론은 귀납적 접근이 아닌 기준 모델에 대한 연역적인 반증의 형식을 취한다. 물리세계를 다루는 과학 이론도 감각경험을 통해서 충분히 알 수 있는 현상에 대해서는 귀납적 방법을 사용하지만, 관찰이 쉽지 않은 물리세계의 내재적인 성질을 알기 위해서는 연역적 방법을 사용할 수밖에 없는 것이다. 그리고 우리가 아는 대로 귀납적 방법에서는 경험이 중요하고 연역적 방법에서는 사고가 중요하다.

| 존재유비와 신앙유비

사실 기준이 되는 모형을 제시하고 난 뒤 증명해가는 방식은 고대로부터 "유비"(類比, analogy)라는 개념을 통해 사용되던 사고방식이었다. 유비라는 말은 본래 "비례적 관계의 닮음"을 의미한다. 이에 대해 아리스토텔레스는 『변증론』(*Topica*) 제1권 17장에서 유비의 2가지 형식에 대해 다음과 같이 진술한다. "A의 B에 대한 관계는 C의 D에 대한 관계와 같다." "A가 B 속에 있듯이 C는 D 속에 있다."

"A의 B에 대한 관계는 C의 D에 대한 관계와 같다"면, 즉 두 관계 사이에 유비가 존재한다면 알려진 요소들을 통해 모르는 요소의 값을 계산할 수 있다. 예를 들어 "2 대 4"와 "3 대 x"의 관계에 유비가 있다면 우리는 "x는 6"이라는 것을 유추할 수 있다. 또한 B와 D의 상관관계를 상정할 수 있다면 B 속에 있는 A와 유사한, D 속에 있는 C를 유추할 수 있다. 즉 유비를 통해 "서로 상관관계가 있는 것을 끄집어내는" 추론이 가능하다. 이처럼 유비는 유추를 위한 전제가 된다.

플라톤은 그의 저술에서 국가의 성격과 통치자의 자질을 논하기 위해 기능적 유비를 사용한 것으로 유명하다. 또한 기능적 유비를 통해 가시적 세계의 지식으로 가지(可知)적 세계의 지식에 이를 수 있다고 주장했다. 즉 태양이 지각의 세계에서 시각을 가능하게 해주는 것처럼, 예지의 세계에서 선의 이데아가 인식을 가능하게 해준다고 본 것이다.

중세의 신학자들은 신학적인 논의를 위해 유비를 사용했다. 하나님과 피조물인 인간이 유사성을 가지고 있기에 인간의 본성에 근거하여 하나님의 본성에 대한 추리가 가능하다는 것이었다. 이러한 유비는 창조주와 피조물이 그 존재에 있어서 유사성을 갖는 것으로 상정하는 것이기에 "존재유비"(analogy of being, *analogia entis*)라고 한다. 존재유비를 사용하면 "신은 존재한다"라는 결론을 어렵지 않게 도출할 수 있다. 중세의 토마스 아퀴나스나 현대의 폴 틸리히의 사상은 존재유비에 의존한다.

존재유비를 긍정하는 입장은 두 대상의 질적인 동질성을 상정하기 때문에 양적으로 다른 면을 살펴보는 방법이라고 할 수 있다. 이 입장에서 보면 인간의 이성과 양심 등 신적 속성이라고 여겨지는 것들을 자연적 은총으로 받아들일 수 있다. 그러나 이러한 존재유비는 인간의 경험 세계와 신의 연속성을 너무 쉽게 긍정한다는 비판을 면할 수 없다. 유한한 인간의 마음이 절대자의 속성을 알 수 있으려면 좀 더 결정적인 유비가 있어야 하지 않을까?

바르트는 유한한 인간이 절대적 타자인 신을 이해하기 위해서는 유비가 있어야만 하지만 또한 존재자인 인간과 존재인 신은 질적으로 다르기 때문에 존재의 유비는 불가능하다고 보았다. 그렇다면 인간이 신을 인식할 수 없다는 말인가? 이에 대한 대답으로서 바르트는 신과 인간 사이에는 계시와 신앙을 매개로 한 유비가 가능하다고 주장했다. 즉 인간은 오직 신앙을 통한 계시의 은총 안에서만 신을 인식할 수 있다는 것이다. 이런 신앙유비는 질적으로 다른 존재와 존재자를 살펴보는 수단으로서, 실상 안셀무스의 신 존재 증명도 신앙유비에 근거한다고 할 수 있다.

"신앙유비"라는 용어는 로마서 12:6 후반부의 "(사람의) 믿음의 분수대로"(analogia tees pisteos)라는 구절에서 유래한다. 그리고 이 구절은 로마서 12:3에 나오는 "믿음의 분량대로"(metron pisteos)라는 말과 같은 뜻으로 사용되었다.

> ³내게 주신 은혜로 말미암아 너희 각 사람에게 말하노니 마땅히 생각할 그 이상의 생각을 품지 말고 오직 하나님께서 각 사람에게 나누어 주신 **믿음의 분량**대로 지혜롭게 생각하라 ⁴우리가 한 몸에 많은 지체를 가졌으나 모든 지체가 같은 기능을 가진 것이 아니니 ⁵이와 같이 우리 많은 사람이 그리스도 안에서 한 몸이 되어 서로 지체가 되었느니라 ⁶우리에게 주신 은혜대로 받은 은사가 각각 다르니 혹 예언이면 **믿음의 분수**대로, ⁷혹 섬기는 일이면 섬기는 일로, 혹 가르치는 자면 가르치는 일로, ⁸혹 위로하는 자면 위로하는 일로, 구제하는 자는 성실함으로, 다스리는 자는 부지런함으로, 긍휼을 베푸는 자는 즐거움으로 할 것이니라(롬 12:3-8).

이처럼 바울은 예언을 하는 사람들에게 믿음의 분수 또는 분량에 따라 지혜롭게 생각하고 예언하라고 조언한다. 즉 성경의 말씀을 선포하고 해석할 때에 믿을 수 있는 범주 안에서 지혜롭게 생각해야 한다는 것이다. 여기서 "믿어지는 말씀을 믿음의 이해에 따라" 선포하는 전제는 신앙유비가 된다.

사실 "신 존재 증명"이라는 용어는 정확한 용어가 아니다. 신은 객관적으로 감각되지 않기 때문에 그 존재를 실제로 증명할 방법은 없다. 그러므로 기독교 신학자들이 신 존재 증명에 사용하는 방법론이 실증주의나 경험주의의 방법론이 아니라는 사실을 먼저 인식하는 것이 중요하다. 만일 이와 같은 사실을 무시하고 대화를 나눈다면 서로 다른 언어를 사용하는 사람들처럼 제대로 된 의사소통을 할 수 없을 것이다.

신은 "존재자"가 아니기 때문에 증거들(proofs)로 증명할 수 없다. 그런 의미에서 "개물로 존재하는 신은 없다"라고 말할 수 있다. 개물로 존재하는 신이 있다면 그 신은 우상이요, 만들어진 신이다. 사실 성경의 하나님이 "너를 위하여 어떤 형상도 만들지 말라"라고 명하셨기 때문에 기독교는 그런 유의 신을 섬기지 않는다.

그렇다면 형상이 없는 신을 어떻게 경험적 실증주의가 사용하는 방식으로 증명하라는 말인가? 그것은 불가능하다. 신을 탐구할 수 있는 유일한 길은 인간이 신의 피조물이라는 견지에서 둘의 관계와 속성을 살펴보는 것이다. 즉 지금까지 살펴본 바와 같이 존재유비(*analogia entis*) 또는 신앙유비(*analogia fidei*)를 통해 신을 설명해야 하는 것이다. 따라서 신학에서 말하는 존재유비는 "존재자 유비"가 아니다. 존재유비를 통한 신 존재 증명은 속성이 서로 닮았다는 의미에서, 증거를 통해서가 아니라 내적 정합성(inner coherence)을 통해서 증명하는 것이다.[2]

중세 신학자들은 성경을 해석할 때 "사중적 해석"을 선택했다. 그 네 가지는 문자적 해석, 도덕적 해석, 신비적 해석 그리고 유비적 해석이었다. 이를 통해 신앙유비나 존재유비는 문자적 해석과는 다른 차원의 해석을 요구한다는 사실을 알 수 있다. 유비적 해석은 이 세상에 속하지 않는 존재 자체에 대해 설명할 수 있는 해석 방법이었다.

ㅣ 안셀무스와 신앙유비

캔터베리의 대주교 안셀무스는 1077년에 저술한 「모놀로기온」과 그 이듬해에 저술한 「프로슬로기온」에서 신을 "그 이상 큰 것을 생각할 수 없는 그 무엇"이라고 정의했다. 여기서 그가 말하는 "크다"는 것은 시공간을 차지하는 정도를 의미하는 것이 아니라 형이상학적 보편성의 질적 수준을 의미한다. 즉 신은 그 이상 큰 것을 생각할 수 없는 최고의 존재, 최고의 본질 또는 완전한 존재라는 말이다.

안셀무스는 「모놀로기온」에서 하나님의 존재에 대한 논증에 전적으로 천착한다. 「모놀로기온」에 따르면 모든 사물은 완전의 등급 측면에서 동등하지 않다. 어떤 존재는 좀 더 높은 정도의 완전을 포함하고 다른 것들은 상대적으로 낮은 등급의 완전을 포함한다. 상대적인 것들은 절대적인 것들에 의존하는 절대적인 것의 분유들—혹은 조각들—이다. 그러므로 절대적 존재는 그 분유들의 존재에 의해 요구된다.[3]

첫 번째 증명의 출발점은 사물 속에 선이 분유되어 있다는 사실이다. 두 번째 증명은 서로 정도는 다르지만 존재들이 공통적으로 가지고 있는 완전으로부터 도출할 수 있다. 세 번째 증명은 사물이 소유하는 원인의 정도와 관련되어 있다. 더 이상 완전한 존재가 없다고 할 만큼 완전한 존재는 없다. 그러므로 필연적으로 모든 존재보다 우월하고 또 어떤 존재보다 열등하지 않은 어떤 본성이 존재한다.[4]

안셀무스는 이처럼 존재유비를 통해 신 존재 증명을 시도한다. 물론 안셀무스는 신학자로서 신에 대한 믿음을 전제로 출발했을 것이다. 그러나 그는 이해를 추구하며 신을 규명한다. 과연 우리는 하나님을 자연적인 이성의 빛으로 논증할 수 있을까? 이 질문에 대해 안셀무스는 선험적 용어로부터 시작하여 신 존재 증명에 접근하고자 한 것이었다.

나아가 안셀무스는 「프로슬로기온」에서 믿음을 통해 신에게 접근하고자 한다. 안셀무스는 「프로슬로기온」의 첫 장, "신 존재 증명"에서 "왜 당신은 감각으로 느낄 수 없나요? 왜 나는 당신을 보지 못할까요?"라고 묻는다. 그리고 감각으로 증명할 수 없는 보편자인 신을 알려면 먼저 감각경험 너머에 있는 보이지 않는 정신, 또는 사고의 경험이 존재한다는 것을 믿어야 한다고 말한다. 존재자의 존재가 있다는 것을 믿지 않는 한 존재에 대한 이해에 결코 이를 수 없기 때문이다.

이처럼 안셀무스는 감각으로 느낄 수 없는 신을 알기 위해서는 믿을 수밖에 없다고 생각했다. 그래서 "나는 믿기 위해 알려고 하지 않고 알기 위해서 믿나이다"라고 고백한다.[5] 그는 처음에 이 논문의 제목을 "이해를 추구하는 신앙"으로 정했다가 나중에 "상대방에게 하는 말", 즉 "프로슬로기온"(proslogion)으로 바꾸었다. 「프로슬로기온」에서 안셀무스는, 신이 모든 실재의 본질이라면 몸이 아니신데 어떻게 감각할 수 있는지를 물으며 다음과 같이 설명한다.

> 감각이란 몸과 관계해서, 또 몸 안에서만 존재하기에 몸만이 감각적이라면 몸이 아니라 몸보다 더 나은 최고의 영이신 당신이 어떻게 감각적이란 말인가요? 하지만 느끼는 것이 바로 깨닫는 것이고, 또 깨닫기 위해 있는 것이라면 느끼는 자는 각색 감각의 특징, 곧 봄으로 색깔을, 미각을 통해서 맛을 알게 된다면 그 무엇을 느낀다는 것이 어떤 의미에서 깨닫는 것이라는 말은 어떻게 생각하면 모순되게 말하는 것이 아닙니다. 따라서 주님이시여, 당신은 몸이 아닐지라도 (느끼신다는 것은) 만물을 가장 온전하게 깨닫는 방식으로 감각적이시지, 동물의 육체적인 감각으로 깨닫는 방식으로 감각적이라는 말은 아닙니다.[6]

나아가 안셀무스는 "주님이시여, 내가 고백하며 내가 감사하옵는 것은 내 안에 "당신의 형상"을 창조하셔서, 내가 당신을 기억하면서 생각하며 사랑하게 하심이니이다"라고 고백한다. 인간에게 있는 "하나님의 형상"이 보이지 않는 신의 본질과 눈에 보이는 현존재를 연결하는 사다리가 된다고 본 것이다. 내 안—하나님의 형상—에 선이 존재하는데 이것은 선의 본질로부터 와야 하고, 그렇다면 그 선은 최고의 선이어야 한다. 안셀무스는 다시 묻는다.

> 당신은 무엇인가요, 주님 당신은 무엇이란 말인가요? 당신을 내 마음은 무엇이라고 여길까요? 분명히 당신은 생명이고, 당신은 지혜이고, 당신

은 진리이며, 당신은 복이고 영원이며 모든 참 선함입니다. 이런 것들은 많습니다. 나의 좁은 지성은 이 모든 것을 동시에 즐길 수 있을 만큼 이 많은 것을 동시에 한꺼번에 볼 수 없습니다. 그러므로 주님이시여, 당신은 어떻게 이 모든 것일 수 있나요? 이것들은 당신의 일부분인가요, 아니면 오히려 이것들 중 하나하나가 온전히 바로 당신인가요?[7]

이 질문을 통해 그는 하나님 안에는 아무런 부분들이 없으며, 그의 영원함에는 아무런 조각이 없다고 고백한다. 신은 "더 큰 것을 생각할 수 없는 분"이기 때문이다. 신은 모든 사유의 개념들과 시공간의 조각들과 부분들을 그 안에 가지고 있는 모체다.

이 개념을 오늘날 우리의 사고체계에 적용하면 다음과 같이 말할 수 있다. 존재자는 하나의 조각이다. 그러나 존재자의 근원인 존재 자체는 조각이 아니라 "존재자들을 끊임없이 생성하고 창조하는" 존재 자체다. 그러므로 존재자는 존재에 의존하고 존재 자체에 속한다. 그러나 존재는 존재자를 통해서 실제로 드러나며, 존재자 하나하나가 바로 존재의 현전이다. 그러므로 우리가 경험하는 존재자는 있을 수도 있고 없을 수도 있었다. 그러나 존재자가 있는 한 존재 자체는 없다고 할 수 없는 필연적 존재다.

I 가우닐로의 반론

여기에 대한 반론으로 수도사 가우닐로(Gaunilo)는 우리의 정신에 존재하는 관념이 무엇이든 그것이 실제로도 존재한다는 주장은 잘못이라고 비판했다. 예를 들어 누군가가 모든 재물과 행복이 상상할 수 없을 정도로 풍부하지만 그 누구도 본 적이 없어서 "사라진 섬"이라 불리는 "가장 완전한 섬"을 상상한다고 해도 그 섬이 실제로 존재한다는 것은 증명이 되지 않는다. 가우닐로는 무신론의 입장에서 신의 존재를 부정한 것은 아니지만 "지성 속에 존재함"과 "실존" 간의 관계를 규명하고자 한 것이다.

안셀무스는 가우닐로의 비판에 대해 신 개념은 일반 개념과는 그 본질이 다르다면서 "신 개념의 특수성"을 내세워 반박했다. 가우닐로가 말한 "상상할 수 있는 가장 완전한 섬"은 "섬으로서의 완전성"을 가졌을 뿐 절대적 완전성을 가지지는 않았다는 것이 안셀무스의 분석이었다. 따라서 그 현존은 필연적인 것이 아니라 우연적(contingent)이다. 어떤 것의 현존이 우연적이라는 것은 그것이 현존할 수도 있고 그렇지 않을 수도 있다는 뜻이다. 다시 말해 "상상할 수 있는 가장 완전한 섬"은 현존할 수도 있고 현존하지 않을 수도 있다. 그것은 하나의 개념이기 때문에 우연성 혹은 개체성, 즉 개물에 속한 것이다. 그러나 신 개념은 하나의 개념이 아니라 개념 자체로서 모든 개념들이 의존하고 참여하는, 개념으로서는 더 이상 큰 것을 생각할 수 없는 개념의 본질이다. 그리고 이와 같은 개념은 필연적(necessary)이기 때문에 존재할 수밖에 없다.

가우닐로는 신을 각각의 개념들 가운데 있는 가장 완전한 개념으로 보았다. 그런데 그것은 안셀무스가 「모놀로기온」에서 유추했던 방식으로 「프로슬로기온」을 읽은 것이었다. 안셀무스는 「모놀로기온」에서 사용했던 존재유비의 방식이 신을 이해하기에 부족하다고 생각했고, 「프로슬로기온」에서는 신앙유비를 통해 신의 존재를 이해하고자 했다. 신앙유비를 통해서 존재자는 존재 자체를 필연적으로 요구한다는 것을 설명할 수 있기 때문이다.

만일 개념 자체가 없다면 우리의 모든 개념들은 망상이며, 모든 사물에 들어 있는 의미나 가치도 사라지게 된다. 따라서 안셀무스는 "하나님의 본질에 관하여 믿어야만 되는 것들이 바로 그 언급한 것 자체가 되는 힘을, 그 '정형'은 자체 안에 가지고 있다"라고 결론 짓는다. 안셀무스의 관점에 따르면 모든 실존하는 것들은 신의 사유 안에서 정형화된 개념들이다. 정형화된 개념을 보면서 정형 속에 들어 있는 개념들을 알 수 있고, 가장 큰—더 이상 큰 것을 생각할 수 없는—개념 자체에 모든 것이 속하고, 개념 자체는 필연적으로 존재해야 우연적인 것들도 존재할 수 있다.

안셀무스는 세상에 실존하는 모든 개념들이 신 안에 있지 않다면 오히려 그 의미나 가치가 없다고 본다. 본질에 참여하지 않고 본질로부터 유출되지 않은 모든 것들은 거짓이며, 참된 존재의 근원이 없는—참된 것에 존재의 기반을 두지 않은—것이기에 악이다. 모든 피조물은 하나님 안에 선재했다고 말하는 것이 확실히 참되다. 심지어 하나님 안에서 이 피조물들은 존재하며, 스스로 있을 때보다 더 실재답게 존속한다고 덧붙여 말해도 타당하다. 하나님으로부터 받은 실제 존재를 아직 받지 않았던 순간에, 우주는 이미 창조주의 사유 속에서 모형, 형상, 상, 혹은 규칙으로 존재했다.[8]

그런데 도킨스는 가우닐로와 같은 맥락에서 안셀무스의 신 존재 증명을 비판한다.

> 안셀무스는 그보다 더한 것은 없는 위대한 존재를 상상하는 것이 가능하다고 말했다. 무신론자라도 그런 최상의 존재를 상상할 수는 있다. 현실 세계에 그런 존재가 있다는 사실을 부정하겠지만 말이다.[9]

도킨스의 문제는 가우닐로처럼 세상에 실제로 존재하는 하나의 존재자들 가운데 가장 완전한 존재자로 신을 이해한다는 것이다. 도킨스는 안셀무스가 「모놀로기온」에서 존재유비 또는 관계유비로 신을 설명하려고 했지만 그것만으로는 부족했기 때문에 결국 「프로슬로기온」에서 믿음을 통한 신앙유비로 설명했다는 사실을 모르는 것 같다. 그래서 도킨스는 안셀무스가 과학적 방법이나 검증 가능한 다른 방법을 통해서 신 존재 증명을 시도한 것이 아니라, "기도라는 형식을 통해 신을 규명하려던 것"이라고 비판한다. 그리고는 "기도를 들을 수 있는 존재라면 자신의 존재를 납득시킬 필요가 아예 없을 것"이라고 딱 잘라 말한다.

| 안셀무스와 렉티오 디비나

중세의 기도는 "렉티오 디비나"(Lectio Divina), 즉 "거룩한 독서"라고 할 수 있다. 이는 성경의 말씀을 묵상하는 것은 물론이고 자연과 모든 사물들을 깊이 관찰하고 묵상함으로써 그 안에, 혹은 표면이 아닌 심층에 들어 있는 본질 또는 신성을 발견하고자 하는 것이었다. 구체적으로 살펴보면 렉티오 디비나에는 두 가지 방법이 있다. 하나는 "정념적 묵상"(cataphatic *meditatio*)이고, 다른 하나는 "무념적 묵상"(apophatic *meditatio*)이다.

정념적 묵상은 관계유비 또는 존재유비의 방법을 통해서 묵상하는 것이고, 무념적 묵상은 신앙유비를 통해서 현상에서 본질의 더 깊은 차원으로 들어가는 것이다. 다시 말해서 정념적 묵상은 존재유비를 통해서 분여적·공유적 속성, 즉 신이 피조물과 함께 공유하는 속성들을 통해 신성을 발견하는 기도 방법이다. 반면 무념적 묵상은 인간에게는 없는 신의 속성을 발견하려는 것이기 때문에 신앙유비를 통해 이루어진다. 안셀무스는 렉티오 디비나의 이 두 과정을「모놀로기온」과「프로슬로기온」에서 각각 다룬 것이다.

도킨스는 기도가 주문을 외우는 것이라고 생각하는 것 같다. 그러나 안셀무스에게 기도란 깊은 사고와 반성을 통해 사물의 근원을 밝히는 활동이다. 아주 상식적인 수준에서 이야기하자면, 관조 또는 관상(comtemplatio)이란 앞에서 말한 두 가지 기도의 방법을 통해 도달하게 되는 상태다. 정념적 묵상은 로고스라고 할 수 있는 사물의 원형이자 이데아와 같은 개념의 형상들을 보게 되는 관상으로 나아간다. 반면 무념적 묵상은 혼돈과 질서가 뒤섞인 시원의 활동이 시작되는, 어둠도 아니고 빛도 아닌 더 근원적인 상태를 보는 관상으로 나아간다. 그 근원 안에서 모든 형상이 잠재태로 그리고 가능태로 존재하는 신의 본성을 만나는 것이다.

도킨스는 중세의 기도, 즉 렉티오 디비나를 이해하지 못한 채 자신의 수준에서 기도를 설명하고 안셀무스를 비판한다. 그러나 안셀무스를 비판하고 싶다면 안셀무스가 말하는 기도가 무엇인지부터 제대로 이해해야 할 것이다. 안셀무스가 신의 존재를 증명하는 방식은 경험을 통한 귀납적 방식이 아니다. 신은 실제로 감각경험을 통해서 느낄 수 있는 존재자가 아니라 깊은 이성의 사고와 묵상을 통해서 발견할 수밖에 없는 존재의 근원이다. 따라서 신 존재 증명의 영역은 확신과 믿음, 신앙의 영역이다. 그리고 이 영역은 연역적 방법으로 다가갈 수밖에 없는, 유비적으로 설명할 수밖에 없는 영역이다.

도킨스가 자신의 논리에 충실하다면 오늘날 양자물리학자들이 주장하는 표준모형 이론에 대해서도 똑같은 비판을 해야 한다. 그들도 보이지 않는 영역의 원리들을 먼저 모형으로 제시하고 난 뒤에 반증을 통해 이론을 정립하는 연역적 방법을 사용하기 때문이다. 양자물리학은 검증을 통한 증명의 방식이 아니라 반증을 통한 확인에 뿌리를 두고 있다.

검증을 통해 얻어지는 지식은 확실성에 기초하지만, 반증을 통해 얻어지는 지식은 불확실성 속에서 얻어지는 확률에 의존한다. 따라서 엄밀하게 말하면 양자물리학은 지식의 영역에 속하지 않고 확신의 영역에 속한다. 인간으로서 갖는 한계 때문에 우리의 감각적인 영역에 들어오지 않는 지식은 검증이 아닌 반증으로밖에는 확인할 수 없다. 그리고 지식이 아닌 확률에 의존하는 가능성이라면 이를 수용할 수 있는 방법은 오직 믿음뿐이다.

나아가 "주체"나 "의식"의 영역은 물리학의 범주보다 더 상위층에 속하며 또 그것은 경험이나 논리로 증명할 수 없는 영역이다. 그렇다면 주체와 의식이 작용하는 만남이라는 관계를 통해 형성되는 신뢰와 확신은 어떻게 설명할 수 있을까? 당연히 나보다 더 큰 존재를 내가 논증할 수 없고, 역으로 더 큰 존재가 나를 증명해야 한다. 즉 신은 필연적이고 나의 존재는 신 안에서 우연적이다.

6장
토마스 아퀴나스의 종합

안셀무스와 가우닐로의 논쟁이 있은 뒤, 신플라톤주의적인 실념실재론에[1] 아리스토텔레스의 철학적 사상을 받아들인 온건한 실재론이 등장했다. 온건한 실재론의 대표적인 인물은 토마스 아퀴나스였다.

토마스 아퀴나스는 『신학대전』(*Summa Theologiae*)에서, 가우닐로가 했던 것처럼 안셀무스의 논증 방식에 문제를 제기한다. 그가 보기에 "누구든지 신이라는 명칭으로 여기서 말하는 것, 즉 그 명칭으로 그보다 더 큰 것이 인식될 수 없는 것이 의미된다고 할지라도, 그렇다고 그 명칭으로 의미되는 것이 실제로 존재하는 것으로 이해되는 귀결이 따르지는 않는다. 그것은 지성에 불과하다."[2] 결국 이 주장은 지성과 실제로 존재하는 존재자 사이에 연결점이 없다는 것이다. 그는 신앙유비가 신앙이나 지성의 영역에 머물러 있어서는 안 된다고 보았다. 그 출발점이 개념이나 지성이 아니라 현존하는 개체나 자연이어야 한다는 것이다.

사실 이런 사고의 차이는 전혀 낯선 것은 아니었다. 플라톤에게는 이데아가 사고의 출발점이었지만 아리스토텔레스에게는 자연이 출발점이었기 때문이다. 안셀무스는 신플라톤주의의 영향을 받아 자연을 하나의 현상으로, 곧 변화하기 때문에 일시적이며 실재와 구분되는 것으로 보았다. 반면 토마스 아퀴나스는 아리스토텔레스의 영향을 받아 실재가 자연과 구분되는 것이 아니라 하나라고 보았다.

안셀무스는 개물(個物)인 존재자를 본질의 조각을 담고 있는 부수적인 것으로 생각했다. 그러나 토마스 아퀴나스는 존재자인 개체를 "하나의 특수 본질의 존재 행위"(the act of being of particular essence)라는 개념으로 내세우면서 안셀무스의 논리에 반론을 제시했다. 따라서 토마스 아퀴나스는 초감각적 존재인 신에 대한 귀납적 증명이 가능하다고 보았다. 감각경험으로부터 출발하여 신 존재 증명을 하는 귀납적 논증이 아니고는 자연에서 신으로 이르는 길이 없다고 보았기 때문이다. 그렇지만 토마스 아퀴나스가 신 존재 증명을 위해 사용한 다섯 가지 방법도 오늘날 과학자들이 사용하는 "증거들(proofs)의 제시"는 아니었다.

일반적으로 중세의 독서는 학적 독서(lectio scholastica)와 영적 독서(lectio spiritualis)라는 전혀 다른 두 개의 활동으로 나누어졌다. 안셀무스가 「모놀로기온」과 「프로슬로기온」에서 설명한 렉티오 디비나는 영적 독서에 가까우며 신앙유비를 사용하는 방법이었다. 반면 토마스 아퀴나스가 사용한 렉티오 디비나는 학적 독서에 가깝고 존재유비를 사용하는 묵상 방법이었다. 안셀무스는 존재유비에서 신앙유비로 나아갔다. 반면 토마스 아퀴나스는『신학대전』에서 아리스토텔레스와 아우구스티누스의 종합, 즉 존재유비로 시작하지만 결국은 존재유비와 신앙유비를 결합시킨 위대한 종합을 제시했다.

┃ 도킨스의 문제 제기

도킨스는 "13세기에 토마스 아퀴나스가 주장한 다섯 가지 '증명'은 아무것도 증명하지 못하는 데다 공허하기까지 하다. 그의 명성을 고려할 때 그렇게 말하기가 망설여지긴 하지만 말이다"라고 말하면서 토마스 아퀴나스를 깎아내린다.[3] 과연 도킨스의 평가는 정당할까? 먼저 도킨스가 요약한 토마스 아퀴나스의 다섯 가지 논증을 자세히 살펴보자. 도킨스는 토마스 아퀴나스가 제시한 다섯 가지 길 중에서 세 가지 논증을 주로 다룬다.

① 부동의 원동자. 그 어느 것도 선행 원동자 없이는 움직이지 않는다. 이것은 회귀로 이어지고, 회귀로부터의 유일한 탈출구는 신이다. 무언가가 최초의 움직임을 일으켜야 하며 우리는 그 무언가를 신이라 부른다.

② 원인 없는 원인. 자체가 원인인 것은 없다. 모든 결과에는 그보다 앞선 원인이 있으며, 여기서도 우리는 회귀의 압박을 받는다. 그것은 최초의 원인을 통해 종식되어야 하며, 우리는 그것을 신이라 부른다.

③ 우주론적 논증. 그 어떤 물체도 존재하지 않던 때가 있었다는 것은 분명하다. 하지만 지금은 물체들이 존재하므로 그것들을

출현시킨 비물리적인 무언가가 있었던 것이 분명하며, 우리는 그것을 신이라고 부른다.

도킨스는 아퀴나스의 논증 가운데 먼저 이 "세 가지 길"에 대해 이의를 제기한다. 회귀 개념에 의존하는 이 세 가지 논증은 신을 불러내 회귀를 종식시키는데, 신 자신이 회귀로부터 벗어나 있다는 부당한 가정을 한다는 것이다. 그럼 도킨스의 말대로 신 존재 증명에서 회귀 개념에 의존하는 것 자체가 잘못일까? 도킨스는 회귀를 물질의 영속되는 인과관계를 말하는 것으로 본다. 따라서 물리학의 질량 에너지 보존 법칙에 따라 회귀를 종식시킬 수 있는 방법은 사라진다. 그러나 다소 논쟁의 여지가 있을지라도, 빅뱅 이론의 입장에서 보면 질량 에너지 보존 법칙이 빅뱅 이전에 존재했다고 증명할 수는 없다.

칸트도 『순수이성비판』(Kritik der reinen Vernunft)에서 토마스 아퀴나스의 우주론적 논증에 대해 문제를 제기했다. 비판의 핵심은 토마스 아퀴나스가 감각적 경험에서 논증을 시작한 것은 옳지만, 오직 사고만으로 우연적 존재의 현존에서 필연적 존재의 현존을 이끌어낸 추론 과정은 문제가 있다는 것이었다. 칸트도 안셀무스나 아퀴나스의 신 존재 증명을 엄밀한 이성의 분석으로 여겼던 것이다.

칸트에 의하면 인간의 이성은 경험 세계에만 적용할 수 있도록 한계 지어졌다. 그럼에도 이성이 자신의 추론을 경험할 수 없는 무한한 대상에까지 확장해나가면, "이성은 하나의 길(경험적인 길)에서든 또 다른 길(선험적인 길)에서든 아무것도 성취하지 못하고, 단지 사변의 힘으로 감성 세계를 초월하려고 그 날개를 펴지만 헛수고에 그칠 뿐"이며 오류에 도달할 수밖에 없다. 칸트가 제시한 원칙은, 모든 무한소급은 논리적으로만 가능하지 존재론적으로는 가능하지 않다는 것이었다. 다시 말해서 우리가 생각할 수 있는 모든 것이 실존하는 것은 아니라는 주장이었다.

칸트는 현상과 가상을 구분하여 감성을 통해 경험할 수 있는 대상을 물(物, thing)이라고 불렀고, 경험할 수 없는 대상은 물자체(物自體, thing-itself)라고 불렀다. 신이나 영혼은 물자체다. 이런 대상은 사고될 수는 있지만 인식될 수는 없다. 즉 신과 같은 순수 사고의 객체는 인식의 대상이 될 수 없다. 칸트는 이로써 순수이성으로는 신을 증명할 수 없다는 결론에 이르게 된다. 정신 또는 이성 자체로부터 오는 자료는 인식론에서 사용할 수 없다고 본 것이다. 결국 칸트는 인간의 이성은 무한히 뻗어나갈 수 있지만 감성이라는 섬 안에 있어야 안전하다고 보았고, 감성의 한계가 곧 이성의 한계이기 때문에 종교도 이성의 한계 내에 있어야 한다고 주장했다.[4]

그러나 헤겔은 칸트의 "우주론적 존재 증명에 대한 비판"에 반론을 제기하면서 인간은 신이 존재한다는 사실을 알 수 있을 뿐만 아니라, 더 나아가서 신을 인식할 수도 있다고 주장했다. 헤겔은 "우리는 신이 존재한다는 사실, 그리고 신을 직접적으로 안다는 사실을 안다"라고 말한다. 그에 따르면 이성의 한 기능인 오성은 감각경험을 토대로 이해를 추구하기 때문에 감각경험을 벗어난 무한자, 절대자, 신을 인식할 수 없지만, 정신으로서의 유한자인 인간은 무한한 정신인 신을 인식할 수 있다는 것이다.

헤겔은 플라톤의 관념론을 따라 인간의 정신과 신의 정신 사이에 존재유비가 가능하다고 보았다. 따라서 인간이 신의 형상을 따라 창조되었다는 존재유비의 입장에서 "인간의 이성은…인간 속에 있는 신적인 것"이라고 말한다. 인간도 정신이고 신도 정신이므로 인간은 신을 알 수 있다고 결론지은 것이다.

헤겔에 따르면 신은 정신이므로 대자성(對自性, *für sich*)을 그 본질로 가진다. 대자성이라는 말은 즉자성(卽自性, *an sich*)이라는 말과 함께 이해해야 하는데, 즉자성은 사물이 규정되지 않은 채 "그 자체로 있는 순수한 상태"를 나타내는 반면, 대자성은 "타자와의 관계 속에서 드러난 상태"다.

이와 관련해서 헤겔은 시간과 관련된 예를 소개한다. 아침에 일어나서 종이에 "지금은 아침이다"라는 말을 적어놓고 그 문장을 읽으면 맞는 말이다. 그러나 저녁이 되어서 그 문장을 들여다보면 틀린 말이 된다. 시간이 흐르면서 "지금"이라는 단어와 "아침"이라는 단어 사이에 모순이 생겨난 것이다. 이처럼 하나의 순수한 상태를 역사 또는 시간의 흐름 속에 반영(reflect)하는 것이 반성(reflection)이다. 즉 우리는 "지금"이라는 개념을 규정하기 위해 "지금"이 주어진 상태 밖의 무언가를 통해 반성해야 하는데 이런 성격이 대자성이다. "지금"이라는 단어는 시간의 흐름 속에서 "아침"이 될 수도 있고 "저녁"이 될 수도 있다. 그러나 "지금"이라는 단어는 순수한 상태로 현재성을 가리킬 수도 있다. 순수한 상태로 현재성을 가리키는 "지금"은 즉자성을 나타내고, 시간의 흐름과 관련해서 "아침" 또는 "저녁"이라는 타자와의 관계 속에 있는 "지금"은 대자성을 나타낸다.

헤겔은 정신이 자기를 즉자적 상태에 놓아두지 않고 객체화·대상화·외화하며, 이렇게 외화된 자신으로서의 타자를 부정하고 다시 자기에게로 복귀하는 생동적인 존재자라고 말한다. 그가 보기에 대자적인, 즉 자기를 역사 속에서 객관화·외화하는 정신으로서의 신은 인간의 정신 가운데 자기를 드러낸다. 그리고 이렇게 자기를 드러내는 계시적 행위는 바로 신의 본질에 속한다.

칸트는 감성범주에서 경험한 자료들이 오성범주의 틀 안에서 인식으로 전환된다고 보았다. 이와 비슷하게 헤겔에게 있어서 참다운 의식이란 "감성적 확신에서 지각으로, 그리고 오성으로" 나아간다. 이 의식은 이성의 여러 단계와 종교의 여러 단계를 거쳐 마침내 사유와 존재의 일체성을 절대적으로 인식하는 절대정신 또는 절대지(絕對知)의 단계에 도달한다. 인간의 정신은 그 과정에서 신의 활동에 동참하고 참여하는 정신의 일부가 된다. 그러므로 인간은 신을 인식할 수 있다는 것이다.

여기서 짚고 넘어가야 하는 중요한 문제가 하나 있다. 우리는 우리가 가지고 있는 사유 또는 생각의 개념들을 믿을 수 있는가? 우리는 우리의 감각경험을 믿을 수 있는가? 감각이 사물을 파악하는 데 필요한 범주가 있고, 오성도 자료를 분석하고 종합하는 데 필요한 범주 혹은 틀이 있다면, 이 사물을 지각하는 감각경험의 자료는 정확한가?

사물을 어떤 관점에서 보느냐에 따라 자료를 수집하는 데 변화가 생길 수 있다. 다음 페이지의 그림은 자스트로(Joseph Jastrow)의 토끼-오리 그림이다. 비트겐슈타인(Ludwig Wittgenstein)은 이 그림이

토끼인지 오리인지를 묻는다. 이 그림
은 토끼들 사이에 있을 때에는 토끼로
보이겠지만, 오리들 사이에 있을 때에
는 오리로 보일 것이다. 이처럼 감각
경험은 이전의 경험이나 자신이 처해
있는 상황을 벗어날 수 없다.

자스트로의 토끼-오리

　극단적 실재론의 시대를 살았던 안셀무스는 개념을 실재로 보았
고, 온건한 실재론의 입장에 있던 토마스 아퀴나스는 감각경험으로
시작하지만 보편성에 도달할 수 있다고 보았다. 또한 헤겔과 칸트의
입장 차이는 정신을 실재로 보느냐 가상으로 보느냐 하는 것과 인
식론에 어떻게 접근하느냐에 따라 판가름난다. 토마스 쿤은 이것이
사물을 어떤 각도에서 보느냐에 따라 달라지는 패러다임의 문제라
고 설명한다. 이러한 논의들은 결국 우리의 참된 지식은 감각경험을
통해서 얻어지는 인식론에만 의지할 수 없다는 결론에 이르게 된다.

Ⅰ무한회귀의 종식

　다음으로 도킨스는 무한회귀의 종식이 무엇인지를 묻는다.
도킨스는 행위의 끝은 어디인가를 묻고 있는 것이다. 그는 이 질문
을 한 뒤에 리어(Edward Lear)의 "터무니없는 크럼버블리어스 커틀
릿 요리법"을 소개한다. "쇠고기 몇 조각을 구해서 그것을 가능한 한
가장 작게 자른 뒤, 그 조각을 더 작게 자르는 일을 여덟 번이나 아

홉 번쯤 계속할 것." 그는 물질의 회귀는 물질로 끝나야 한다고 주장하며 금을 예로 든다.

> 예전에 과학자들은 가령 금을 가능한 한 가장 작은 조각으로 자를 수 있다면 어떻게 될지 궁금해했다. 그 조각을 다시 절반으로 잘라서 더 작은 금 조각을 만들지 말라는 법은 없지 않은가? 이 회귀는 원자에 도달함으로써 결국 종식된다. 가능한 한 가장 작은 금 조각은 정확히 79개의 양성자와 그보다 조금 더 많은 수의 중성자로 이루어진 핵 주위를 79개의 전자가 우글거리고 있는 것이다. 금을 원자 하나보다 더 작게 '자른다면' 그것은 금이 아니다. 그 원자는 크럼버블리어스 커틀릿 식 회귀의 자연적인 종식자다.[5]

그러나 오늘날 물리학자들은 금이 원자보다 더 작게 잘릴 수 있으며 질량이 에너지로 변환될 수도 있다고 말한다. 그리고 다시 에너지는 질량으로 회귀가 가능하다. 질량과 에너지가 서로 교환되는 장소는 "들뜬 상태"(exited state) 또는 "포텐셜"(potential) 혹은 "장"(field)이라고 불린다. 이와 관련해 『우주에는 신이 없다』(*Atheist Universe*, 돋을새김 역간)라는 책을 쓴 밀스(David Mills)의 주장을 들어보자.

> 질량 에너지 보존 법칙은 19세기까지 질량 보존 법칙과 에너지 보존 법칙이라는 전혀 다른 두 가지 법칙으로 나뉘어 있었다. 질량 보존 법칙에서는 질량(물질)은 생성되거나 파괴될 수 없으며 다만 한 가지 형태

에서 다른 형태의 물질로 바뀔 뿐이라고 설명한다. 예를 들어 한 덩어리의 석탄은 질량을 갖는다. 즉 일정한 양의 물질로 이루어져 있다. 이 석탄 덩어리를 태우면, 석탄은 이산화탄소와 수증기 그리고 재가 된다. 그러나 질량 보존의 법칙에 따르면, 생성된 부산물들의 결합된 질량, 즉 석탄이 타고 난 후에 존재하는 물질의 총량은 원래의 석탄 한 덩어리와 정확히 일치한다. 질량은 생성될 수 없으며 파괴될 수도 없다.

에너지 보존 법칙도 근본적으로는 비슷하지만, 가시적으로 증명하기는 더 어렵다. 에너지의 형태는 매우 다양하다. 화학 에너지, 전기 에너지, 태양 에너지, 열 에너지, 운동 에너지, 전자기 방사선, 그리고 사용할 수 있거나 사용할 수 없는 중복된 형태의 다양한 에너지들이 있다. 에너지 보존 법칙 역시 질량 보존 법칙과 마찬가지로 에너지는 생성되거나 파괴될 수 없으며, 한 가지 형태에서 다른 형태로 바뀔 뿐이라고 설명한다. 예를 들어, 에너지가 사라지는 것처럼 보이는 화학반응이 일어날 수 있다. 하지만 발생된 열(에너지의 한 형태)이나 빛, 혹은 (마찬가지로 에너지의 형태인) 전기 부산물을 면밀하게 측정하면 에너지의 총량은 화학반응 이후에도 바뀌지 않은 채로 유지된다. 에너지는 생성될 수 없으며 파괴될 수도 없다.

아인슈타인은 질량과 에너지가 실제로는 자연이 두 가지 다른 방식으로 표현되는 동일한 것이라는 사실을 밝혀냈다. 그의 유명한 방정식 $E=mc^2$(즉 에너지는 질량에 광속의 제곱을 곱한 것과 같다)에서, 아인슈타인은 두 가지 보존 법칙을 융합해 이해하기 쉬운 단일한 원칙으로 만들었다. 그것이 바로 질량 에너지 보존 법칙이다. 질량은 에너지로 바뀔 수도 있고 에너지 역시 질량으로 바뀔 수 있다. 그러나 모든 요소들을 고려하여 결합했을 때 질량 에너지는 생성되거나 파괴될 수 없다. 즉 우주에서 질량 에너지의 총량은 언제나 일정하게 유지된다.

…지난 20년 동안 케임브리지 대학의 스티븐 호킹 박사를 비롯한 우주물리학자와 우주철학자들은 질량 에너지에 대한 이해를 더 깊은 수준으로까지 확장했다. 그리고 별난 듯이 보이는 질량 에너지의 특성들이 우주의 기원이라는 수수께끼를 실제로 어떻게 해결해주는지 설명해왔다. 호킹을 비롯한 학자들은 완벽하게 비어 있는 것처럼 보이는 공간, 즉 완벽한 진공 상태로부터 물질이 만들어지는 '진공 요동'이라는 자연 현상을 설명했다. 과학자들은 모든 형태의 물질과 에너지가 없다고 알려진 완벽한 진공 상태일지라도, 간헐적인 전자기 진동이 존재한다는 것을 밝혀냈다. 이 진동들은 실질적으로 현재 진공 요동 에너지라 불리는 에너지의 한 형태를 의미하며, 그것은 질량 에너지 보존 법칙과 완벽하게 조화되는 물질로 변화될 수 있다. 바꿔 말하면, 빈 공간 내의 완벽한 진공 상태인 '무'는 아인슈타인이 오래전에 확립한 법칙과 완벽하게 일치하는 물질을 임의로 만들어낼 수 있으며 또 실제로 만들어내고 있다는 것이다.[6]

양자역학에서 "불확정성의 원리"로 유명한 하이젠베르크(Werner Karl Heisenberg)의 제자인 뵈르너(Gerhard Börner)의 입장도 동일하다. 오늘날 물리학에서는 질량 에너지의 교환이 가능하다고 본다.

우리는 분자들이 물질의 궁극적인 기초가 아니라는 것을 안다. 분자들은 화학적 과정을 통해, 또는 가열하거나 복사를 쪼임으로써 원자들로 쪼갤 수 있기 때문이다. 원자는 다시 원자와 충돌시키거나 파장이 짧은 빛을 쪼여 그 구성요소인 전자와 원자핵으로 쪼갤 수 있다. 원자핵도 궁극적인 기초가 아니다. 고에너지 입자와 충돌시키거나 고에너지 복사인 감마선을 쪼이면 원자핵을 양성자와 중성자로 쪼갤 수 있다. 양성자와 중성자는 약 50년 동안 기본 입자로 간주되었지만, 지난 40년 동안 고에너지 물리학자들은 그 입자들이 더 단순한 입자인 '쿼크'로 이루어졌을 가능성이 매우 높다는 것을 밝혀냈다. 그러나 양성자와 중성자를 실제로 쪼개어 개별 쿼크들이 방출되게 만드는 작업은 아직까지 성공하지 못했다.

양성자들을 매우 높은 에너지로 가속하여 서로 충돌시키는 실험에서 수많은 입자들이 산출되었다. 그 입자들 중에서 처음에 쓰인 양성자보다 질량이 더 큰 입자도 있다. 충돌 에너지가 아인슈타인의 유명한 방정식에 따라 물질 입자로 탈바꿈한 것이다. 따라서 충돌한 양성자들이 더 작은 단위들로 쪼개진 것이 아니라 단지 그 충돌로 다양한 질량을 가진 수많은 입자들이 발생한 것이다. 그러므로 우리는 분할의 한계에 도달한 것인지도 모른다. 그러나 분할을 가능케 하는 에너지에 아직 도달하지 못한 것일 수도 있다. 최종 판단은 마땅히 앞으로 진행될 실험 결과에 따라 내려져야 한다. 그러나 현재의 이론적 지식에 따르면 근본적인 대상은 기본 입자가 아니라 장이다. 순식간에 소멸하며 변화무쌍한 물질 입자들은 장들의 '들뜬 상태'(excited state)로 간주된다.

중요한 점은 물질 입자와 똑같이 장도 실재하는 물리적 대상으로 존재한다는 사실이다. 장은 비물질적이며 실체가 아니라 순수 형상이다. 그럼에도 장은 물질적인 운반자 없이 빈 공간 속으로 퍼지고 에너지를 보유하며 기본 입자들의 상호작용에서 핵심적인 역할을 한다. 심지어 세계를 이루는 근본적인 구조는 장의 들뜸으로부터 발생하거나 붕괴하며 다른 입자나 에너지로 변환되는 기본 입자들이 아니라 장인 것처럼 보인다. 이는 만물의 근원으로부터 얻을 수 있는 놀라운 세계관으로서, 물질적인 대상은 덧없고 가변적이며, 영속하는 것은 오로지 장과 같은 추상적 구조나 끈과 같은 형상이라는 세계관이다.[7]

양자역학에 대한 이해와 관련하여 그 해석의 차이는 시간이 지나면서 더욱 커지고 있다. 이와 관련하여 "코펜하겐 해석", 또한 "슈뢰딩거의 고양이", 그리고 "다세계 해석"에 대해 잠시 살펴보자.

코펜하겐 해석(Copenhagen Interpretation of Quantum Mechanics)은 양자물리학에 대한 다양한 해석 중 하나로 보어(Niels Henrik David Bohr)와 하이젠베르크 등에 의해 제안되었다. 이는 그 논의의 중심이었던 코펜하겐의 지명을 따라서 이름이 붙여진 것이며, 양자역학에 대한 해석 중 20세기 전반에 걸쳐 가장 널리 받아들여진 것으로 꼽힌다.

코펜하겐 해석의 입장에서는, 입자이면서 동시에 파동인 전자의 상태를 설명하는 파동함수(wave function)가 여러 개의 겹쳐진 값을 갖는 것은 전자가 그런 값을 가질 확률을 나타내는 것이다. 그리고 관측자가 전자에 대한 측정을 시행하는 순간, 그와 동시에 파동함수가 붕괴되어 겹침 상태가 아닌 하나의 상태로만 결정된다. 즉 측정 이전에 존재하는 다양한 가능성들이 측정 시점에 한 가지의 결과로 결정된다는 것이다. 따라서 이중 슬릿 실험에서 스크린에 도달한 전자는 다른 곳에 존재할 확률이 사라진다.

그러나 오스트리아의 물리학자 에르빈 슈뢰딩거(Erwin Schrödinger)는, 자신이 "슈뢰딩거 방정식"을 만들어 양자의 상태를 파동함수로 이해하는 것을 가능하게 했으면서도, 코펜하겐 해석의 확률적 해석에는 동의하지 않았다. 그가 볼 때 전자를 포함한 미세 입자들은 물론, 이 세상의 모든 물질은 처음부터 어떤 상태로 결정 되어 존재하지, 여러 가능성이 겹치는 확률의 상태로 존재하는 것은 아니기 때문이다.

그는 코펜하겐 해석의 모순을 지적하기 위해 "슈뢰딩거의 고양 이"라고 알려진 사고 실험을 고안했다.

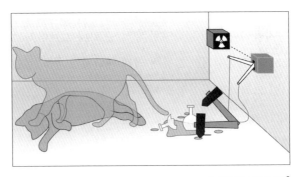

슈뢰딩거의 고양이 실험[8]

고양이 한 마리가 외부 세계와 완전히 차단된 상자 속에 들어 있 다. 이 상자 안에는 독가스가 든 유리병이 들어 있으며, 유리병 위에 는 망치가 놓여 있다. 또 이 망치는 방사능을 검출하는 기계 장치와 연결되어 있고 라듐이 붕괴할 때 생기는 알파입자가 감지되면 유리 병 위로 떨어진다. 라듐이 한 시간에 50%의 확률로 붕괴하도록 세팅

되어 있다면 한 시간이 흐른 후 고양이가 살아 있을 확률은 50%다.

코펜하겐 해석에 따르면 이 고양이는 50%는 살아 있고 50%는 죽은, 삶과 죽음이 중첩된 고양이라고 할 수 있다. 상자를 열면 관측자의 관측 행위가 중첩된 상태를 고정하면서, 관측자는 "붕괴한 핵과 죽은 고양이" 또는 "붕괴하지 않은 핵과 죽지 않은 고양이"를 보게 된다.

그러나 슈뢰딩거는 "죽기도 하고 살기도 한 고양이"가 진짜로 존재할 수 있는지 묻는다. 즉 전자(電子)가 다중으로 존재한다면 고양이도 다중으로 존재해야 하는데, 그것은 불가능하다고 주장한 것이다. 따라서 슈뢰딩거의 고양이는 코펜하겐 해석이 불완전하며 현실적이지 않다는 사실을 보여주었다. 슈뢰딩거는 고양이가 반드시 살아 있거나 죽은 상태로 존재하는 것처럼 미세 입자도 결정된 상태로 존재한다고 끝까지 믿었던 것이다.

그러나 양자물리학이 발전할수록 코펜하겐의 해석의 원리대로, 즉 미세 입자가 확률적으로 존재한다고 밖에 설명할 수 없는 증거들이 발견되었다. 이런 모순들을 어떻게 해결할 것인가?

하나의 대안으로 등장한 다세계 해석(多世界 解釋, many-worlds interpretation)은, 관측의 결과로 실현된 가능성 이외의 가능성이 다른 세계에서 실현된다고 본다. 따라서 이중 슬릿 실험에서 측정한 위치와 다른 곳에 전자가 도달할 가능성은 사라지지 않고 어딘가에서 실현된다. 또 슈뢰딩거의 고양이 실험에서는 고양이가 살아 있는 세계와 죽은 세계가 분리되어 서로에게 영향을 주지 않는 평행 우주가 된다. 사실 이러한 다세계 해석은 양자역학에서 나타나는 여러 역설적인 상황을 해결하기 위해 개발되었고, 다세계 해석의 지지자들은 이 해석이 양자역학의 결정론적 방정식으로부터 어떻게 비결정론적 관측이 도출되는지를 설명해준다고 주장한다.

이처럼 세계의 해석에는 다양한 견해가 존재한다. 어느 견해를 택하느냐는 개인의 감각경험이 축적되어 있는 전이해(preunderstanding)의 영향을 받을 수밖에 없다. 그리고 과학은 감각경험을 통해서 사유경험에 도달할 수 있느냐 하는 문제를 결정할 수 없다. 그것은 해석의 틀에 따라 달라지기 때문이다. 그러나 분명한 것은 존재의 근원을 묻고 해석하는 주체가 있고, 정신은 물질의 세계보다 더 상위층에서 물질 자체를 관찰하고 해석하고 이해한다는 사실이다.

신학은 개체를 다루는 것이 아니라 주체를 다루고, 물체를 다루는 것이 아니라 마음, 영혼과 정신, 그리고 생명의 영역을 다룬다. 이것은 사물이 존재하는 층위가 물리학이나 생물학과는 다르다는 점을 인정해야 함을 의미한다. 그것이 가능하기 위해서는 표층이 아니라 심층에 속하고, 경험적 지식만이 아니라 이성의 깊은 통찰과 직관과 심리적인 측면도 포함하는 다양한 접근이 필요하다. 특별히 인간과 신의 관계는 사물이나 객체를 다루는 지식에 의존하지 않고, 주체와 주체의 만남이라는 관계를 통해서 형성되는 신앙과 믿음과 신뢰에 의존한다. 그러므로 안셀무스는 존재유비에서 신앙유비로 이어지는 연역적인 방법을 택했던 것이다.

토마스 아퀴나스도 존재유비에서 시작하지만, 하나님은 하나의 종에 종속되는 보편성이 아니라고 말한다. 만일 존재유비가 종의 보편성을 넘어서려면 질적으로 다른 차원의 모형을 설정하고 그 관계성을 물어야 하는데, 이는 결국 신앙유비로 결론을 맺을 수밖에 없다. 이처럼 신에 대한 증명은 내적 정합성을 통한 신앙유비까지 나아갈 수밖에 없는 것이다.

신의 존재를 증명하는 것은 유비의 방식이자 그 내적 정합성을 통해서 확신하는 것이다. 파스칼(Blaise Pascal)은 지식으로 파악할 수 없는 신의 존재를 내기를 통해서 증명하려고 했다. 그 내기는 신을 믿는 것이 믿지 않는 것보다 유용하고 가치 있는 일이라는 가치관에서 시작되었다. 그러나 기독교의 신 존재 증명은 믿음에서 시작된다. 그리고 그것은 사물을 통하여 믿어지는 관계로부터의 시작이다.

나는 과학을 통해서 신을 증명하려는 게 아니다. 나는 신 존재 증명이 실증주의 논리나 과학적 방식으로는 불가능하다는 것을 안다. 신을 증명하려면 개물의 표층이 아닌 심층을 다루며, 객체가 아닌 주체로 접근하면서 우리의 이성이나 감성보다 더 큰 존재 자체를 다루어야 한다. 그것이 우리의 지식은 될 수 없어도, 우리는 더 큰 존재에 대한 확신을 가질 수 있다. 나보다 더 큰 존재에 대한 이해는 지식이 아니라 믿음과 확신의 영역에 속하는 것으로서 내가 신을 검증하는 것이 아니라 신이 나를 검증하는 것이기 때문이다. 이는 육체가 정신을 이해하고 규정하는 것이 아니라 정신이 육체를 관찰하고, 이해하고, 규정하는 것과 같은 이치다.

내가 신을 만드는 것이 아니라 신이 나를 만드는 것이며, 내가 신을 이해하는 것이 아니라 신이 나를 이해하는 것이며, 내가 신을 움직이는 것이 아니라 신이 나를 움직인다. 그러므로 나는 신을 느낀다. 이를 기독교적 용어로 다시 말한다면, 나는 신의 감동을 받는다. 따라서 회귀를 종식시키는 것은 운동하는 객체가 아니라 운동의 원인이 되는 의지를 지닌 주체다. 주체는 불변하지만 주체의 연장인 객체 가운데에서는 주체가 하는 행동을 통해서 늘 운동과 변화가 일어난다.

l 무능한 신?

도킨스는 무한회귀와 그것을 종식시키기 위해 신을 불러내는 것은 잘못이라는 주장과 더불어 신의 전지와 전능은 동시에 이루어질 수 없다고 말한다. 그의 논리에 따르면, 전지한 신은 자신이 전능을 발휘하여 역사의 경로에 개입하여 어떻게 바꿀지를 이미 알고 있어야 한다. 그런데 그것은 신이 개입하겠다고 이미 마음먹은 바를 "바꿀 수 없다"는 의미이며, 따라서 신은 전능하지 않게 된다. 도킨스는 이에 덧붙여, "전능, 전지, 덕, 창조적인 설계도 그렇고, 기도자의 말에 귀를 기울이고 죄를 용서하고 가장 내밀한 생각을 읽는 등의 인간적인 속성들은 말할 것도 없다"라고 주장하며 신을 부정한다.[9]

이것은 신이 전지전능하다면 세상을 완벽하게 창조했어야 한다는 주장과 일맥상통한다. 완벽하게 창조된 세계는 신의 개입이 필요하지 않다. 이런 관점에서는 신이 세계에 개입해서 수정이나 수리를 하면 신이 완전하지 않다는, 또는 전지와 전능이 동시에 이루어질 수 없다는 결론을 말해줄 뿐이다.

사실 근대의 합리주의에 근거한 "기계적 세계관"은 세계가 기계적으로 완벽하게 창조되었기 때문에 신의 역할이 필요 없다고 보았다. 우주가 정해진 법칙에 따라서 잘 움직이고 있다는 것이다. 하지만 이런 관점들은 결국 세계가 자율성이 배제된 기계적인 세계여야 한다는 것을 의미할 뿐이다.

그러나 신학적 전통에서 말하는 전지전능은 모든 지혜와 모든 능력을 다 동원하여 기계적인 세계를 만들 수 있는 역량이 아니다. 기독교의 신은 세계를 창조할 때에 설계도면을 따라, 또는 기계와 같은 원리를 따라 구성되도록 창조하지 않았다. 오히려 신은 피조물에게 생명과 자유의지를 주고 목표를 향해 나아가도록 이끌고 돕고 협력한다. 그렇다면 신의 전지전능함이란 모든 힘이 있으면서도 동시에 인간의 자율성을 최대한 보존해주면서 인간을 인간답게 만드는 능력이 아닐까? 인간이 신과 교제하면서 신의 목적을 깨닫고 변화되는 과정을 겪으면서 성장하도록 **이끄는 것**이 진정한 의미의 전지전능함이 아닐까?

도킨스는 물체를 다루는 과학자의 입장에서 전지전능을 이해한다. 하지만 신학자는 자율적인 타자를 마땅히 되어야 할 존재의 모습으로 이끌어가는 능력이 더 위대하다고 본다. 기독교의 신은 영적 감동 또는 감화를 통해서 개체 또는 타자의 변화를 설득적으로 이루어낸다.

성경은 신이 인간에게 자신의 형상을 부여했다고 기록한다. 따라서 인간은 스스로 생각하고, 주체적으로 판단할 수 있다. 또한 인간은 자신과 자연의 심층, 개물과 역사의 심층에서 신비적 활동의 원인들을 발견하고 그것을 통해 신과 교제하며, 그 관계를 통해서 사랑과 신뢰와 믿음과 목적을 발견하고 자신에 대해 반성하고 성찰하는 존재다. 따라서 기독교의 신이 창조한 인간은 단순한 물리적 원리에 종속되는 개체가 아니다.

도킨스와 같이 실증주의의 입장에서 정신이나 영혼이 물질에 근거하고 있다고 믿는 사람들에게는 그 둘의 간격을 이어주는 "사다리"가 없다. 혹은 정신을 실재라고 보지 않는 그들에게는 사다리를 놓을 "자리"가 아예 없다고도 이해할 수 있다. 그들에게 신이라는 용어는 무의미하고, 신이라는 개념은 허구요 상상에 불과하다.

그러나 진리와 가치가 존재하고 그것이 물질이 아닌 정신의 세계에 속한 것이라면, 물질세계에 내재한 참된 가치의 원인이 신이라는 논증은 감각경험을 통해서 정신 또는 보편자로 갈 때에 가능해진다. 실재는 정신인가 물질인가? 최소한의 의미와 가치를 분석하고 정의를 내리고 진리를 추구하는 존재는 물질인가 아니면 정신인가?

오늘날 실증주의 과학자들은 확인 가능한 물리세계만이 실재라고 보고 있고, 이 점은 도킨스와 같은 진화생물학자들도 마찬가지다. 그러나 중세에는 정신을 실재라고 보았고, 신은 보편적 실재 또는 완전한 실재로 이해되었다. 그리고 그 당시 보편적으로 통용되었던 신 존재 증명의 방식은 유비론이었다. 유비론은 앞에서 살펴본 바와 같이 성경을 해석할 때 사용하는 사중적 해석 방법 중 하나였다. 도킨스는 중세의 유비론적 신 존재 증명을 단순히 문자적 해석으로 받아들이고 공격하지만, 문자적으로 해석 가능한 신은 이미 신이 아니라 과학의 대상인 물질일 뿐이다.

구약성경의 신은 우리에게 "내가 거룩하니 너희도 거룩하라"고 말하며, 예수는 "내가 너희를 사랑한 것 같이 너희도 서로 사랑하라"고 명령한다. 이런 가르침의 의미와 가치를 부정할 것인가? 경험적·실증적·과학적 방법으로는 이런 가르침의 의미와 가치를 이해할 수도 없고 수용할 수도 없다. 대신 유비론적 내적 정합성을 통해 믿음의 토대를 만들어주는 철학적·신학적 방법으로 접근해야 한다. 정신이 물질의 주체 또는 실재라고 믿는 사람들에게는 주체가 객체 또는 관찰의 대상이 될 수 없으므로 예전의 신 존재 증명 방식이 여전히 유효하다. 이 방식을 수용한다면 한때 버트란트 러셀이 안셀무스의 방식을 따라서 연역하면서 "완벽하다"라고 소리쳤던 바로 그 깨달음을 발견하게 될 것이다.

7장
도덕과 진화

도킨스는 우주의 근간에는 "아무것도 없다"—악이나 선은 물론 아무 런 설계나 목적도 없다—고 말한다. 또한 자연은 단지 무의미하고 냉담한 상태만 있을 뿐이어서 호의적이지도, 잔혹하지도 않으며 단 지 무심할 뿐이라고 주장한다.[1] 다윈은 1856년에 자신의 친구 후커 (Joseph Dalton Hooker)에게 보낸 편지에서, "자연의 굼뜨고 헤프고 서툴고 미개하고 무시무시하게 잔혹한 활동들을 책으로 쓴다면 '악 마의 사도'라는 제목이 딱 맞지 않을까?"라고 물었다. 이에 대해 도 킨스는 다윈이 고통을 못 본 척하는 것이 자연선택의 필연적인 결 과임을 명확히 이해하고 있었다고 말한다.

물리학자 와인버그도 "우주를 알면 알수록 더 공허해 보인다"라 고 말한다. 루스도 "도덕성은 단지 우리가 살아남고 번식하기 위한 하나의 도움이고 그 외의 다른 깊은 의미는 허황된 것이다"라고 주 장한다. 이처럼 무신론의 입장에 있는 진화생물학자들이나 물리학 자들은 도덕성에 대해 말할 수 없다는 결론에 도달해버린다. 그러나 도킨스는 그렇게 말하지 않는다. 그의 설명을 들어보자.

언뜻 보기에는 자연선택이 진화를 추진한다는 다윈주의의 개념은 우리가 지닌 선함, 즉 도덕, 예의, 감정이입, 연민 같은 감정들을 설명하는 데 적합하지 않을 듯하다. 자연선택은 배고픔, 두려움, 성적 욕망은 쉽게 설명할 수 있다. 그것들은 모두 우리의 생존이나 유전자의 보존에 직접적으로 기여한다. 그러나 우리가 울고 있는 고아나 외로움에 좌절한 늙은 미망인이나 아파서 낑낑대는 동물을 볼 때 느끼는, 가슴이 아려오는 측은지심은 어떠한가? 무엇 때문에 결코 만난 일도 없고 호의에 보답할 가능성도 없는 세계 반대편에 있는 지진해일의 희생자들에게 돈이나 옷을 익명으로 보내고 싶다는 강한 충동을 느끼는 것일까? 우리 안에 있는 선한 사마리아인은 어디에서 오는가? '이기적 유전자' 이론은 선함과 화합이 안 되지 않을까?[2]

도킨스는 진화론이 도덕성에 관여할 수 없다는 것을 알면서도 동시에 인간 안에 있는 도덕성의 실재를 인정할 수밖에 없는 딜레마에 빠졌다. 인간의 도덕성은 어떻게 생겨난 것일까? 도킨스는 "이기적 유전자"에서 출발한 "이타적 호혜주의"라는 개념에 근거하여 도덕의 뿌리를 찾으려고 한다. 그는 "유전자가 다른 유전자들에 대해 자신의 이기적 생존을 도모하는 가장 분명한 방법은 각 생물이 이기적이 되도록 프로그램하는 것이라고 한다. 사실 각 생물의 생존이 그 안에 들어 있는 유전자들의 생존을 선호할 상황들은 많다. 그러나 상황마다 각기 다른 전술이 선호된다. 유전자가 생물이 이타적으로 행동하도록 영향을 미침으로써 자신의 이기적 생존을 도모하는 상황들도 있다"라고 주장한다.³ 그리고 이어서 개체들이 서로에게 이타적이고 관대하고 "도덕적"이 되려는 타당한 다윈주의적 이유를 다음의 네 가지로 정리하여 설명한다.

① 친족 관계다. 도덕적이 되려는 이유로는 유전적 친족 관계라는 특수한 경우가 있다.
② 호혜성이 있다. 받은 호의에 보답을 하고, 보답을 "예견"하면서 호의를 베푸는 것이다.
③ 평판이다. 호혜성에서 나오는 관대하고 친절하다는 평판을 얻음으로써 누리게 되는 다윈주의적 혜택이다.
④ 과시적 관대함이다. 이것은 속일 수 없는 진정한 광고의 역할을 한다.

도킨스의 이러한 분석에 따르면, 도덕성은 이기적 유전자가 생존가를 높이기 위해 가동한 프로그램이며 또 전략을 실행하는 가운데 나타나는 부가물일 뿐이다. 도킨스가 주장한 도덕의 다윈주의적 이유 네 가지 중에서 앞의 ①, ②는 동물들에게서도 발견되는 도덕성이다. 그러나 ③, ④는 인간에게만 나타나는 도덕성이다. 그는 인간에게 나타나는 도덕성이 진화의 과정에서 나타난 "고귀한 실수"라고 말한다.

지적인 부부는 자신들이 다윈을 읽고 성적 충동의 궁극적인 이유가 출산임을 알아차릴 수 있다. 그들은 아내가 피임약을 먹기 때문에 임신을 할 수 없다는 것을 안다. 하지만 그들은 그 지식에도 불구하고 자신들의 성욕이 결코 줄어들지 않는다는 것을 알아차린다. 성욕은 그 자체로 존재하며 그것의 힘은 그것을 이끌어내는 궁극적인 다윈주의의 압력과는 별개다. 그것은 궁극적인 이유와 독립되어 존재하는 강한 충동이다. 나는 친절함, 이타주의, 관대함, 감정이입, 측은지심 등의 충동도 마찬가지라고 주장한다.…우리는 어쩔 수 없이 이성에게 욕망을 느끼는 것과 마찬가지로 울먹이는 불행한 사람을 볼 때 어쩔 수 없이 측은지심을 느낀다. 둘 다 빗나간 사례이자 다윈주의적 실수다. 그러나 그것은 다행스럽고 고귀한 실수다.[4]

도킨스는 과학자로서 다윈주의를 지지하지만, 다윈주의를 정치나 인간사를 처리하는 문제에 접목시키려 할 때는 열렬한 반다윈주의자가 된다고 자신의 입장을 설명한다. 그리고는 "학계의 과학자로서 다윈주의를 편드는 것과, 동시에 인간으로서 다윈주의에 반대하는 것 사이에는 아무런 모순이 없다"라고 주장한다.[5] 다윈의 진화론을 따라 도덕을 말하려면 "악마의 사도"가 필연적으로 옳을 수밖에 없지만, 그것을 인간에게는 적용할 수 없다는 것이다.

도킨스의 논리에 따르면, 앞의 두 가지 도덕성은 "이기적 유전자"가 생존가를 높이기 위해 이타적 호혜주의라는 프로그램을 유전자의 확장된 표현형인 개체에 심었으며 이것이 모든 생물들에게 도덕성으로 나타난다는 것이다. 그러나 도킨스가 말하는 이타적 호혜주의를 과연 도덕성이라고 부를 수 있을까? 그것은 분명히 자연선

택의 과정에서 개체 또는 집단적으로 나타나는 생존전략이지 인간
의 마음에 나타나는 도덕성이 아니다. 그런데 도킨스는 이기적 또는
이타적 호혜주의를 인간의 도덕성과 동일시한다. 그는 이타적 호혜
주의가 고상한 형태로 나타나는 친절함, 관대함, 감정이입, 측은지
심 따위가 진화 과정에서 나타난 "다행스럽고 고귀한 실수나 부산
물"이라고 설명한다.

그럼 도킨스가 말하는 고귀한 실수는 어떻게 나타나는 것일까?
그는 『악마의 사도』(A Devil's Chaplain, 바다출판사 역간)에서 "우리,
지구에서 오직 우리만이 이기적인 복제자들의 독재에 맞설 수 있
다"라고 주장한다.[6] 그는 여기서 줄리안 헉슬리(Julian Sorell Huxley)
의 견해를 차용하면서 의식의 출현이 도덕의 뿌리라고 말한다. 줄
리안 헉슬리는 『한 인본주의자의 수필집』(Essays of a Humanist)에
서 "이 지구는 우주에서 정신이 개화한 희귀한 곳 중 하나다. 인간은
약 30억 년에 걸친 진화의 산물이며, 진화 과정이 마침내 자신의 가
능성과 스스로를 의식함으로써 나온 것이 바로 인간이다"라고 했다.
이와 비슷하게 도킨스는 의식의 출현을 통해 악마의 사도인 자연의
잔인함에 대항하는 도덕성이 생겨났다고 본다. 그는 진화의 과정에
서 인간만이 "우리 모두를 존재하게 한 잔혹하기 이를 데 없는 과정
을 이해하는 재능, 그것이 지닌 함축적 의미에 반발하는 재능, 눈앞
만 보는 서툰 자연선택의 방식에 아주 이질적인 선견지명의 재능,
우주 자체를 내면화하는 재능"을 가지게 되었다고 설명한다.[7]

여기서 잠시 그의 논지를 정리해보자. 만일 도킨스가 줄리안 헉
슬리나 미국의 유전학자 도브잔스키(Theodosius Dobzansky)가 주

장하는 것처럼 의식의 출현이 도덕의 기원이라고 한다면, 도덕성이란 자연선택과는 상반되는 것이다. 그러나 그는 인간의 도덕성이 유전자가 생존가를 높이기 위해 개체—유전자의 확장된 표현형—에 입력한 프로그램이며, 그것은 이타적 호혜주의로 나타난다고 말한다. 또 다른 곳에서는 도덕이 유전자의 프로그램이 아니라 유전자의 확장형에 속하는 개체가 진화하는 가운데 생겨난 의식, 또는 마음의 능력이라고 말하기도 한다.

그런데 도킨스는 여기서 도덕을 "악마의 사도"라고 말할 수 있는 자연에 속한 것이 아니라 인간의 의식에 속한다고 말한다. 앞에서 살펴본 바와 같이 유전자는 가치체계를 지니고 있지 않기 때문에 유전자 환원주의는 도덕성을 말할 수 없다. 따라서 도덕의 뿌리는 의식에 있고, 그 의식의 세계는 자연의 세계와는 다른 영역이라고 설명하는 것이다.

그런데 도킨스가 도덕의 문제를 다루면서 유전자중심주의에서 개체중심주의로 넘어가는 듯한 인상을 지울 수 없다. 유전자중심주의에서는 도덕성의 기초가 이기적 유전자의 프로그램일 뿐이고, 개체중심주의적 관점에서는 도덕성이 개체에 내재하는 정신이나 마음의 영역에 속한다. 만일 도덕이 의식의 영역에 속한다면, "의식은 어디로부터 오는가?" 하는 문제를 피해갈 수 없을 것이다.

이와 관련해 도킨스는 생물학자 하우저(Marc Hauser)가 한 말을 인용한다.

우리의 도덕적 판단을 추진하는 것은 수백만 년에 걸쳐 진화한 마음의 능력 중 하나인 일종의 보편적 도덕 문법이다. 그 안에는 다양한 도덕 체계들을 구축할 원리들이 포함되어 있다. 언어와 마찬가지로 도덕 문법을 구성하는 원리들은 의식의 레이더망 아래쪽을 날고 있어서 간과되지 않는다.[8]

도킨스는 하우저가 말하는 "도덕 문법을 구성하는 원리들"을 "도덕적 직관"이라고 부르며 옹호한다. 여기서는 그가 종교를 가리켜 합리적 이성에서 벗어난 망상이라고 공격하던 모습은 찾아볼 수 없다. 그는 "하우저의 요지는 그런 도덕적 직관이 깊은 생각 끝에 나온 것이 아니라 그저 강하게 느끼는 무엇이며, 이유는 그것이 우리의 진화적 유산이기 때문"이라고 합리화한다. 곧 도킨스는 자신의 견해에 맞는 주장이라면 합리적이지 않은 직관이나 느낌이라고 해도 무비판적으로 기꺼이 수용하는 태도를 보이는 것이다.

합리적 일관성을 유지하려면 도킨스는 진화의 과정에 불연속성이 존재한다는 것을 인정해야만 한다. 진화의 과정에서 자연선택이 가능하려면 생명의 출현이 있어야 하고 다음에는 의식이 발생하는 순간이 있어야 하기 때문이다. 그리고 의식 가운데 도덕적 보편성을 말하려면 보편정신의 출현이 있어야 한다. 진화의 과정에서 최소한 몇 차례의 획기적인 사건이 발생했음을 인정해야만 하는 것이다. 즉 생명의 기원과 의식의 기원이 점진적인 과정에서 생겨난 것이 아니라 창발적이고 급진적인 대진화의 사건이었음을 승인할 수밖에 없다.

우주에 있어서 최초의 획기적인 사건은 빅뱅으로 인한 물질의 출현이라고 할 수 있다. 그 다음의 획기적인 사건은 생명과 생물의 출현이다. 그리고 세 번째는 의식과 함께 이성과 도덕성을 지닌 인류의 출현이다. 그리고 또 해결해야 하는 것은 의식을 지닌 모든 인류에게 보편정신이 존재한다는 사실이다. 우주의 역사에서 최소한 몇 번은 급속한 변화가 일어났고, 그 변화는 진화론적인 관점에서 "대진화"(大進化, macroevolution)가 일어난 사건이라고 볼 수 있다.

⏐ 계통점진이론과 단속평형이론

오늘날 다윈의 진화론은 계통점진이론과 단속평형이론으로 간추려서 말할 수 있다. 계통점진이론은 종의 진화가 매우 오랜 시간 동안 여러 세대에 걸쳐 점진적으로 이루어진다는 견해다. 반대로 단속평형이론은 진화의 양상이 대부분의 기간 동안 큰 변화 없는 안정기와 비교적 짧은 시간에 급속한 종분화(種分化, speciation)가 이루어지는 분화기로 나뉜다고 보는 견해다.

단속평형이론은 앞에서도 살펴보았듯이 굴드와 엘드리지가 1972년에 처음으로 소개했다. 그 당시 표준적인 진화 이론에서는 이소적(異所的) 종분화를 종분화의 대표적 원인으로 파악하고 있었다. 이소적 종분화는 마이어(Ernst Mayr)가 1954년에 발표한 「유전 환경의 변화와 진화」(Changes in genetic environment and evolution)와 1963년에 출간한 고전 『동물의 종과 진화』(Animal Species and Evolution)에 의해 널리 알려져 있었다. 이소적 종분화는 지리적 격리를 계기로 두 집단 간에 생식격리를 초래하는 유전적 변화가 일어나 종이 다양화되는 것을 말한다. 즉 지리적으로 격리되어 각각의 환경에서 서로 다른 도태압에 대한 적응적 변화의 부차적 결과로서 집단 간의 생식 격리가 점진적으로 발달

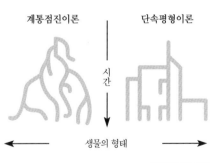

계통점진이론   시간   단속평형이론

생물의 형태

두 가지 진화 이론

한다는 것이다. 이소적 종분화의 증거는 어렵지 않게 찾을 수 있으며 대개의 종분화는 이 과정에서 생긴다고 볼 수 있다.

그런데 굴드는 단속평형이론을 발표하면서 화석 기록이 불연속적으로 보이는 이유는 그것의 불완전함 때문이라기보다는 실제로 불연속적인 변화들이 과거에 여러 차례 발생했기 때문이라고 주장했다. 적어도 중요한 부분에 있어서 진화적 변화는 지질학적으로 짧은 기간 동안 폭발적으로 일어나고, 단속적인 폭발 이후에는 상대적으로 긴 안정 상태가 지속된다고 본 것이다.

예를 들어 "캄브리아기(Cambrian Period)의 대폭발"을 생각해보자. 캄브리아기는 5억 4200만 년 전에 시작하여 4억 8830만 년 전에 끝난다. 캄브리아기의 시작은 고생대가 시작되는 시기이며 캄브리아기의 끝은 다시 오르도비스기(Ordovician Period)로 이어진다. 캄브리아기는 해면이나 히드라 종류보다 복잡한 다세포 생물의 화석이 많이 발견되기 시작하는 첫 번째 시기다. 그런데 이 시기 동안 대략 15종류의 생물문이 예고도 없이 갑자기 생겨났다. 이러한 갑작스런 생물문의 증가를 캄브리아기의 대폭발이라고 부른다. 모든 현

대적 동물문은 이 대폭발을 통해 갑자기 출현한 것처럼 보인다. 굴드는 이런 현상을, 진화란 거의 정체에 가까운 긴 휴지기들 사이에 짧은 기간의 급격한 변화가 "끼어드는 것"이라는 단속평형이론으로 설명한다.

나는 여기서 진화론을 가지고 이것은 맞고 저것은 틀리다는 논쟁을 하려는 것은 아니다. 물론 생명이 어느 순간에 일어났고, 의식의 출현 또한 한순간에 발생한 획기적인 사건이라면 계통점진이론보다는 단속평형이론이 더 설득력이 있어 보인다. 단순히 단속평형이론이 창조론을 뒷받침하기 때문이 아니다. 사실 진화론에는 다양한 견해들이 있지만, 단속평형이론을 포함한 어떤 견해도 생명의 출현이나 의식의 발생에 대해 확실한 증거를 제시하지는 못한다.

문제는 합리적 일관성이다. 아무리 봐도 도킨스는 합리적인 일관성 없이 자신의 견해에 유용하다고 생각되는 이론들을 여기저기서 모아 수사학적 짜깁기를 하는 것 같다. 인간의 마음이 어떻게 보편정신을 갖게 되었는지에 대해서도 그렇다. 그러나 인간에게 존재하는 정신이 자연과는 다른 세계를 구성하고 있으며 도덕의 뿌리가 악마의 사도인 자연이 아니라 마음이라면, 마음의 보편구조는 자연과 다른 영역에 속한다는 것을 분명하게 인정할 수밖에 없지 않을까?

I 도덕은 마음의 보편법칙인가 시대정신인가

여기서 분명하게 짚고 넘어가야 할 문제가 있다. 도킨스는 도덕에 관해 "우리는 각자 선에 대한 정의를 내리고 그에 따라 행동할 수 있다"라고 말한다. 그는 도덕성의 뿌리가 종교의 영역이 아니라 마음의 보편법칙임을 주장하고 싶은 것이다. 또한 그는 "내가 입증하려는 것은 현대의 도덕이 성경에 나오지는 않는다는 것이다. 변증론자들은 종교가 좋은 것과 나쁜 것을 정의하는 일종의 내면의 길, 무신론자는 이용할 수 없는 특권적인 근원을 제공한다고 주장함으로써 이 문제를 회피할 수가 없다"라고 비판한다.[9] 그리고 더 나아가 "우리는 인간의 마음에 대한 연구가 지리적·문화적·종교적 장벽까지 초월한 어떤 도덕적 일반 개념을 밝혀낼 것이라고 기대해야 한다"고 주장한다.[10] 도킨스는 와인버그의 말을 인용해 자신의 이런 주장을 뒷받침하려고 한다.

> 종교는 인간의 존엄성을 모독한다. 그것이 있든 없든, 선한 사람은 선행을 하고 나쁜 사람은 악행을 한다. 하지만 선한 사람이 악행을 한다면 그것은 종교 때문이다.[11]

도킨스가 도덕의 보편적 토대를 말하면서 "선한 사람이 악행을 한다면 그것은 종교 때문"이라고 주장하는 것은 이율배반이다. 오히려 그는 종교가 도덕과 관계없지 않고 악의 원인이 된다는 견해를 조장하고 있다.

도킨스는 도덕성의 보편법칙이라는 말을 다시 시대정신이라고 바꾸어 말한다. 그는 도덕이 사회적 합의, 또는 개인적 기준에 따라 달라질 수 있으며 절대적일 필요가 없다고 주장한다. 그는 앞에서 지리적·문화적·종교적 장벽까지 초월한 도덕적 일반 개념을 밝혀 내야 한다고 주장하다가 뜬금없이 주관적인 사회적 합의, 또는 개인적 기준을 도입한다. 도대체 도킨스의 의도는 무엇일까? 그는 다음과 같이 말한다.

우리 중 일부는 변화하는 도덕적 시대정신이라는 전진하는 물결에서 뒤처지고, 일부는 약간 앞서 나간다. 다행히도 도덕은 절대적일 필요가 없다.…그러나 21세기의 우리 중 대다수는 같은 무리에 속하며, 중세나 아브라함의 시대나 더 나아가 좀 더 최근인 1920년대의 인물들보다 더 앞서 있다. 물결 전체는 계속 움직이며, 이전 세기에 선봉에 섰던 사람들도 다음 세기에는 그 시대의 뒤처진 사람들보다 더 뒤처진다.[12]

도킨스는 도덕에는 시대 차이나 개인 차이가 있다는 주장을 하고 난 뒤에 곧 바로 히틀러를 옹호한다. 히틀러가 유독 사악해 보이는 이유는 악명 높은 로마 황제 칼리굴라(Gaius Caesar Germanicus)가 활동했던 고대가 아닌 "우리 시대"의 기준으로 보기 때문이라는 것이다. 그의 주장에 따르면, 덜 진화된 도덕적 기준으로 볼 때는 히틀러도 사악하지 않다. 그러나 부인할 수 없는 역사적 진실은 히틀러가 덜 진화된 고대인이 아니라, "다윈의 진화론으로 무장한 채 우수한 혈족은 보존하고 열등한 종족은 말살하기 위해 전쟁을 일으켜서 수많은 유대인을 학살한 미치광이"라는 사실이다.

도킨스는 히틀러가 무신론자가 아니며 가톨릭 가정에서 태어나 성장했다는 사실을 강조하기도 한다. 그는 아마도 제2차 세계대전을 통해 저지른 인종 청소와 전쟁 범죄가 최소한 자신과 같은 무신론자의 행위는 아니었다고 변명하고 싶은 것 같다. 도킨스는 이어서 "설령 히틀러가 무신론자였다고 해도, 스탈린과 히틀러에 대한 논쟁의 기본 바탕은 아주 단순하다. 무신론자는 악한 짓을 할지 모르지만, 그때에도 무신론을 들먹이지는 않는다"라고 말한다.[13]

그는 때로 도덕이 진화의 과정에서 나타난 "이타적 호혜주의"라고 했다가, 때로 "진화의 실수 또는 고귀한 부산물"이라고 표현하는가 하면, 또 "마음의 보편성"이라고 했다가 "시대정신"이라고 표현하면서 서로 상반되는 주장을 펼친다. 도덕이 진화 과정에서 나타난 이타적 호혜주의라면 진화의 실수가 아니다. 그리고 도덕이 마음의 보편성이라면 시대정신을 넘어선다. 그러나 도킨스는 시대정신과 보편정신을 구분하지 않고 사용한다.

| 에우티프론Euthyphron 딜레마

도킨스는 도덕에 대한 자신의 견해가 마치 "에우티프론의 딜레마"를 제시한 소크라테스와 유사하다고 생각하는 듯하다. 그도 그럴 것이 최근 들어 새로운 무신론자들은 도덕의 기원이 종교나 철학에 있지 않고 과학에 있다고 주장하며 에우티프론 딜레마를 실례로 사용하기 때문이다.

"도덕의 기원이 신들에게 있지 않고 과학에 있다"는 말은 형이상학이 아닌 실증주의를 바탕에 두고, 경험을 통해서 도덕적 보편성을 획득하게 된다는 주장과 일맥상통한다. 즉 새로운 무신론자들은 도덕이나 윤리의 기원에서 형이상학이나 초월적 근거를 배제한다. 대신 자연선택의 과정에서 나타난 인간의 경험을 바탕으로 하는 보편정신을 내세운다.

여기서 새로운 무신론자들이 말하는 보편정신이 무엇인지 명확히 살펴볼 필요가 있다. 앞에서 살펴본 것처럼 도킨스는 보편정신을 시대정신이라고도 부른다. 그러나 과연 시대정신과 보편정신을 같은 것으로 이해할 수 있을까? 만일 보편정신이 시대정신과 같은 것이 아니라면 과연 시대정신이란 무엇인가 하는 문제도 다시 살펴봐야 할 것이다.

새로운 무신론자들은 인류의 기원이나 정신의 출처를 진화의 과정에서 찾는다. 만일 정신을 뇌의 한 기능으로 보고 진화의 과정에 나타난 현상으로 이해한다면 초월성은 아예 존재하지 않는다. 그럼에도 불구하고 그들 가운데 일부는 정신이 단순히 유전자의 프로그램에 따르지 않고, 그것에 저항하는 가운데 독립적인 의지를 실행한다고 진술한다. 과연 시대정신이 유물론에 기초하지만 초월적 성격을 지니고 있기에 보편정신을 형성하는 것인지, 보편정신을 가능하게 하는 초월성이 내재하는 것인지 분명하게 연구할 필요가 있다.

도덕의 기원을 논할 때마다 일반적으로 가장 많이 사용되는 예화가 에우티프론 딜레마다. 플라톤은 소크라테스의 재판 직전 상황을 다룬 초기 대화편에서 에우티프론 딜레마를 제기한다.

거룩한 것은, 거룩하기 때문에 신들의 사랑을 받는 것일까,

아니면 신들이 사랑하기 때문에 그것이 거룩한 것일까?

플라톤의 대화편에서 「에우티프론」은 첫 번째 대화에 속한다. 그 주인공 격인 에우티프론은 소크라테스와 대화를 나누었던 인물로, 또 다른 대화편인 「크라틸로스」(*Cratylus*)의 몇 군데에서 같은 이름을 가진 인물에 대한 언급을 찾아볼 수 있다. 「크라틸로스」에 의하면 신들린 에우티프론은 아테네의 프로스팔타 출신이다. 또한 그는 예언자로서 종교 문제에 일가견이 있었던 것으로 알려져 있었다.[14]

소크라테스는 기원전 469년에 알로페케 마을에 사는 소프로니스코스의 아들로 태어났으며 그의 어머니 파에나레테는 산파였다.[15] 이 시기는 페르시아 전쟁에서 아테네가 활약했던 시기이자 펠로폰네소스 전쟁(BC 431-404)이 일어나기 40년쯤 전이기도 하다. 따라서 소크라테스의 생애의 절반은 아테네가 정치적·문화적으로 번성하던 시기였고, 나머지 절반은 아테네가 스파르타와의 경쟁에서 밀리며 쇠퇴하던 시기였다. 고대 그리스에서 문화적으로 가장 앞서 있던 도시국가 아테네는 스파르타 군대의 봉쇄를 뚫지 못하고 기원전 404년에 항복하고 말았다. 그리고 5년 뒤인 기원전 399년, 소크라테스는 멜레토스(Meletos)에게 기소를 당했고 이로써 아테네의 황금기는 완전히 막을 내리게 되었다.[16]

「에우티프론」은 소크라테스가 멜레토스로부터 기소를 당하는 내용으로 시작한다. 법정에서 소크라테스를 만난 에우티프론은 소크라테스가 왜 법정에 오게 되었는지 궁금해한다. 그러자 소크라테스는 "내가 신들을 만들어내는 자이며, 또한 생소한 신들을 만들어

내면서도 예로부터 믿어온 신들을 믿지 않는 자라는 것인데, 바로 이런 연유로 나를 기소했다고 말하고 있기 때문이오"라고 대답했다.

소크라테스 시대의 아테네 사람들은 그리스적 전통에 따라 경건함을 지키기 위해 종교적 의식에 참여하고 시민 생활을 가능하게 해주는 제도들을 존중해야만 했다. 아테네인들은 자기 도시 이름을 말할 때마다 여신 아테나(Athena)를 부름으로써 신의 보호를 받을 수 있다고 생각했다. 또한 민주제(民主制)가 신의 재가를 받았다고 생각했다.

당시 아테네에서는 종교에 어긋난다고 평가되는 사상은 엄한 처벌의 대상이 되었다.[17] 소크라테스 이전의 소피스트인 프로타고라스(Protagoras, BC 485?-410?)는 "신들에 관하여"라는 글에서 불가지론을 피력한 죄로 고발당한 뒤 아테네에서 도망쳐 배를 타고 시칠리아로 가던 중 바다에 빠져 죽었다. 당대의 자연철학자였던 아낙사고라스(Anaxagoras, BC 500?-428?)는 해와 달은 신이 아니라 원래 지구의 일부였던 불덩어리 돌멩이라고 가르쳤다가 불경죄로 기소되어 추방을 당했다고 전해진다. 무신론자인 멜로스의 디아고라스(Diagoras, BC 5세기경)도 아테네의 주요 종교 축제였던 "엘레우시스의 신비의식"을 조롱한 죄로 사형 선고를 받은 뒤에 아테네에서 도망쳤다는 이야기가 있다.

소크라테스가 멜레토스에게 기소를 당한 것은 종교적 신념이나 발언에 불경죄가 적용된 아주 중요한 사례다. 당시 아테네 사람들은 신성모독 행위는 불길한 징조로서 국가가 처벌해야 할 큰 죄라고 믿었다. 사실 소크라테스는 실제로 신비의식을 조롱하거나 신을 모독하는 불경죄를 저지르지는 않았던 것으로 보인다. 그러나 소크라테스가 아테네의 신들을 "인정하지 않는" 죄를 저질렀다는 주장에는 심각한 의미가 내포되어 있었다. 물론 여기서 신은 아테네를 보호해주는 신들을 가리킨다.[18]

소크라테스의 혐의는 두 부분으로 나누어져 있었다. 소크라테스가 새로운 신들을 내세웠다는 점과 공식적으로 인정받는 신들을 거부했다는 점이었다.[19] 그리고 구체적인 혐의는 "젊은이들을 타락시켰다"는 것이었다. 즉 소크라테스는 젊은이들이 국가가 공식적으로 인정한 신들 대신 새로운 신들을 믿도록 영향을 미침으로써 젊은이들의 건전한 정신을 훼손했다는 의심을 받았다.

그렇다면 에우티프론은 왜 법정에 오게 되었을까? 이번에는 소크라테스가 에우티프론에게 법정에 온 이유를 물었다. 그러자 에우티프론은 고의적인 것은 아니었지만 결과적으로 살인자를 살해한 자기 아버지를 살인죄로 기소하게 되었다고 대답한다. 이 대답을 들은 소크라테스는 신들을 두려워하지 않고 아버지를 고발할 만큼 확신에 찬 에우티프론이 "경건함" 또는 "거룩함"에 대해 가르쳐준다면 재판에 유용하겠다고 말하며 가르침을 청한다.

이에 대해 에우티프론은 먼저 "경건한 것은 살인죄를 저지른 아버지를 고발하는 것이고, 경건하지 않은 것은 그것을 묵고하는 것"이라고 대답한다. 이 대답은 경건함 또는 거룩함을 그 본질이 아닌 하나의 특수한 사건을 예로 들어 설명한 것이었다. 에우티프론은 아버지를 고발한 자신의 정당성을 주장하며 자신의 행동을 경건의 좋은 표본으로 제시한 것이다. 그러나 소크라테스는 그것은 경건함의 사례일 뿐, 경건함 그 자체는 아니라고 지적한다. 소크라테스는 에우티프론에게 경건의 본질을 물어본 것이지, 하나의 사례를 제시해 달라고 한 것이 아니었다.[20]

그러자 에우티프론은 사례가 아닌 본질을 설명하기 위해 "경건함이란 신들의 사랑을 받는 것"이라는 "관계적 견해"를 밝힌다. 하지만 관계적 견해란 상대적이지 절대적일 수 없다. 소크라테스는 "신들의 세계에 상호 간의 전쟁과 무서운 적개심들, 싸움질들 그리고 그 밖에도 이런 유의 많은 일이 실제로 있는 걸로 믿소?"라고 묻고 난 뒤에, 만약 신들이 어떤 것을 두고 다툰다면 경건함을 두고도 다툴 텐데, 그렇다면 어떤 신에게 경건한 것이 다른 신에게는 경건하지 않은 것이 될 수 있다고 지적한다.[21] 즉 윤리의 기준이 관계성에 뿌리를 두고 있다면 그 윤리는 불변의 정당성을 획득할 수 없는 상황윤리에 불과하다는 것이었다.

또 다른 난관에 봉착한 에우티프론은 "경건함이란 어느 한 신이 아니라 모든 신들의 사랑을 받는 것"이라는, 관계적 견해를 넘어선 상태를 제시한다. 여기서 모든 신의 사랑을 받는다는 것은 일종의 공리주의에 해당한다고 할 수 있다. 이런 관점에 의하면 경건함이란 다수의 신의 사랑을 끌어내는 것이 될 것이다. 그러나 소크라테스는 에우티프론의 대답을 기다렸다는 듯이 정곡을 찌르는 질문을 던진다.

"거룩한 것은, 거룩하기 때문에 신들의 사랑을 받는 것일까,

아니면 신들이 사랑하기 때문에 그것이 거룩한 것일까?"

즉 신들의 사랑을 받는 것은 경건함으로 인해 나타나는 하나의 속성일 뿐이지 본질이 아니라고 지적한 것이다. 신들의 사랑은 경건으로 인해 나타나는 결과다. 소크라테스는 계속해서 에우티프론에게 경건의 본성이 무엇인가를 묻는다. 경건함이 신들의 본성인지 아니면 신들과 별개로 존재하는지를 따져보자는 것이다.[22]

소크라테스는 에우티프론에게 짝수가 수의 한 부분이듯이 경건함도 올바름의 한 부분일 것이라고 말한다. 그리고 다시 묻기를 짝수가 서로 동일한 부분으로 나뉘는 수를 말한다면 경건함은 올바름의 어떤 부분을 말하는지 묻는다. 에우티프론은 올바름은 신들을 섬기는 것에 대한 부분이고, 경건함은 신들한테 제물을 바치고 기원하는 것에 대한 앎이라고 대답한다.[23]

이에 대해 소크라테스는 우리가 의사들에게 보상하는 것이 건강을 위해서라면 신들한테 제물을 바치는 것은 무엇 때문이냐고 묻는다. 그러자 에우티프론은 "많고도 훌륭한 것들"을 위해서라는 애매한 대답을 한다. 소크라테스는 분명하고 정확한 대답을 회피하는 에우티프론의 자세를 질책하며 날카로운 질문을 던진다. 신들에게 제물을 바치는 것은 선물을 하는 것이고 기원을 하는 것은 부탁을 하는 것이니, 경건함이란 "신들과 인간들 사이의 일종의 거래 기술"이라고 할 수 있지 않을까? 신들이 우리에게 "많고도 훌륭한 것들"을 준다면, 우리는 신들에게 무엇을 줄 수 있는가?

에우티프론은 우리가 신들에게 숭배, 예물, 만족을 주고 신들은 그것을 사랑한다고 말한다. 소크라테스는 논의가 경건함이란 신들의 사랑을 받는 것이라는 두 번째 정의로 되돌아갔다며 처음부터 다시 고찰할 것을 권하지만, 에우티프론은 일을 핑계 대며 슬그머니 꽁무니를 뺀다. 결국 에우티프론에게 경건함이란 신들이 싫어하는 것들을 두려워하여 피하고, 신들이 만족할 만한 방법으로 제물을 바치고, 신들이 우리에게 행복을 주도록 기원하는 것에 대한 앎이며 거래 기술일 뿐이다.

여기서 에우티프론의 딜레마를 정리해보자. 이 딜레마는 경건함이 신의 본성인가 아닌가 하는 문제를 다룬다. 만일 경건함이 신의 본성이라면 종교는 절대적인 기반을 가질 수 있을 것이다. 그러나 신들이 서로 싸우는 것으로 보아 경건함은 신들의 본성이 아니다. 신의 본성이 거룩함이라면 신들은 서로 경쟁하며 싸우지 않을 것이기 때문이다. 따라서 도덕의 본성인 올바름은 신에게 기원을 둘 수 없다. 그렇다면 도덕의 기원은 종교가 아니다.

또한 신의 사랑을 받는 것을 경건함으로 보고, 그 경건함이 신의 속성이라고 한다면 그것은 일종의 "앎"에 속한다. 어떤 존재의 속성은 지식이나 지혜의 대상이기 때문이다. 그렇다면 도덕은 신들이 무엇을 좋아하는지 알고 섬김으로써 실현될 수 있다. 즉 경건은 신들의 속성을 "알고" 바르게 섬기는, 일종의 거래 기술이라는 것이다. 결국 도덕의 한 부분에 속하는 경건함이란 도덕의 본성이 아니라 속성이기에 앎의 기술을 통해 거래할 수 있는 것이 된다.

소크라테스가 볼 때 그리스의 신들이란 자연 또는 지혜의 속성들을 따라서 지은 것에 불과했다. 사랑의 속성은 "에로스"라는 신으로, 세속적 사랑의 속성은 "아프로디테"라는 신으로 나타난다. 에우티프론의 주장에 따르면 그 속성들을 알고 그 속성들을 지닌 신을 만족시키는 제물을 바치고 원하는 것을 구하는 것이 곧 경건이다. 따라서 신들의 속성을 아는 것이 경건함의 가장 중요한 내용이며 원천적인 "거래 기술"이다. 이처럼 신들의 사랑을 받아내는 거래 기술에 불과한 경건을 진짜 경건이라고 할 수 있을까?

소크라테스는 신들이 어떤 것을 사랑함은 그것이 그 자체로서 경건하기 때문이라고 주장했다. 어떤 것이 선해지거나 성스러워지는 것은 그것이 지니고 있는 기본적인 성질 때문이라는 것이다. 그런데 이는 신들의 권위를 손상시키며 아테네의 전통적인 다신교 신앙과 어긋나는 견해였다. 신들이 도덕을 결정하는 존재가 아니라 철저하게 객관적인 윤리적 기준에 종속된 존재가 되기 때문이다.

소크라테스는 올림포스의 신들이 진정한 신들이라면 반드시 선한 존재여야 한다고 믿었다. 그러나 그리스의 서사시와 신화에 묘사된 신들은 그렇지 않기 때문에 거짓임이 분명하다고 보았다. 이를 수용할 수 없었던 멜레토스는 결국 소크라테스가 "국가의 신들"을 믿지 않고 그 신들 대신 자신의 신을 내세웠다고 고발하기에 이른다.[24]

소크라테스는 거룩함 또는 경건함이란 올바름의 한 축으로 객관적이며 초월적인 영역에 속한다고 보았다. 그러나 아테네의 신들, 또는 그리스의 신화에 나타나는 신들은 경건함의 본성을 지니고 있지 않았다. 그렇다면 종교는 윤리의 기원이 될 수 없다. 에우티프론 딜레마는 이처럼 신들과 거룩함이 분리되어 있다는 가정과 함께 전개되었다. 소크라테스가 신들과 거룩함을 분리시킨 것은 당시의 아테네 사람들의 경건함이 하나의 "거래 기술"로 사용되었음을 보여준다. 다시 말해서 당시 아테네가 섬긴 신은 거룩한 신이 아니며 거록함과 분리되었음을 말해주는 것이다.

그러나 거룩함과 신이 구별되지 않고 하나라면 어떨까? 만일 그런 신이 존재한다면 그때에는 에우티프론의 딜레마가 발생하지 않는다. 이쯤에서 소크라테스가 과연 무신론자였을까를 생각해보는 것도 흥미로운 관점을 제공한다. 그렇지 않다! 아테네의 신들이 아닌 다른 신을 전파했다는 기소 내용은 그가 무신론자가 아니었다는 사실을 말해준다. 소크라테스가 명확하게 파악한 것은 잘못된 신들로는 도덕적 문제를 해결할 수 없다는 사실이었다. 그런데 새로운 무신론자들은 소크라테스가 지적한 잘못된 신관에서 출발하기 때문에, 에우티프론처럼 도덕적 딜레마를 해결할 수 없는 상황에 처한다.

┃ 도덕의 기준

도킨스가 『만들어진 신』에서 에우티프론의 딜레마를 끌어들인 것은 아마도 "신들을 믿지 않는다"는 이유로 기소를 당한 소크라테스의 입장을 자신의 상황에 반영하여 대중들에게 호소하기 위함인 듯하다. 소크라테스는 무신론자가 아니었지만 도덕의 뿌리를 종교나 신들이 아닌 객관적·윤리적 기준에서 찾으려고 했다. 그와 유사하게 도킨스는 도덕의 가능성을 "보편정신"에서 찾는다. 그러나 소크라테스의 기준은 형이상학적인 보편정신이었다. 반면 도킨스의 기준은 진화의 과정에서 발생한 부산물로서의 보편정신이다.

도킨스는 진화생물학자이지만 다윈의 진화론에서 윤리의 뿌리를 찾으려는 사회생물학자들의 윤리 이론과는 다른 입장을 가지고 있다. 다윈은 『인간의 유래』(*The Descent of Man*, 한길사 역간)에서 윤리도 종의 생존에 이익을 주는 동정심에 근거를 둔 것이며 자연선택의 산물일 수밖에 없다고 주장한다.

> 도덕률의 발달은 더 흥미 있는 문제다. 그 기초는 가족 간의 연대와 같은 사회적 본능에 있다. 이 본능은 매우 복합적인 것이며 하등동물의 경우에는 어떤 행동을 하도록 하는 특별한 경향을 부여한다.…그렇지만 더 중요한 요소는 사랑이고 뚜렷한 동정심의 발로다. 사회적 본능이 있는 동물들은 동료와 함께하는 데서 즐거움을 느끼고, 위험을 서로 알리며 여러모로 서로 돕고 보호한다. 이 본능은 한 종의 모든 개체에게 연장되지는 않고 같은 사회의 구성원에게만 적용된다. 이러한 본능은 종의 생존에 매우 이익이 되는 성질이며 절대적으로 자연선택에 의하여 얻어진 것이다.…어떤 동물이든 모성애나 효성과 같은 명백한 사회적 본능들을 타고난다면, 그것의 지적 능력이 인간처럼 잘 발달하거나 인간에 거의 가깝게 잘 발달된다면 불가피하게 도덕감인 양심을 얻게 될 것이다.[25]

그러나 헉슬리(Thomas Huxley)는 『진화와 윤리』(*Evolution and Ethics*, 산지니 역간)에서 인간의 본성에 대한 견해를 다윈과는 다소 다르게 개진한다. 그는 인간의 본성이 더럽고 비정한 자연세계의 산물이기에 본질적으로 악하다고 믿었다. 그래서 인간의 도덕성은 진화 과정에서 발생된 이기적이고 경쟁적인 경향들을 조절하고 극복하기 위해 명시적으로 고안된 발명품이라고 주장했다. 이로써 헉슬리는 도덕성의 기원에 대한 탐구를 진화로부터 분리시켜 생물학 밖에서 수행되어야 할 과제로 설정함으로써 자연과 도덕성을 대립시키는 이원적인 견해가 자리 잡게 만들었다.[26] 그러나 자연 또는 생물학적 입장을 떠난 도덕성의 기원에 대한 문제는 여전히 의문으로 남는다.

도킨스와의 논쟁으로 유명한 영국의 윤리학자 미즐리(Mary Midgley)도 생물학 내에서만 도덕성을 찾지 않는다. 그녀는 인간의 도덕성은 진화의 과정에서 생겨났지만, 도덕체계는 공동체의 이익을 추구하는 정신에서 생겨난 호혜적 이타주의라고 말한다. 그것은 음식 공유, 화해, 위로, 갈등 개입, 그리고 거중조정(居中調停) 등이 있는데 이는 "공동의 해결책을 구하고자 하는 능력과 의욕"을 보여준다. 즉 어느 집단이 단기적 이익보다 장기적 이익을 취하기 위해 "호혜적 이타주의"가 발달했다고 보는 것이다.

알렉산더(Richard D. Alexander)에 따르면 호혜적 이타주의는 도덕체계의 발달에 필수적이다. 왜냐하면 간접적 호혜성의 체계, 즉 자선적인 행위의 수행자는 원래의 수혜자로부터 보상을 받기보다는 제3자로부터 그 행위에 대한 보상을 받기 때문이다. 사회적 위상이나 평판에 의존하는 그러한 형태의 호혜성은 기억, 시간상의 일관성, 그리고 가장 중요하게는 사회적 규칙감, 즉 옳고 그름에 대한 합의감을 요구한다. 계속해서 알렉산더는 간접적 호혜성에 대한 증거가 영장류에게서는 충분하지 않고 오직 인간에게서만 발견할 수 있다고 설명한다.[27]

이처럼 몇몇 진화생물학자들은 도덕성이 이기적 유전자의 범주를 벗어나 공동체의 이익을 추구하는 일종의 "공리주의적 요소"가 포함된 "호혜적 이타주의"에 기초하고 있다고 본다. 도킨스도 이와 같은 입장에서 도덕의 뿌리를 종교가 아닌 다른 곳에서 찾는다. 그는 『만들어진 신』 제6장 "도덕의 뿌리: 왜 우리는 선한가?"에서 기독교인들이 진화론을 반대하는 이유가 도덕적으로 격분했기 때문은 아닌가 하고 묻는다.

오늘날 하우저를 비롯한 싱어(Peter Singer)나 윌슨(Edward Wilson)도 다윈의 진화론을 따르면서 도덕적 입장은 헉슬리의 견해를 따라 에우티프론의 딜레마를 풀어간다. 먼저 간략하게 윌슨의 입장을 살펴보자.

사회생물학의 창시자 윌슨은 윤리학이 궁극적으로 다음과 같은 질문으로 귀착된다고 단정한다. 즉 정의나 인권과 같은 윤리적인 원리들이 사람과 상관없이 존재하는 독립적인 것인가 아니면 사람으로부터 나온 것인가의 문제다. "사람과 상관없이"라는 말은 초월적인 객관성이나 종교적인 절대적 기준이 있다는 말이다. 그러나 도킨스나 윌슨이 볼 때 종교적인 절대 기준이 존재한다는 신념은 "에우티프론의 딜레마"에 부딪힐 수밖에 없다. 즉 "어떤 행위가 도덕적으로 선하기에 신은 그 행위를 명하는가 아니면 신의 명령이 그것을 도덕적으로 선하게 만드는가?" 하는 고민에 빠지게 된다. 따라서 윌슨은 일단 윤리가 초월성을 지니고 있지 않다고 보고, 그럼에도 불구하고 왜 그토록 초월적으로 느껴지는지에 대해 다음과 같이 설명한다.

윤리적 규범은 장기적인 관점에서 집단의 생존과 조화를 도모하고 일생에 걸쳐 우리의 유전자들이 거듭 복제될 수 있도록 하기 위하여 일상적인 이기적 욕구를 억제하도록 유도한다. 더욱이 그것은 우리 모두가 복종해야만 하는 객관적인 높은 규범이 있는 것으로 믿게 하는 방법으로 이루어진다. 만일 윤리가 단지 개인적인 욕망에 불과하다고 생각한다면 그것은 쉽게 무시될 것이다. 프랑스 요리를 좋아한다고 해서 인생을 거기에 맞출 수는 없지 않은가? 윤리란 객관적인 것이라고 생각되기 때문에 우리는 도덕 법칙에 순종할 수 있는 것이다. 우리가 어린아이들을 도울 수 있는 것은 비록 개인적으로는 불편할지라도 누구에게나 옳은 일이라고 생각되기 때문에 가능한 것이다. 만일 인류의 진화에 대한 이런 생각이 정확한 것이라면 도덕적 추론에 대한 새로운 기초가 만들어지는 것이다. 윤리는 신성한 지침이나 순수한 정언적 명령이 아닌 공통적인 인간의 본성적 특질과 필수적인 상호호혜성이라는 튼튼한 기초를 갖게 된다. 그 열쇠는 인간의 본성에 대한 더 깊고 객관적인 연구에 있을 것이며 그런 이유로 윤리철학은 응용과학이 되어야 한다.[28]

월슨은 인간의 마음에 있는 도덕적 보편법칙이란 "우리 모두가 복종해야만 하는 객관적인 높은 규범이 있는 것으로 믿게 하는 방법으로 이루어진다"라고 주장함으로써 그것이 실제로 존재하는 것이 아니라고 말한다. 그것은 진화를 위해 "필요한 것"으로서, 데닛이 주장하는 것과 같이 목적론적 지향성을 갖는다. 즉 앞서 본 알렉산더나 미즐리의 입장처럼 인간 종족의 장기적 이익을 위한 호혜적 이타주의의 입장에서 살펴보아야 한다는 것이다.

싱어와 하우저도 다윈주의의 입장을 견지하면서 공동 집필한 논문을 통해 "도덕성에는 왜 종교가 필요 없을까?"라고 그들의 입장을 분명하게 밝힌다. 그들은 에우티프론의 딜레마에서 "신의 명령에 따르는 것" 이외에 독립적으로 "선한" 것이 되는 표준이 분명히 있을 것이라고 본다. 그리고 도덕성이 종교적 기원을 갖는다는 이론이 갖는 문제는 종교적인 사람들과 불가지론자나 무신론자들이 함께 공유할 수 있는 도덕적 원리가 없다는 데 있음을 지적한다. 그들의 입장에서 생물학적·지질학적 사실에 부합되는 견해는 인간이 옳고 그름에 대한 직관을 발생시키는 도덕적 재능을 수백만 년 동안 진화시켜왔다는 것이다. 그리고 그들은 도덕성이 다수에게 이익이 되는 것이라는 공리주의적 노선을 따른다. 그들은 다음과 같은 시나리오를 제시하고 "허용" 가능성을 묻는다.[29]

트롤리 한 대가 보도를 걸어가는 다섯 명을 막 덮치려 하고 있었다. 남자 한 명이 스위치 옆에 서 있는데, 그 스위치를 켜면 트롤리를 옆길로 돌려 한 명은 죽이지만 다섯 명은 살릴 수 있다. 스위치를 켜는 일은 (   ).

그들은 이 테스트에 참여한 1,500명 가운데 "허용될 수 있다"라고 답한 참여자가 90%라는 점을 강조하면서 공리주의적 입장이 도덕성의 보편법칙이라고 주장한다. 그들은 이런 연구가 인간이 옳고 그름이 무엇인지에 대한 직관적인 판단을 이끌어내는 도덕적 능력을 가지고 태어났다는 생각을 경험론적으로 지지한다고 설명한다.

그리고 이런 직관은 선조들이 수백만 년 동안 사회적 포유류로 살아온 세월이 낳은 성과를 반영하는 것으로, 손가락을 맞대는 동작처럼 인류 공통 유산의 일부분이라고 주장한다.[30]

그러나 싱어는 『동물 해방』(*Animal Liberation*, 연암서가 역간)에서 "종중심주의" 또는 "종차별주의"에 대하여 경고한다. 다윈주의자이면서 윤리철학가인 싱어는 인간이 포유류에 속한다는 사실을 지적하며, 고릴라나 원숭이처럼 고통을 의식하는 동물들을 학대하는 것은 "종차별주의"라고 주장한다. 종이 다를 뿐 고릴라나 원숭이는 인간의 조상에 해당하기 때문에 차별해서는 안 된다는 것이다. 싱어는 오늘날의 동물차별을 인종차별, 성차별과 같은 것으로 이해한다. 나는 싱어의 종차별주의에 대한 논의를 들으면서 다음과 같은 시나리오를 작성할 수 있었다.

트롤리 한 대가 보도를 걸어가는 원숭이 '다섯 마리'를 막 덮치려 하고 있었다. 남자 한 명이 스위치 옆에 서 있는데, 그 스위치를 켜면 트롤리를 옆길로 돌려 사람 한 명은 죽이지만 원숭이 '다섯 마리'는 살릴 수 있다. 스위치를 켜는 일은 (   ).

만일 당신이 공리주의의 도덕성을 보편법칙으로 받아들이고, 또한 종차별주의자가 아니라면 "허용될 수 있다"라고 답해야 할 것이다. 만일 당신이 "허용될 수 없다"라고 답한다면 종차별주의자로 남을 수밖에 없다. 도킨스도 『만들어진 신』에서 피터 싱어의 입장에 동의를 표하면서 종중심주의를 비판한다.

철학자 피터 싱어는 『동물 해방』에서 우리가 인간적인 대우를, 그것을 이해할 지적인 능력을 지닌 모든 종에게로 확대시키는 후기-종중심주의로 옮겨가야 한다는 견해를 설득력 있게 펼친다. 아마도 이것이 도덕적 시대정신이 앞으로 수백 년 내에 나아갈 방향을 시사할 것이다.[31]

그런데 이런 주장이 도킨스 자신이 밝혀온 견해와 얼마나 안 어울리는지를 확인할 수 있겠는가? 도킨스가 도덕성을 말하면서 자연을 도덕적인 측면에서 "악마의 사도"라고 부르지 않았다면, 그리고 윤리학을 다룰 때에는 자신이 반다윈주의라고 강력하게 주장하지 않았다면 그는 일관성 있는 진화생물학자로서 인정받을 수 있을 것이다.

도킨스도 자신의 견해에 내적인 모순이 있음을 잘 알고 있는 것 같다. 그는 『악마의 사도』(2003)를 저술할 때에 『이기적 유전자』(1976)와 『눈먼 시계공』(*The Blind Watchmaker*, 1986, 사이언스북스 역간)에서 발표했던 입장에 변화가 있었던 것은 아니라고 변명한다. 그 근거로 자신이 『이기적 유전자』에서 "지구에서 오직 우리 인간만이 이기적인 복제자들의 독재에 맞설 수 있다"라고 주장한 사실을 든다. 그는 『악마의 사도』에서 다음과 같이 말한다.

불일치나 더 나아가 모순의 낌새가 보이는 것 같다고 생각한다면 실수하는 것이다. 학계의 과학자로서 다윈주의를 편드는 것과 동시에 인간으로서 다윈주의를 반대하는 것 사이에는 아무런 모순이 없다. 학계의 의사가 암을 설명하면서, 임상 의사로서 암과 맞서 싸우는 것 사이에 아무런 모순이 없기 때문이다.[32]

자신의 입장이 모순이 아니라는 도킨스의 논리는 헉슬리의 논리와 같다. 그 논리는 인간의 의식이 출현하기 이전까지 이기적 유전자의 프로그램에 의한 자연선택은 악마의 사도였지만, 인간의 정신은 이타적 호혜주의를 따라 이기적 복제자의 프로그램에 저항하는 유일한 존재라는 것이다. 그들은 오직 의식을 지닌 인간만이 도덕적 보편법칙을 지니고 있고 이것이 시대정신을 만들어간다고 주장한다. 그러나 "윤리의 기원, 도덕의 뿌리는 어디에 있는가?"라는 질문에 대한 답으로 이기적 유전자가 아닌 인간의 정신을 선택한다면 "종중심주의"를 벗어날 수 없다. 알렉산더가 말한 것과 같이 인간이 아닌 다른 영장류에서는 도덕이나 윤리에 대한 의식이 명확하지 않기 때문이다.

만일 유전자에 도덕의 뿌리가 있다고 생각한다면 단순히 사물의 존속에 가치를 두기 때문에 생명의 의미나 인간의 존엄성 따위는 본질적 가치를 상실하게 된다. 그리고 도덕은 시대 상황과 관점에 따라 달라질 수밖에 없다. 그렇다면 그가 주장하는 지리적·문화적·종교적 장벽을 넘어서는 보편법칙은 사라진다. 도킨스도 그 점을 잘 알고 있기에 보편정신이나 시대정신을 강조하는 듯하다.

도덕이 뿌리를 내린다는 인간의 보편정신이란 일종의 공동체 정신이라고 해야 할 것이다. 여기서 공동체 정신은 이기적 유전자를 넘어서는 것이며, 사물이 아닌 정신의 공유 집합을 의미하게 된다. 인간에게서 찾아볼 수 있는 관계성이란 물리적으로 제한된 관계를 뛰어넘는 정신과 의식의 교류가 이루어지는 새로운 장이기 때문이다.

도덕은 일반적으로 "인간이 지켜야 할 도리나 바람직한 행동 규범"을 말한다. 근대에 이르러서는 도덕을 뜻하는 말로 주로 "윤리"가 쓰인다.[33] 그런데 윤리, 즉 인간이 지켜야 할 도리나 바람직한 행동 규범은 "나"라는 이기적이고 주관적인 관점에서 타자의 가치를 보는 것이 아니라 제3의 눈으로 볼 때에만 가능하다. 단순히 공동체적 이익을 추구하는 것은 호혜적 이타주의가 아니라 여전히 공동체 이기주의에 머물 뿐이다. 그래서 도킨스나 싱어가 종차별주의를 넘어서자는 호소를 해도 선뜻 납득이 가지 않는 것이다.

인간의 마음에 대한 연구가 지리적·문화적·종교적 장벽까지 초월한 어떤 도덕적 일반 개념을 밝혀낼 것으로 기대해야 한다는 도킨스의 주장은 옳다. 그러나 의식 가운데 들어 있는 보편개념을 밝혀내는 과정에서 이타적 호혜주의라는 공동체 진화론의 범주를 벗어나지 못하는 것에는 문제가 있다. 그는 이 문제를 해결하지 못하고 자연선택이 의식을 낳았다는 지점으로 돌아간다. 결국 윤리의 기원을 이기적 유전자로 환원시키는 것이다. 따라서 윤리는 "이타적 호혜주의를 추구하는" 자연선택의 결과일 뿐이고, 의식을 통해서 나타난 보편정신은 자연선택의 과정에 나타나는 실수나 부가물이 된다.

도킨스는 경건이 신들의 사랑을 받는 거래 기술인 것처럼, 도덕이 장기적인 이익을 위한 유전자의 전략적 거래 기술이라고 본다. 이는 소크라테스가 지적한, 아테네 사람들이 경건을 신과 인간의 상호이익을 추구하는 호혜주의라고 본 것과 같은 맥락이다. 하지만 소크라테스는 신들과의 거래 기술보다 더 중요한 "올바름"이라는 객관적 가치를 추구했다. 인간의 내면에서 객관성을 형성하고 이타성의 원인이 되는 것은 초월적 정신일 수밖에 없다. 그러나 도킨스는 보편정신이 공리주의에 입각한 다수의 혜택, 집단이나 공동체의 호혜적 이타주의에 근거한다고 보는 것이다. 거듭 강조하지만 도킨스의 관점대로라면 도덕이란 진화의 과정에서 나타난, 이타적 호혜주의를 통해 종족을 보존하는 수단으로서 진화의 부산물에 불과하다.

| 에우티프론 딜레마에 대한 답변

에우티프론의 딜레마를 다른 말로 표현해보자. "신들이 도덕의 기준을 받아들이는가? 아니면 신들이 도덕의 기준을 만드는가?" 소크라테스는 신들과 거룩한 것들을 구분하고 에우티프론에게 어느 것이 도덕의 근원인가를 물었다. 이원론적 구분 아래서 하나를 선택하면 다른 입장에서 반론을 제시하고, 다른 하나를 선택하면 반대 입장에서 재반론을 시도하기 때문에 논리는 순환 고리를 형성하게 된다. 문제 자체가 이미 답이 없는 딜레마로 빠질 수밖에 없는 구조를 가지고 있었던 것이다.

고대 그리스 철학자들은 도덕법을 형이상학에서의 최고선이라고 보았다. 판다로스(BC 518-438)는 도덕이 "인간과 신 모두의 왕"이라고 표현했다. 플라톤에게 도덕의 토대는 형이상학이었다. 따라서 플라톤은 인간의 도덕을 설명하기 위해 군이 신들의 행동을 참고해야 할 필요는 없다고 보았다. 형이상학적 고찰을 통해 인간에게 무엇이 옳고 그른가를 알 수 있다면 군이 신화에 등장하는 변덕스러운 신들의 행동을 진지하게 받아들일 필요는 없다. 따라서 프로타고라스는 "인간이 만물의 척도"라고 결론을 내린다.[34] 소크라테스도 도덕의 객관적 토대를 전제로 하고 있었기에 당시 아테네의 신들을 거룩하지 않다고 평가할 수 있었다.

도킨스는 기독교의 신도 거룩한 신이 아니라는 논리를 내세운다. 그는 구약의 신은 사악하다고까지 말하며 성경이 도덕의 뿌리가 될 수 없다고 주장한다. 그는 성경이 도덕이나 가치관의 원천이 되는 두 가지 방법이 있는데, 하나는 십계명처럼 직접 지시하는 것이고, 다른 하나는 역할 모델을 통해서 보여주는 것이라고 말한다. 그러나 이 두 경로를 따라가면 종교인이든 아니든, 현대 문명인이라면 누구라도 불쾌함을 느낄 수밖에 없는 도덕체계가 조장된다고 주장한다. 그러면서 현대인의 관점에 맞지 않는 도덕적 내용들을 들추어낸다.

하지만 맥그래스는 『과학신학』(The Science of God, IVP 역간)에서 기독교의 창조 교리는 에우티프론의 딜레마에 대해 다른 대답을 제시할 수 있다고 말한다. 맥그래스가 보기에 에우티프론 딜레마가 강력한 이유는 인간과 신을 두 가지 독립적인 존재로 전제하고, 인간이 선하다고 인식하는 것과 하나님이 선하다고 인식하는 것 사이의 관계를 생각해보라고 말하기 때문이다. 이 딜레마는 우리로 하여금 그 전제를 그대로 둔 채 선이나 정의에 관한 인간적 관념과 신적 관념 중 하나를 택할 것을 강요한다. 그러나 만약 이 둘이 어떤 식으로든 서로 연결되어 있음이 밝혀진다면 이 딜레마는 그 힘을 잃고 만다. 그렇다면 우리에게 강요한 선택은 잘못된 선택일 뿐이다.

그런데 기독교의 창조 교리는 정확히 이 둘이 연관되어 있다고 주장한다. 그 연결점은 인간이 만물의 척도라고 할 때에 확인되는 진선미에 관한 관념이다. 즉 기독교에서 말하는 "하나님의 형상"이라는 개념은 진선미에 관한 신적 관념과 인간적 관념 사이에 일치점이 존재한다는 의미를 가진다.[35]

기독교 혹은 성경의 도덕을 한마디로 어떻게 말할 수 있을까? 그 핵심은 "하나님을 사랑하고 네 이웃을 네 자신과 같이 사랑하라"이다. 하나님의 형상 안에서 자신의 존재의 가치와 존엄성을 발견한 나는 동일하게 신의 형상과 존엄성을 지니고 있는 내 이웃도 사랑해야 한다. **하나님을 사랑하는 것이 나를 사랑하는 것이고, 내 이웃을 사랑하는 것이 공동체를 사랑하는 것이다.** 이처럼 기독교적인 관점에서 나의 모든 존재의 가치는 전적으로 하나님에게 의존하고 있다.

이 점에서 도킨스는 성경의 가르침을 왜곡하고 있다. 진화생물학의 눈으로 성경을 읽기 때문이다. 그는 진화인류학자인 하텅(John Hartung)이 미국의 과학 잡지 「회의론자」(*SKEPTIC*)에 발표한 논문을 인용하면서 네 이웃을 사랑하라는 가르침을 이타적 호혜주의로 설명한다. 그는 "네 이웃을 사랑하라"라는 말은 지금 우리가 생각하는 그런 의미가 아니라 원래는 "다른 유대인을 사랑하라"라는 뜻이며, 그 가르침 실제 이면에는 외집단에 대한 적대감이 깔려 있다고 주장한다.[36] 이처럼 도킨스는 성경을 편파적이고 부정적으로 해석하는 논문들이나 글들을 소개하며 기독교를 악이라고 규정한다.

그러나 맥그래스가 주장하는 바와 같이, 예수는 우리에게 내집단을 넘어 외집단에 속하는 원수를 사랑하라고 가르친다(마 5:44). 또한 선한 사마리아인의 비유를 통해 예수는 제자들에게 누가 진정한 "네 이웃이냐?"라고 묻는다. 그는 유대인이 아닌 "사마리아인"을 이웃이라고 가르쳤을 뿐만 아니라 한 걸음 더 나아가 죄인들, 창녀들, 세리들과 같은 외집단을 이웃으로 받아들임으로써 숱한 비난을 받아야만 했다.[37]

도덕이나 윤리는 개체와 개체 사이에서 바람직한 행동을 통하여 올바른 관계성을 드러내는 것이다. 그리고 가장 올바른 관계를 형성하는 것은 사랑이다. 사랑의 방법에 있어서 도킨스는 인간의 육체를 사랑하는 것에 머물 가능성이 크다. 그러나 진정한 사랑의 방법은 타자의 가치, 존엄성, 정의, 진리, 선을 사랑하는 것이다. 모든 사람이 이웃의 관계에서 선, 의, 정의, 진실, 덕, 사랑의 관계를 맺어가고자 하는 것은 우리 모두가 신의 형상으로서 신 안에서 하나가 되며 동시에 타자이기 때문이다. 이때 이웃은 나와 관계가 없는 타자가 아니라, 내 안에 있는 절대 타자와 이웃 안에 있는 절대 타자로 이어지는 가치체계를 공유하고 그 안에서 보편성을 공동 영위하는 존재다. 이 사실을 깨달을 때에 우리는 도덕의 보편성을 확인할 수 있다.

에우티프론의 신들은 신인동형론(神人同形論)적으로 개체화된 자연의 속성들에 불과하다. 그러나 소크라테스나 플라톤은 형이상학적 도덕의 본성을 가르치기 위해 신화의 신들이 아닌 초월적 본성에 관해 이야기한다. 거기서 우리는 기독교적 해결의 실마리를 찾을 수 있다. 기독교의 신은 그리스 신화에 등장하는, 인간이 만들어낸 신들과는 다르다. 기독교의 입장에서 보면 도덕의 본질은 신의 본성에 속한다. 그리고 인간은 신의 피조물로서 창조 과정에 반영된 신의 형상을 지니고 신과 교제할 수 있는 존재다. 따라서 신과 인간의 도덕적 기준을 구분하는 것 자체가 잘못이다. 우리는 기독교의 신과 거룩성을 따로 구분할 수 없다. 이 둘은 동전의 앞뒷면과 같다. 신이 거룩하기에 인간도 거룩해야 하는 것이다.

8장
종교와 과학[1]

일반적으로 과학은 사실의 세계가 "어떻게" 움직이는가에 대한 영역을 다루고, 종교는 "왜"라는 질문을 통해서 존재의 근원과 가치와 목적을 다룬다고 여겨진다. 그런 의미에서 진화생물학자인 굴드는 『만세반석들』(*The Rocks of Ages*)에서 노마(Non-Overlapping Magisteria, NOMA), 즉 "겹치지 않는 교도권"을 제안하면서 다음과 같이 말한다.

> 과학의 그물, 즉 교도권은 경험 세계를 덮고 있다. 그것은 우주는 무엇으로 이루어져 있으며(사실), 왜 이런 식으로 작동하는가(이론)를 다룬다. 종교의 교도권은 겹치지 않을뿐더러, 모든 의문을 포괄하는 것도 아니다. 진부한 표현을 쓰면 과학은 암석의 시대를 다루고 종교는 시대의 반석을 다룬다.[2]

과학철학자 바버(Ian G. Barbour)는 종교와 과학의 관계에 대한 입장을 네 가지 유형으로 정리했다. 첫째, 갈등이론(conflict theory) 이다. 성경을 문자 그대로 믿는 사람들, 소위 문자주의자들은 진화 이론이 자신들의 종교적 신념과는 맞지 않는다고 생각한다. 그리고 무신론적 과학자들은 진화의 과학적 증거가 어떤 형태의 유신론과 도 공존할 수 없다고 주장한다. 이 두 그룹에 속하는 사람들은 어느 쪽을 받아들일 것인가 하는 점에서 서로 다르지만, 하나님의 존재와 진화를 동시에 믿을 수 없다고 주장한다는 점에서는 같다. 그들에게 과학과 종교는 서로 적인 셈이다.

오늘날 무신론적 과학자들 가운데 도킨스를 비롯한 새로운 무 신론자들이 바로 이 유형에 속하는 대표적인 과학자들이다. 그들이 견지하는 과학적 유물주의는, 물질이 우주의 가장 근본적인 실체로 서 단지 자연의 요소뿐 아니라 사랑, 영혼, 기억 등의 인간적인 현상 까지 포함한 모든 것을 설명할 수 있다는 환원주의적 견해를 가리 킨다. 다른 한편 근본주의 신학자들은 문자주의를 견지한다. 그들은 성경의 과학적 무오류설에 기초하여 성경에서 기술하는 세계에 대 한 정보와 상충하는 과학적 이론은 참될 수 없다는 또 다른 극단적 입장을 보여준다.

둘째, 독립이론(independent theory)이다. 이 관점은 극단적인 견 해—갈등이론—에 대한 대안으로서 과학과 종교가 서로 안전한 거 리를 유지하는 한 공존할 수 있는 이방인과 같다는 견해다. 즉 과학 과 종교는 삶의 다른 영역과 양상을 언급하고 있으므로 갈등이 있 을 필요가 없다는 것이다. 이 관점은 종교의 교리나 과학적 주장을 서로 비교할 수 없는 두 가지 상이한 언어로 취급한다. 종교와 과학이 대조되는 질문들에 답하는 가운데 인간의 삶에서 완전히 다른 기능을 수행한다고 보기 때문이다.

독립이론에 의하면 과학은 사물이 어떻게 작용하는지 알고자 하며 객관적인 사실을 다루는 반면, 종교는 가치와 삶의 궁극적인 의미를 다룬다. 이 입장에 속하는 신학자인 불트만(Rudolf Karl Bultmann)은 "의미의 역사"를 "일반 역사"로부터 분리시켜 신약성경의 본질적 메시지를 실존철학의 개념으로 해석하고자 했다. 진화생물학자들 중에서는 노마(NOMA)의 창시자인 모노(Jacques Lucien Monod)와 굴드가 이 입장에 속한다고 할 수 있다.

셋째, 대화이론(dialogue theory)이다. 이 이론은 과학과 종교 두 분야의 완전한 분리를 주장하는 독립이론과 완벽한 일치를 주장하는 통합이론의 중재적 유형이라고 할 수 있다. 따라서 대화이론의 목적은 과학과 종교의 완전한 통합이나 완전한 분리가 아니라, 양자 간의 생산적 대화를 통해서 종교가 더욱 나은 종교가 되게 하고 과학은 더욱 나은 과학이 되게 하는 상생과 상호 협력에 있다. 분자생물학자로서 인간 게놈 프로젝트의 주역이었던 콜린스나 옥스퍼드의 신학자 맥그래스, 미국 조지타운 대학교의 가톨릭 평신도 신학자 호트(John F. Haught)가 이런 입장에 있다고 할 수 있다. 이들은 과학은 표층을, 종교는 심층을 다루면서 상호 보완적이라는 포마(Partially Overlapping Magisteria, POMA), 즉 "부분적으로 겹치는 교도권"을 이야기한다.

넷째, 통합이론(integration theory)이다. 바버는 이 유형을 자연신학(natural theology, 오로지 과학만을 바탕으로 하는 주장)과 자연의 신학(theology of nature, 종교적 전통 안에 있는 주장을 과학을 통해 재확인하려는 신학)으로 구분하고, 자연신학이 아닌 "자연의 신학"이 자연과학에 대한 가장 적절한 신학적 입장이라고 주장한다. 그는 하나의 공통 개념 틀 속에서 과학적 사유와 종교적 사유를 해석하는 데에 과정철학과 같은 철학 체계가 사용될 수 있다고 본다.

이 이론은 종교와 과학이 동등한 차원에서 동일한 대상에 대해 논의한다고 보는 점에서 갈등이론과 유사하다. 그러나 통합이론은 종교적 통찰이 과학적 이론을 지지하고, 반대로 과학적 발견이 종교적 진리를 보증할 수 있다는 견해다. 즉 그 둘이 갈등 관계에 있다고 보지 않고 오히려 체계적으로 일치하고 통합될 수 있다고 보는 낙관론적 입장이라는 점에서 갈등이론과는 큰 차이가 있다. 바버는 이 입장을 종교와 과학의 체계적 통합 정도에 따라 세 가지 입장으로 세분화시키는데, 가장 강력한 통합이론은 화이트헤드(Alfred North Whitehead)의 과정철학(process philosophy)이다. 중간적 통합이론은 전통적으로 "자연신학"이라고 불리던 이신론이며, 가장 느슨한 통합이론은 범신론이라고 할 수 있다.[3]

ㅣ 유일한 창

도킨스는 종교와 과학 간의 갈등이론의 입장에 있는 새로운 무신론자들에 속하는 대표적인 인물이다. 그는 독립이론 또는 노마(NOMA)를 주장한 굴드를 비판하면서, 우주에는 "경험적 실재"라는 오직 하나의 교도권만이 있을 뿐이며 과학이 모든 것을 해결한다고 주장한다. 하지만 영국의 천체물리학자 리스(Martin Rees)는 "가장 큰 수수께끼는 도대체 왜 무엇인가가 존재하느냐는 것이다. 그런 질문들은 과학 너머에 있다. 그것들은 철학자들과 신학자들의 영역이다"라고 과학의 한계를 인정한다. 그러나 도킨스는 이 말을 비꼬면서 "왜 과학자들은 자신들보다 신학자들이 이런 질문들에 대답할 자격을 더 많이 갖춘 것도 아닌데, 비겁할 정도로 공손하게 신학자들에게 그 질문을 떠넘기는가?"라고 말한다.[4] 이 말에는 과학이 "어떻게"라는 영역을 넘어서 "왜"라는 영역까지 포함하여 모든 것을 해결할 수 있다는 과학맹신주의가 내포되어 있다.

도킨스가 종교를 공격하는 첫 번째 영역은 사실과 경험을 다루는 물리학의 영역이다. 그는 사실과 경험으로 구성되는 현상과, 그 현상 너머에 있는 본질을 구분하지 않는 유물론적 세계관에서 출발한다. 따라서 그는 물리법칙을 해석할 때 근본주의적 합리주의 또는 논리실증주의의 입장에 선다. 즉 그에게 실재하는 세계란 경험할 수 있고 설명할 수 있는 세계뿐이다.

그러나 종교는 현상의 영역에 머물지 않고 본질을 추구한다는 점에서 도킨스가 이해하는 과학과 다르다. 기독교적 관점에서는 현상(일반계시)을 통해서 본질을 알아갈 수는 있어도 현상과 본질이 동일하지는 않다. 기독교 신앙은 현상을 이해하는 가운데 아직 이해하지 못한 현상을 믿는 "틈새 신앙"이 아니다. 다시 말해 기독교 신앙은 현상계의 틈새에 자리매김하는 것이 아니라 현상 너머에 있는 본질에 대한 전방위적인 확신에 기초한다.

노마(NOMA)를 주창한 모노는 "가치와 지식을 뒤섞는 것은 허용할 수 없다"라고 말했고, 많은 자연과학자들이 그 제안을 받아들여 각자의 특수 분야로 겸손히 움츠러들었다. 물리학에서는 실험으로 사실 관계를 밝혀내는 것을 통해서 얻는 지식, 또는 "우주가 이러이러한 속성들을 가진다면, 얼마만큼의 확률로 생명이 탄생할 수 있다"와 같은 형태의 이론적 고찰을 통해서 얻는 지식만 허용한다. 이런 방식으로 "확실한 앎"이라고 하는 탄탄한 그물망이 형성되었고 자연과학은 현실을 보는 견고한 창으로 자리 잡았다.[5]

도킨스는 사실과 경험의 세계를 인식하는 주체의 기능을 합리성으로 국한시키고, 합리적이지 않은 모든 이론은 과학적이지 않다고 말한다. 따라서 도킨스에게 과학은 현실을 보는 유일한 창이며, 과학이야말로 우리가 세계를 이해하는 데 있어 신뢰할 만한 유일한 도구다. 그가 종교에 대해 반감을 가지고 있는 것은 종교가 사실과 경험을 다루는 과학의 발전을 방해했다고 생각하기 때문이다. 도킨스가 볼 때, 그럼에도 과학은 역사적으로 번번이 승리했고 그때마다 종교는 한 걸음씩 뒤로 물러나야 했다. 종교는 이제 과학의 발전과 더불어 영역이 점점 좁아지고 있으며 틈새에 갇히게 되었다. 도킨스는 "조만간 과학은 그 틈새마저 메울 것이고 그때가 되면 종교는 사라질 것"이라는 낙관론에 빠져 있다.

그러나 과연 자연과학이 현실을 보는 유일한 창일까? 우리가 관찰하는 세계는 합리적인 것과 비합리적인 것이 뒤섞여 있다. 우리는 비합리적이거나 무질서한 사건들을 경험할 수는 있어도 그것들을 과학적 원리로 환원시킬 수는 없다. 과학적 원리나 이론은 사실의 영역에 나타나는 현상이 지속적으로 반복되어 보편성을 획득할 때에 성립되는 것이다. 그러나 현상이 일회적일 때에는 그것을 가리켜 "기적"이라고 부를 수도 있고 "혼돈"이라고 부를 수도 있다. 지속적으로 반복되지 않는 현상들은 합리주의나 실증주의로 해석할 수 없다. "지적인 생명이 탄생해야 했기 때문에, 우주는 이러이러하게 되어 있다"라는 식의 추론은 자연과학을 벗어나는 영역으로 우리를 이끈다. 더군다나 과학 원리로 해석할 수 없지만 흔히 "진리"로 표현되는 우주의 본질은 우리에게 가치와 의미를 제공해준다.

그러므로 베넷(Maxwell Bennett)과 해커(Peter Hacker)는 "과학 이론이 모든 것을 설명한다"는 도킨스의 순진한 견해를 비판한다. 그들은 과학적 이론들이 세계의 목적을 포함한 "세계에 관한 모든 것"을 서술하거나 설명하지 않으며, 그러한 작업을 하도록 의도되어 있지도 않다고 지적한다. 과학적 이론들은 세계 속에서 관찰되는 "현상들"을 설명할 뿐, "세계를 설명한다"고는 말할 수 없다. 무신론자인 코인이 보기에도 진화심리학자들은 인간 행동과 사회에 대해 주장할 때 빈약한 증거를 제시함으로써 스스로 신뢰도를 떨어뜨린다.[6]

사실 과학자들 사이에서도 현상을 이해하고 해석하는 다양한 견해를 발견할 수 있다. 고전물리학의 체계는 모든 것을 합리적으로 분명하게 설명할 수 있다고 말한다. 고전물리학의 이런 자신감은 아인슈타인이 불확정성의 원리를 부정하며 "신은 주사위를 던지지 않는다"라고 한 말에서 확인할 수 있다. 그러나 근대과학이 발견한 자연법칙이 진짜로 모든 것을 설명할 수 있을까?

오늘날 우리가 아는 자연법칙의 개념을 최초로 분명하고 엄밀하게 제시한 인물은 17세기에 활동한 데카르트였다. 데카르트는 모든 물리 현상은 운동하는 질량들의 충돌을 통해서 설명해야 하며 세 가지 법칙이 그 운동을 지배한다고 믿었다. 그의 주장에 따르면 자연의 모든 것은 단순히 "운동하는 물질"(matter in motion)이며 이 모든 성질을 양으로 환원시킬 수 있다. 데카르트는 공간과 위치만이 문제라고 확정한 후, "나에게 외연(extension)과 운동(motion)을 달라. 그러면 나는 우주를 건설할 것이다"라고 자신 있게 선언했다.[7]

데카르트의 세계에서는, 모든 것이 제자리에 있으며 삼라만상의 모든 관계는 조화를 이루고 세계를 지배하는 것은 혼란이 아니라 정확성이다. 이런 데카르트의 수학적 세계관이 제대로 작용하기 위해서는 무엇보다도 "완전히 예측 가능한" 기계적 패러다임이 필요하다. 이 패러다임에서는 신성에게조차 임의로 바뀔 수 있는 여지가 부여되지 않는다.[8] 데카르트는 자연법칙들이 변경 불가능한 것은 그것들이 신의 고유한 본성을 반영하기 때문이라고 주장함으로써 신의 권위를 옹호했다. 그러나 그는 신이 자연법칙들을 정할 때 선택의 여지가 전혀 없었다고 믿었다. 즉 세계는 신에 의해서 작동하기 시작했지만, 그 다음에는 신의 개입 없이 완전히 혼자서 작동한다는 것이다. 따라서 신은 교묘하게 세계의 무대로부터 쫓겨났고, 이와 같은 해석을 통해 이신론 또는 자연신론이 자리 잡게 되었다.

뉴턴(Isaac Newton, 1643-1727)도 유사한 입장을 취했다. 뉴턴은 자연계의 만물을 수학적 법칙들에 복종시켰다. 뉴턴은 미적분, 역학, 행성 운동, 그리고 빛과 색 연구의 아버지로 간주될 정도로 많은 업적을 남겼다. 그러나 그의 업적 가운데 가장 유명한 것은 "프린키

피아"(*Principia*)로 알려진 『자연철학의 수학적 원리』(*Philosophiae Naturalis Principia Mathematica*)에서 수립한 중력 이론과 만유인력의 법칙이다.[9] 그는 "자연계의 모든 현상은 어떤 힘들의 작용에 의한 것으로서, 그 근본 원인은 아직 잘 모르지만, 이 힘들에 의해서 두 입자들이 서로 잡아당겨 일정한 형태로 얽혀 있거나 혹은 서로 밀어내어 두 입자가 떨어진다"라고 주장했다.

뉴턴이 밝힌 법칙에 의하면 "외부에서 힘이 가해지지 않는 한 운동하지 않는 물체는 그대로 머물러 있으려 하고, 운동하고 있는 물체는 그대로 직선 운동을 하려고 한다. 물체의 가속도는 가해진 힘에 정비례하며, 그 방향은 가해진 힘의 방향과 같다. 또한 모든 힘에는 크기가 같고 방향이 반대인 반작용의 힘이 있다."[10] 이러한 뉴턴의 이론은 우리 주위의 세계를 경험하면서 터득하는 실재관과 조화를 이룬다. 뉴턴의 중력 이론을 따르는 과학자들은 우주가 결정론적이라고 주장한다. 그들 가운데 한 사람이 프랑스의 수학자이자 천문학자인 라플라스(Marquis de Laplace Pierre-Simon, 1749-1827)다.

라플라스는 만약 우리가 특정 순간의 우주의 완전한 상태를 알기만 한다면 우주에서 일어날 모든 일을 예측할 수 있게 해주는 일련의 과학 법칙들이 존재할 것이라는 "결정론적 세계관"을 주장했다. 결정론적 세계관이란 지금부터 앞으로 일어날 모든 현상은 현재까지 일어났던 과거의 일들의 결과라고 보는 관점이다. 즉 어떤 특정 시간에 우주의 모든 입자의 운동 상태를 알 수 있다면, 그때부터 일어날 모든 현상을 미분방정식을 통해 계산해낼 수 있다는 것이다. 라플라스는 여기서 멈추지 않고 한 걸음 더 나아가 인간의 행동을 포함한 다른 모든 것들을 지배하는 비슷한 법칙들이 존재한다고 가정했다.[11] 라플라스는 다음과 같이 주장한다.

> 우리는 흔히 현재를 과거의 결과, 미래의 원인으로 보곤 한다. 자연계의 모든 힘과 모든 물질의 위치를 순간적으로 파악하는 지력(知力)을 생각해보자. 만약 이러한 지력이 인식된 자료를 분석할 정도로 엄청나다면, 이 지력은 우주의 거대한 운동을 기술하는 이론과 가장 작은 원자에 대한 이론을 통합한 수준에 이를 것이다. 이 지력을 지닌 존재에게는 확실히 결정되지 않은 것이 없을 것이다. 그리고 그에게는 미래도 과거와 같이 현재로 인식될 것이다.[12]

여기에 묘사된 지력을 지닌 존재를 흔히 "라플라스의 악마"라고 부른다. 하지만 그런 명칭을 지은 사람은 라플라스 자신이 아니라, 후대의 전기(傳記) 작가들이었다. 라플라스의 결정론은 신의 예정이나 창조의 섭리와 통치에 따르는 결정론이 아니라 과학적 원리를 기초로 전개한 것이다.

자연법칙에서 신의 개입을 배제했던 라플라스와 당대의 최고 권력자 나폴레옹 간의 유명한 일화가 한 편 있다. 라플라스가 나폴레옹에게 자신의 저작을 헌정하게 되었다. 그런데 그전에 누군가 나폴레옹에게 이 책은 신에 관해서 아무런 이야기도 쓰고 있지 않다고 말해주었다. 그래서 나폴레옹은 책을 받으면서 물었다. "라플라스 경, 사람들이 말하길 당신이 우주에 대해 방대한 책을 썼으면서도 창조주에 관한 이야기를 한마디도 쓰지 않았다고 하오." 그러자 라플라스는 "제게는 그 가설이 필요 없었나이다"라고 대답했다는 것이다.[13] 이처럼 근대과학의 발전은 라플라스의 해석처럼 신의 개입이 없는 자연과학의 원리로 운행하는 세계에 대한 확신을 불러일으켰다.

ㅣ새로운 모형

그런데 아인슈타인은 뉴턴이 제시한 절대시간을 해체했다. 아인슈타인의 특수상대성이론에 따르면 시간과 공간은 서로 얽혀 있다. 시간과 공간의 문제를 다루려면 평범한 세 차원인 좌-우, 앞-뒤, 위-아래에 네 번째 차원인 과거-미래를 추가해서 한꺼번에 다루어야 한다. 물리학자들은 그렇게 결합된 시간과 공간을 "시공"(space-time)이라고 부른다. 좌-우, 앞-뒤, 위-아래가 관찰자의 방향에 따라서 달라지는 것과 마찬가지로 시간의 방향도 관찰자의 속도에 따라서 달라진다. 다양한 속도로 운동하는 관찰자들은 시공에서 시간의 방향을 다르게 인식할 수밖에 없다.

이전의 관점에서는 물리적 현상이란 관찰자가 어떤 위치에서 관찰하더라도 똑같아야 한다. 그러나 특수상대성이론은 같은 사건이라 할지라도 서로 다른 관찰자의 상대적 위치에 따라 다르게 보일수 있다는 통찰에서 시작되었다. 두 대의 기차가 정거장에 나란히 정지해 있다가 한쪽 기차가 움직이면 그 기차에 앉아 있는 승객은 잠시 동안 자신이 타고 있는 기차가 출발하는 것인지 아니면 맞은

편 기차가 움직이는 것인지 확신할 수 없다. 확실한 것은 두 기차 중 하나가 움직인다는 사실뿐이다.[14]

이처럼 아인슈타인의 특수상대성이론은 절대시간과 절대정지의 개념을 제거한 새로운 모형이었다. 한편 뉴턴이 밝힌 중력 법칙을 상대성이론과 조화시키려면 다른 변화가 필요했다. 뉴턴의 중력이론에 따르면, 임의의 시점에서 물체들이 서로를 끌어당기는 힘은 바로 그 시점에서 그것들 사이의 거리에 따라 달라진다. 그런데 상대성이론은 절대시간의 개념을 폐기했으므로 물체들 사이의 거리를 측정할 시점을 확정할 길이 없었다. 따라서 뉴턴의 중력이론은 상대성이론과 조화를 이룰 수 없었고 수정되어야만 했다.[15]

아인슈타인은 특수상대성이론을 발표한 지 11년 뒤에 일반상대성이론을 발표했다. 일반상대성이론에서 말하는 중력의 개념은 뉴턴의 중력 개념과는 전혀 다르다. 일반상대성이론은 기존의 생각과 달리 시공이 균일하지 않고 질량과 에너지에 의해서 휘어진다는 혁명적인 생각을 기초로 삼는다. 아인슈타인에 따르면 두 개의 물체는 뉴턴이 생각했던 것처럼 직접 서로를 끌어당기지 않는다. 무거운 것은 시공을 휘게 만든다.

시공의 휘어짐(curvature)을 직관적으로 파악할 수 있는 좋은 예는 지구의 표면이다. 지구의 표면에서 두 점 사이의 최단경로는 대원(大圓, great circle) 위에 존재한다.[16] 지구의 표면은 휘어져 있기 때문에 서울에서 로스앤젤레스로 비행기를 타고 갈 때 동쪽으로 곧바로 가는 것이 아니라, 대원 경로를 따라 북동쪽으로 출발해서 점차 동쪽으로 그리고 남동쪽을 향해 가야만 최단거리로 갈 수 있다.

그런데 아인슈타인의 이론에 따르면 중력은 시공을 휘게 만들기 때문에 물체는 측지선(測地線, geodesic)을 따라서 이동한다. 휘어진 공간에서 측지선은 평평한 공간에서의 직선과 마찬가지로 두 점 사이의 최단경로다. 직선은 평평한 공간에서의 측지선이며, 대원의 호는 지구 표면에서의 측지선이다. 물질이 없다면 4차원 시공에서 측지선은 3차원 공간에서의 직선과 같을 것이다. 그러나 물질이 있어서 시공이 휘면 그 시공에 대응하는 3차원 공간에서의 물체들은 휜 경로로 이동한다. 뉴턴의 중력이론은 그 휨을 중력의 끌어당김으로 설명했던 것이다.[17]

아인슈타인은 무거운 것이 언제나 시공을 휘게 만들기 때문에 그 옆을 지나는 더 가벼운 것들은 더 무거운 것의 영향을 받을 것이라고 주장했다. 태양 주변을 적당한 속도로 움직이는 행성은 태양에 의해 움푹 팬 곳으로 굴러 떨어지지는 않겠지만 태양의 중력으로 인해 태양의 영향권을 벗어날 수는 없다. 따라서 행성은 움푹 팬 시공의 경사면에서 어느 정도의 높이를 유지하면서 주위를 돌게 될 것이다. 이는 마치 스턴트맨이 오토바이를 타고 원통 안에서 "죽음의 벽"을 계속 도는 것과 같다.

만일 우주가 정적이라면 그 안의 물질들은 중력에 의해 서로 이끌려 하나의 거대한 한 덩어리로 합쳐질 수밖에 없다. 그러나 질량의 존재 때문에 시간과 공간은 역동적으로 변한다. 이처럼 아인슈타인의 방정식은 우주가 정적이지 않고 역동적이라는 사실을 보여주었다. 따라서 시공과 우주는 정지된 채로 남아 있을 수 없다. 즉 우주는 천천히 팽창하거나 수축해야만 했다.[18]

뉴턴의 이론에 의하면 대우주는 일종의 "중심"을 가져야 하며, 이 중심에서는 항성들의 밀도가 최대가 되어야 한다. 그리고 이 중심으로부터 바깥쪽으로 나갈수록 항성군의 밀도는 점점 감소해 마침내는 텅 빈 무한대의 영역으로 이어져야 한다. 따라서 항성 우주는 "공간"이라는 무한한 해양 속의 "유한한 섬"이어야 하는 것이다.[19]

아인슈타인은 상대성원리를 고안할 때부터 이 점을 간파했지만 우주가 계속 팽창하거나 수축한다는 생각이 마음에 들지 않았다. 그는 우주가 무한하고 변함없다는 뉴턴의 생각을 확고하게 믿었기에 우주 전체의 팽창이나 수축을 막는 어떤 물리법칙이 있을 것이라고 확신했다. 그는 시공이 질량의 영향을 받는 것처럼 국부적인 변화는 있을 수 있어도 우주 전체에 영향을 미치는 변화는 허용할 수 없다고 생각했다. 그리하여 아인슈타인은 그의 방정식에 "우주상수"라는 요소를 추가하여 우주 전체는 역동적으로 변하지 않는다고 주장했다.[20] 그에게 "신은 심술궂지 않으며 주사위도 던지지 않을 것"이라는 확신이 있었던 것이다.

그렇다면 아인슈타인의 상대성원리에서 "우주상수"를 제거하면 어떤 결과가 나타날까? 팽창력이 중력보다 크다면 우주는 서서히 팽창하게 될 것이고 반대로 작다면 축소하게 될 것이다. 이와 같은 사실을 처음으로 지적한 사람은 예수회 신부이자 바티칸 천문대에서 일한 이론우주학자 르메트르(Georges Lemaître, 1894-1966)였다. 그는 아인슈타인의 수학을 충실하게 따라가다가 우연히 그 방정식이 가지고 있던 팽창이라는 문제를 해결할 수 있는 우주모형을 발견했다. 그는 우주가 아주 오래전에 대폭발로 시작되었다는 이론을 제안했고 그것이 바로 신이 우주를 창조한 순간이라고 보았다.

그러나 아인슈타인은 르메트르가 물리학을 제대로 이해하지 못한다고 생각했다. 그리고 우주는 무한하고 영원하며 변함없음이 "틀림없다"는 입장을 견지했다. 그러던 1927년 허블(Edwin Powell Hubble, 1889-1953)이 망원경을 통해 우주가 팽창한다는 사실을 확인하자, 르메트르는 아인슈타인을 캘리포니아 공과대학에 초대했다. 르메트르는 아인슈타인의 수학적 공식들을 낱낱이 해부하면서 "시원의 원자"(primitive atom) 이론을 통해 우주 전체가 "어제가 존재하지 않는 어느 날에" 창조되었다고 설명했다. 강연이 끝났을 때에 아인슈타인은 일어서서 "내가 들은 것 중에 가장 만족스러운 해석"이며 "우주상수를 만들어낸 것이 내 일생 최대의 실수였다"고 말했다.[21]

I 도킨스의 고집

아인슈타인이 상대성원리를 발견하고 또 우주의 팽창과 축소의 가능성을 인지하였음에도 불구하고 변화가 없는 우주의 상태를 고집스럽게 주장한 배경에는 "신은 주사위를 던지지 않는다"는 신념이 자리 잡고 있었다. 그는 불확정성의 원리로 대변되는 "양자물리학"의 확률적인 존재라는 개념에 대한 수용 의사를 거부하면서 다음과 같이 말했다.[22]

그러나 오늘날 물리학자들은 앞에서 살펴본 바와 같이 불확정성의 원리를 대변하는 코펜하겐 해석에 따른다. 자연과학의 원래 의도는 관찰자에게서 독립적으로 존재하는 객관적인 세계를 기술하는 것임에도 불구하고 코펜하겐 해석이나 다세계 해석에 따르면 우리는 실재가 관찰자의 의식 상태에 의존한다고 간주해야 한다. 파동함수의 붕괴는 관찰자가 결과를 지각할 때 나타난다. 그러므로 마치 이 대목에서 의식과 정신의 영역으로 통하는 창이 열리는 것처럼 느껴진다. 그 창은 원래 정의상 물리학에서는 닫혀 있어야 함에도 불구하고 말이다. 수많은 물리학자들은 전자와 원자에서 출발한 물리학적 세계 설명이 정신이나 의식과 같은 비물질적 또는 비객관적 개념들에 도달할 수 있다는 가능성에 고무되어 정신과 자유의지, 심지어 신의 개념을 물리학에 종속시키려고 노력한다.[23]

『다시 만들어진 신』(Reinventing the Sacred, 사이언스북스 역간)의 저자 카우프만(Stuart Kauffman)은 그런 학자들 가운데 한 사람이다. 카우프만은 다음과 같이 주장하며 종교와 과학의 대화 가능성을 모색한다.

환원주의에 따라 우리 스스로를 그저 움직이는 입자들 외에는 아무것도 아니라고 규정하면, 세상에는 객관적 사실들만이 실재하게 된다. 철학자들이 가끔 쓰는 표현을 빌리면 '우주의 구조'만 남는 셈이다. 하지만 현실은 다르다. 생명과 함께 행위 주체성이 엄연히 존재하는 점 때문이라도 우리는 환원주의를 넘어서 더 넓은 과학적 세계관으로 나아

가야만 한다.[24]

　카우프만의 논지를 정리해보자. 환원주의에 따르면 세상의 모든 실재는 궁극적으로 입자들의 움직임으로 설명할 수 있다. 그렇게 설명할 수 없는 것은 실재가 아니다. 그런 관점에서의 논리적 결론은 우리가 사는 우주는 사실들과 사건들로만 이루어진 무의미한 세상이라는 것이다. 그러나 우리가 신성하게 여기는 행위 주체성, 의미, 가치, 목적과 같은 것들을 선뜻 포기할 수는 없다. 그것들은 인간의 환영에 불과하다고 간주해서도 안 된다. 한 가지 대안이 있다. 자연계에 그것들을 위한 자리가 없다면, 그런데도 우리가 그것들의 실재성을 확고부동하게 믿는다면, 그것들이 자연 밖에서 유래했다고 보는 것이다. 곧 신이 우주에 불어넣어 준 초자연적 현상들이라고 보는 것이다. 종교와 과학의 분열은 부분적으로는 의미를 둘러싼 의견 대립이므로, 만약에 우리가 그런 것들에 대한 과학적 의미를 발견할 수 있다면 분열을 치유할 수 있을지도 모른다.[25]

　그러나 도킨스는 아인슈타인의 "신은 주사위를 던지지 않는다"라는 명제를 진리로 받아들인다. 그는 이 말이 "만물의 핵심에 무작위성이 자리 잡고 있지는 않다"는 말로 번역되어야 한다고 주장한다. 그는 "신은 심술궂지만 악의적이지는 않다", "신은 주사위 놀이를 하지 않는다", "신은 우주를 창조할 때 선택을 했을까?"와 같은 아인슈타인의 유명한 말들이 이신론적이거나 유신론적이지 않고 범신론적이라고 말한다. 이처럼 도킨스는 여전히 고전물리학의 입장을 지지한다.[26]

도킨스는 자신이 유전자 결정론을 지지하지 않는다고 하지만 그의 주장들은 논리적으로 결정론에 가깝다. 그는 『이기적 유전자』에서 유전자는 일종의 프로그래머로서 복잡한 세계에서 미래를 예측할 수 없는 상황에 대처하기 위해 뇌에 다양한 프로그램을 미리 짜놓고 시뮬레이션(모의실험)을 실행한다고 설명한다. 시뮬레이션 능력이 증가하면서 뇌의 용량이 커지고 의식이 발생한다는 것이다. 나아가 그는 인공지능이 결국에는 인간이 할 수 있는 모든 일을 할 수 있다는 "강한 인공지능론"을 수용하며 다음과 같이 주장한다.

> 시뮬레이션 능력의 진화는 주관적 의식의 발생으로 정점에 이른다. 왜 그와 같은 것이 생기지 않으면 안 되었는가는 현대 생물학이 당면한 가장 심오한 미스터리다. 컴퓨터가 시뮬레이션을 할 때에 의식이 있다고 생각할 이유는 없으나, 그것들이 장래에 그렇게 될 수도 있다는 가능성은 인정해야 한다.[27]

강한 인공지능론은 전자 기계적 계산 요소들이 충분히 복잡한 망을 형성하게 되면 그 망 안에서 자연적으로 의식이 생겨난다는 주장이다. 강한 인공지능론을 주장하는 사람들은 인간의 뇌를 계산하는 계(界)로 본다. 즉 뇌의 수많은 신경 세포들이 연결되어 일정 수준의 복잡성을 넘어서자 의식이 생겨났다는 것이다. 그들은 네트워크의 물리적 구성요소가 무엇인지는 문제가 되지 않는다고 생각한다. 그래서 계산 능력만 있다면 신경 세포든 컴퓨터든 의식을 갖게 된다고 주장한다.[28]

또한 강한 인공지능론을 주장하는 인지과학자들은 인간의 마음이 알고리즘적이라고 가정한다. 알고리즘(algorithm)이란 어떤 문제를 해결하기 위한 여러 동작의 유한한 모임, 또는 문제를 해결하기 위해 정해진 일련의 절차로서 우리말로는 "셈법" 또는 "풀이법"이라고 할 수 있다. 마음을 알고리즘으로 보는 견해에서는 뇌를 복잡한 고전역학계로 취급한다. 그리고 역학적 행동이 다양한 의식 경험들의 기반일 뿐만 아니라, 아예 의식 경험들과 직접 관련이 있다는 마음-뇌 동일론을 수용한다. 신경생물학자들의 중요한 연구 목표 중 하나는 의식 경험에 해당하는 특정 신경 세포들이나 신경 세포들로 구성된 특정 회로들을 찾는 것이다. 이는 그 신경 세포들의 발화 빈도와 방식이 어느 문턱을 넘어설 경우에 의식 경험이 된다고 보기 때문이다.[29]

앞에서도 언급했지만 도킨스가 유전자 결정론을 따르지 않는(?) 이유는 뇌의 용량이 커지고 알고리즘이 복잡하게 되면서 출현하게 된 의식이 유전자의 프로그램에 저항한다고 보기 때문이다. 그러나 유전자의 프로그램이 복잡성을 띠면서 나타난 정신이 어떻게 유전자에게 저항하는지는 설명하지 못한다. 그가 보기에는 유전자의 프로그램을 벗어난 정신의 활동은 여전히 부가물 혹은 실수일 뿐이다. 그는 단지 그중에서 시대정신이 고귀하게 받아들일 수 있는 것은 도덕이라고 부르고 그렇지 않은 것은 망상이라고 부른다. 그러나 도킨스 자신도 어느 것이 정신 바이러스인지, 어느 것이 고귀한 실수인지를 구분할 방법은 없는 듯하다. 칼리굴라의 시대정신에서는 히틀러조차도 큰 악이 아닐 수 있다고 주장하는 논리가 그런 궁색한

처지를 방증한다.

그는 도덕성의 보편법칙이 초월성에 근거하고 있다는 사실을 끝내 인정하지 않는다. 이원론의 세계를 받아들일 수 없기 때문이다. 그렇다고 유물론이나 고전물리학으로는 도덕성을 설명할 수 없다. 도킨스는 이런 난감한 상황을 어떻게 해결할까? 만일 기독교의 초월적 세계가 다중세계 또는 다중(평행)우주라고 표현한다면 도킨스는 기꺼이 받아들일지도 모른다. 어쨌든 그는 스몰린의 다중우주를 소개하며 이를 수용하려는 태도를 보이고 있기 때문이다.[30] 다시 말해서 그는 여러 개의 우주가 존재한다는 가설을 도입해, 이원론을 인정하지 않으면서 도덕성의 근원 문제를 해결하려고 한다.

｜포마

굴드의 노마(NOMA)에 대한 도킨스의 대답은 "자연선택"이다. 우리가 거주하는 우주에 종교의 영역은 없으며, "자연선택의 진화"로 모든 것을 설명할 수 있다는 것이다.

자연선택은 생명 전체를 설명할 뿐 아니라, 과학이 그 어떤 계획의 인도도 받지 않은 채 단순한 것에서 출발하여 고도로 조직화된 복잡한 것이 출현하는 과정을 설명할 힘을 지니고 있음을 우리에게 일깨우는 역할도 한다. 자연선택을 완벽하게 이해하고 나면 대담하게 다른 분야들로 진출하고 싶은 의욕이 생긴다. 생물학 이외의 분야에서 활약하는 뛰어난 과학자들에게도 그런 각성이 정말로 필요하다는 사실을 알면 모두들 놀랄 것이다. 각성을 하지 않는 유신론자들이 자연선택을 '신이 창조를 성취하는 방식'으로 받아들인다는 사실에 끊임없이 놀란다.[31]

여기서 도킨스의 논리적 오류를 볼 수 있다. 자연선택은 스스로 생명을 낳을 수 없기 때문이다. 자연선택은 생명을 필요로 한다. 생명이 없으면 자연선택은 시작될 수 없다. 그는 "자연선택은 생명의 기원이 없이는 진행될 수 없다"는 사실을 알고 있기 때문에 인본주의적 가설을 내세운다. 그의 말을 들어보자.

생명의 기원은 사변적이기는 해도 연구가 왕성하게 이루어지는 주제다. 우리는 생명의 발생이 아무리 있을 법하지 않은 일이라고 해도 우리가 여기에 존재하므로 지구에서 그 일이 일어났음을 증명할 수 있다고 역설할 수 있다.…우리는 행성의 수를 볼 때 가능성이 엄청나게 많다고 가정함으로써 생명의 기원이라는 독특한 문제를 다룰 수 있다. 일단 행운이 한 번 주어지면 자연선택이 나머지 일을 떠맡는다(행운을 우리에게 주는 것은 인본 원리다). 그리고 자연선택은 결코 행운과는 관계가 없다.[32]

생명의 기원에 대해 확인되지 않은 가설을 내세우는 도킨스의 이런 이중적 잣대를 어디까지 허용해야 할까? 그는 "아직 풀지 못한 숙제는 내일 풀린다"는 믿음을 바탕으로 자신의 가르침을 설파한다. 과학에 대한 이런 그의 믿음은 맹신이며 망상이 아닌가? 그는 자신이 비판하는 종교인의 확신만큼이나 분명한 맹신—확실하지 않은 것도 과학이 풀어줄 것이라는—을 가지고 이 세상을 바라본다.

도킨스의 "각성"에 따르면 물리학이나 생물학 또는 심리학은 모두 다 자연선택으로 설명된다. 반면 자연선택의 이론을 따르지 않는 철학이나 종교의 영역은 소외당한다. 도킨스는 신의 창조는 없으며 세계의 근원적인 현상은 오직 자연선택의 진화밖에 없다고 말한다. 그의 주장대로라면 과학과 종교는 서로 다른 영역의 교도권을 갖는 것이 아니라 오직 자연선택으로 각성한 과학이 모든 것을 설명하게 될 날이 올 것이다.

그러나 도킨스를 비롯한 새로운 무신론자들이 이런 주장을 하려면 최소한 다섯 가지 난제를 해결해야 한다. 그 다섯 가지 문제는 우주의 구조에 새겨진 합리성, 자율적 행위자로 이해되는 생명, 그리고 의식, 개념적 사고, 자아에 관한 것들이다. 그러나 도킨스는 이런 요소들의 기원에 대하여 "최초의 행운"으로 생겨난 "일회적 사건"이라고 말하며 어물쩍 넘어가 버린다. 그리고 자아나 주체에 관한 것은 전혀 다루지 않는다. 그는 자연선택이 우리의 주체 활동을 통해서 드러나는 방식이 아니라 객관적으로 존재하는 진화의 원리라고 주장하는 오류를 범하고 있다.

이에 대해 험프리(Nicholas Humphrey)는 "의식은 다윈주의의 아킬레스건인가?"라는 소고를 통해 다음과 같이 말한다.

생물체는 아무리 대단하다 해도 순수하게 물질로만 만들어진 물리적 메커니즘일 뿐이다. 그리고 그 진화적 설계에 무엇이 들어갔는지 아직 모르는 것이 있긴 해도(그렇지만 모르는 것이 그렇게 많이 남아 있지 않다), 거의 모든 사례에서 그것이 어떻게 작동하는지 알 수 있을 정도로 생물학이 발전했다. 많은 과학자들은 곧 한 개만 남겨놓고 모든 사례를 밝힐 수 있을 것이라고 예측한다.…이 문제의 사례는 인간의 의식이다.[33]

험프리는 19세기에서 21세기 초에 이르는 연구 결과를 보면 뇌의 물리학으로부터 이에 상응하는 의식적 사실로 가는 경로를 전혀 알 수 없다고 말한다. 즉 "물질적인 무언가가 어떻게 의식이 될 수 있는지 눈곱만큼도 아는 사람이 없다"는 것이다. 의식은 인간의 생명에서 연역해낼 수 있는 어떤 것이 아니다. 그는 우리의 의식이, 초자연적인 행위자가 초지적인 설계—그는 지적설계를 부정한다—를 이용해 초자연적으로 창조한 것이 틀림없다는 결론을 피하지 않는다. 그러면서도 그는 "자연 창조론"은 어떤가 하고 질문함으로써 글을 맺는다.[34] 이들은 의식의 출현이 물리학의 과제인지 아니면 다른 영역의 문제인지조차 결정하지 못한다.

맥그래스는 굴드가 제기한 문제들을 다루면서 도킨스와 같이 노마(NOMA)에 반대한다. 그러나 도킨스와는 달리 포마(POMA)를 주장한다. 이 견해의 옹호자로는 인간 게놈 프로젝트를 지휘한 진화생물학자 콜린스가 있다. 콜린스는 "과학적 세계관과 영적 세계관들 사이의 풍성하고 만족스러운 조화"에 관해 언급한다. 그는 신앙의 원리들이 과학의 원리들과 상보적이라고 말한다.

포마(POMA)를 옹호하는 입장은 종교와 과학의 관계를 대화주의적인 입장에서 바라본다고 할 수 있다. 이런 관점을 표명하는 또 다른 주창자들은 바버, 폴킹혼(John Polkinghorne), 그리고 피코크(Arthur Peacocke)와 같은 과학자들로서, 이들은 "비평적 실재론"을 펼친다. 비평적 실재론(Critical Realism)은 우리가 알고 있는 과학적 지식이 인식론적인 한계를 가진다는 관점에서 출발한다. 비평적 실재론에 따르면 과학 이론은 물리적 세계가 실재하는 방식을 있는 그대로 완벽하게 설명할 수는 없다. 그러나 현재로서 가장 믿을 만한 "점진적이고 누적적인 발전과 더불어 수정되어야 할 한계를 지닌 이해"라고 말할 수는 있다. 이들은 물리학의 영역과 같은 방법으로 신학의 영역에도 비평적 실재론을 적용하고자 한다.

나 역시도 포마(POMA)의 입장에 있다. 그러나 "비평적 실재론"을 다룰 때에도, 물리학은 현상을 다루고 생물학은 생명체를, 종교는 인간의 본성 또는 영혼의 영역을 다룬다는 사실을 간과해서는 안 될 것이다. 물리학의 영역보다 생물학의 영역은 더 깊고, 생물학의 영역보다 인간의 영혼은 더 깊은 곳에 있다. 인간은 다층적 구조를 지닌다고 할 수 있다.

인간의 영혼에 대한 설명은 일정 부분 물리학적·생물학적 영역과 공통분모를 갖는다. 그러나 겹치지 않는 고유의 영역이 있다. 그것은 물리학이나 생물학이 말할 수 없는 가치체계, 즉 현상의 배후에 있거나 사물의 깊은 곳에 내재해 있는 본질과 초월의 영역이다. 분명 이성이나 실증주의적 논리만으로는 이 영역에 다가갈 수 없다. 존재론적 이성의 주체인 인간은 오직 합리적 사고와 직관, 통찰과 추론 같은 종합적 판단을 통해서 이 영역에 다가갈 수 있다. 그리고 본질에 대한 탐구 가능성은 본질이 그 특성을 드러내는 한계, 즉 본질의 자기 계시 내에서만 허락되기에 일종의 은총이며 선물이다.

과학자들은 우주를 해독하면서 사물을 단순한 기호로 환원시키려고 한다. 예를 들어 과학자들은 "물은 H_2O다"라고 정의한다. 그러나 실제의 물은 미네랄을 포함한 다양한 요소들로 구성되어 있다. 실험실에서는 H_2O로 구성된 증류수를 만들어낼 수 있겠지만, 그 순수성을 유지하기란 매우 힘든 일이다. 결론적으로 자연에는 과학자들이 말하는 물이란 없다. 현실에서 H_2O는 형성되는 순간, 이미 순수한 물이 아니다.

그것은 수학에서 괴델(Kurt Gödel)의 정리가 말해주는 것과도 같다. 괴델의 정리는, 아무리 엄밀한 논리적 수학 체계라도 그 안에는 그 체계 내의 공리(公理)에 기초하여 증명할 수 없거나 반증할 수 없는 명제(문제)가 있으므로 산술의 기본 공리들은 모순이 될 수도 있다는 것이다. 따라서 그 체계에 모순이 없다는 것을 증명하기 위해서는 그 체계 자체보다 뛰어난 개념들과 방법을 사용해야만 한다.

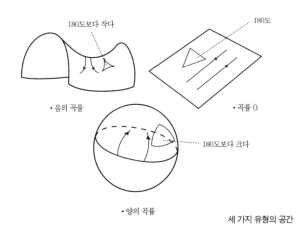

세 가지 유형의 공간

기하학에서도 마찬가지다. 프리드먼-르메트르 모형에는 이론적으로 가능한 세 가지 유형의 공간이 존재한다. 유클리드 기하학이 가능한 평면적 공간이거나, 일정한 양의 곡률을 가진 공간, 혹은 일정한 음의 곡률을 가진 공간이다. 그런데 우리는 보통 휘어진 공간을 평면이라고 생각한다. 예를 들어 지구는 구체이지 평면체가 아니다. 그러나 우리는 지표면이 평면이라고 생각하고 도형을 그리며 살아간다. 이처럼 인간의 경험의 세계는 얼마든지 왜곡될 수 있다. 일상적인 삶에서는 천동설이 지동설보다 더 우위에 있는 것—해가 뜬다는 표현 따위—도 마찬가지 예다.

더욱이 사물도 아닌 사건이나 역사를 단순한 기호로 환원해서 기술할 수 있을까? 사건과 역사를 제대로 이해하려면 물리적 현상이 아닌 심층과 본질의 영역을 다루어야 한다. 문자는 실재와 관련하여 아리스토텔레스가 내세웠던 진리상응이론을 따르지 않는다. 문자는 인간의 의식이 이해한 물리학의 세계, 정신의 세계를 그릴 뿐이다.

물리학의 세계에 속하는 존재자 또는 객체가 아닌, 주체나 존재의 본질을 다룰 때에는 정합성 이론을 따라 종합판단을 해야 한다. 정신의 영역에 속하는 추상적 개념들은 문자로 표현되어도 기호가 아니라 은유나 상징으로 이해해야 한다. 이는 틸리히가 과학적 언어는 기호이고 종교적 언어는 상징이라고 말하는 이유이기도 하다. 기호는 현존하는 물자체나 사건에 대해 사실 관계를 표현하는 데 그친다. 예를 들어 신호등의 빨간색은 기호로서 "멈춤"이라는 의미를 나타낸다. 만일 그 이상의 어떤 의미를 드러낸다면 기호가 아니라 상징이 될 것이다. 그러나 상징은 그 안에 들어 있는 의미나 가치, 또는 심층을 드러낸다. 예를 들어 시(詩)는 인간의 내면의 세계나 사물의 심층의 세계를 열어 보이기 위해 상징적 언어를 사용한다. 마찬가지로 종교는 사실의 세계를 통해서 그 너머에 있는 본질을 가리키기 때문에 상징적 언어를 사용한다는 것이다.[35]

그러나 호트(John F. Haught)는 종교의 이해와 관련하여 틸리히의 "기호와 상징"을 모델로 "혼성적 읽기"가 필요하다고 주장한다.[36] 종교의 상징은 역사 속에서 사물이나 현상의 옷을 입고 있기 때문이다. 따라서 종교를 이해하고자 할 때 혼성적 읽기는 필수적이라고 할 수 있다. 인간은 물질로만 구성되어 있는 것이 아니라 몸과 영과 혼이 통합된 존재이며, 세계는 단층이 아니라 좀 더 깊은 차원에서 다층적이다. 도킨스처럼 다차원적 실재를 단층적 혹은 단편적으로 해독하는 것은 어린아이의 수준에 머무는 것이다.

도킨스의 또 다른 문제는 성경에 기록된 과학적 진술을 21세기의 기준으로 평가하는 것이다. 그는 이것이 왜 문제가 되는지를 의식하지 못하는 듯하다. 그러나 텍스트(text)는 그것을 둘러싸고 있는 컨텍스트(context) 안에서 이해되어야 한다. 마찬가지로 성경이라는 텍스트는 컨텍스트인 그 시대의 과학과 문화와 역사를 통해 이해되어야 한다. 즉 성경에 나타난 과학적 지식은 그 말씀이 기록될 당시 사람들의 상식적인 과학 수준에서는 오류가 없었다는 사실을 알아야 한다는 말이다. 그러나 도킨스는 오늘의 과학 지식을 가지고 성경의 사건이 기록될 당시 사람들의 과학 지식을 공격한다.

성경의 표현들은 그 당시 사람들이 가지고 있던 세계관 내에서 이해할 수 있을 뿐이다. 그것은 현대를 살아가는 우리도 마찬가지다. 우리는 과학적 원리를 이해하고 기호 문자를 사용할 수 있다고 하더라도 일반적인 의사소통에서는 과학적 언어를 사용하지 않는다. 목이 마를 때 "H_2O 주세요"라고 하지 않으며, 음식의 간이 맞지 않을 때 "염화나트륨(sodium chloride) 좀 주세요"라고도 하지 않는다. 지동설을 너무나 잘 이해하는 과학자들도 여전히 "태양은 동쪽에서 뜬다"라는 경험적인 언어를 사용한다. 아마 도킨스도 일상생활에서는 그렇게 말하지 않을까?

9장
비평적 실재론[1]

바버(Ian G. Barbour)는 2000년에 출판된 『과학이 종교를 만날 때』 (*When Science Meets Religion*, 김영사 역간)에서 지난 몇 세기 동안 종교와 과학의 관계가 어떻게 변화되어왔는지를 소개한다.

17세기에 이르러 처음으로 기독교가 현대과학과 조우하게 되었을 때 그 만남은 우호적이었다. 과학혁명의 기초를 다진 사람들 대부분은 과학 연구를 창조주의 피조물을 탐구하는 것으로 믿었던 독실한 기독교도들이었다. 18세기까지 많은 과학자가 우주 삼라만상을 창조하신 하나님을 믿었지만, 인격화된 하나님, 즉 현상 세계와 인간 생활에 적극적으로 개입하시는 하나님은 더 이상 믿지 않게 되었다.…그러나 19세기에 들어와서 일부 과학자들은 기독교에 적대적이 되었다. 20세기에 들어서서 기독교와 과학의 상호작용은 다양한 형태로 나타났다. 어떤 이들은 전통적 교리를 옹호하는가 하면, 어떤 이들은 전통적 교리를 버렸으며, 또 다른 이들은 오랫동안 지켜온 신념들을 과학에 비추어 해석하고 재정립했다. 그리고 마침내 21세기를 맞이하면서 과학자, 신학자, 언론매체 그리고 일반 대중 사이에 과학과 기독교의 관계에 대한 새로운 관심이 일어나게 되었다.[2]

21세기에 들어서면서 일군의 과학자들은 불가지론보다는 무신론의 입장에서 종교를 공격했다. 특별히 주목을 끄는 것은, 지금까지 살펴본 바와 같이 9.11 테러 이후에 등장하게 된 "새로운 무신론자들"이다. 새로운 무신론자들과 브라이트 운동가들은 과학을 무기 삼아 종교가 모든 악의 뿌리이며 인류사회의 적이라고 선언했다. 9.11 테러는 종교에 대한 적개심을 가지고 있던 새로운 무신론자들의 분출구가 되었고, 그들은 더 이상 종교를 용납할 여지가 없다고 못 박았다.

새로운 무신론자들의 편에 선 와인버그는 2006년 "믿음을 넘어서: 과학, 이성, 종교 그리고 생존"이라는 주제의 강연에서, 과학과 종교의 갈등이야말로 과학 교육이나 환경문제보다 더 중요하다고 강조했다. 그리고 2008년에는 「뉴스위크」(Newsweek)를 통해 과학이 계속해서 진보하면 할수록 "종교의 영역은 줄어들게 될 것"이라는 견해를 밝혔다.[3] 그는 다음과 같이 말한다.

나는 세계가 종교적 신념의 오랜 악몽으로부터 깨어나야 할 필요가 있으며, 우리 과학자들이 종교의 아성을 약화시킬 수 있고 또 그래야만 한다고 생각한다. 그리고 그것이야말로 우리가 문명사회에 할 수 있는 가장 큰 공헌이 될 것이다.[4]

지난 2010년에는 호킹 박사와 믈로디노프(Leonard Mlodinow)
가 함께 저술한 『위대한 설계』(The Grand Design, 까치글방 역간)가
출간되었다. 그 책은 우주의 기원을 설명하는 데 있어 신을 언급하
는 것은 불필요하며, 빅뱅 이론만이 우주의 기원을 밝히는 물리법칙
의 유일한 결과라고 주장한다. 이 책에서 호킹은 "아무도 신이 실존
한다는 것을 증명할 수 없으나 과학은 신을 불필요하게 만들 수 있
다"라고 장담한다.[5] 또한 그는 "철학은 이제 죽게 되었다"라고 선언
하는데, 그 이유는 철학자들이 현대과학의 발전을 따라잡지 못했다
고 보기 때문이다. 그가 보기에, 지식 탐구의 장을 밝혀주는 횃불을
든 마지막 주자는 과학자들이다. 또한 과학은 철학적 질문들에 답할
수 있으며, 특히 새로운 과학 이론은 우주와 우주에서 우리가 처한
자리에 대하여 새롭고 매우 다른 생각을 가지고 우리를 이끌어가고
있다.[6]

와인버그와 호킹은 둘 다 환원주의자로서 인간의 의식을 포함한
모든 복잡계가 과학 원리나 "대통합이론"에 의해 완전히 이해될 수
있다고 주장한다. 와인버그는 다음과 같이 말한다.

우리는 개개인의 행동을 설명할 수 없는 거시경제의 자율성 또는 전자,
광자, 핵들의 고유성의 관점에서 설명할 수 없는 가설에 대해서는 주의
를 기울일 필요가 없다.…환원주의의 태도는 모든 영역에서 추구할 가
치가 없는 이념들에 대하여 과학자들이 시간을 소비하는 것을 막아주는
유용한 장치다. 그런 의미에서 우리(과학자)는 모두 환원주의자들이다.[7]

카우프만은 과학자들뿐만 아니라 진화생물학자들도 넓은 의미에서 환원주의자에 속한다고 지적한다.

> 도킨스나 데닛과 같은 탁월한 저자들은 종교와 싸우기 위해 최근에 『만들어진 신』, 『주문을 깨다』와 같은 책을 집필하였다. 그들의 견해는 현대과학을 기초로 하고 있다. 그러나 큰 범주에서 보자면 현대과학은 환원주의의 입장을 취하고 있다.[8]

현대과학이 취하는 환원주의의 영역에는 종교를 위한 공간이 없다. 사실 종교뿐만이 아니다. 모든 종류의 이념들, 역사를 포함한 자아, 사회, 인간 의식, 자유의지, 메타내러티브와 같은 것들은 도킨스의 책 제목 『만들어진 신』(*The God Delusion*)이나 부케티츠(Franz M. Wuketits)의 『자유의지, 그 환상의 진화』(*Der freie Wille: Die Evolution einer Illusion*, 열음사 역간)가 보여주듯이 그저 "망상"이나 "환상"에 불과하다.

한때는 과학, 철학, 종교가 지적 탐구의 동등한 동반자로서 평화를 유지할 때가 있었다. 그러나 창조론과 진화론 사이에 대격돌이 벌어지면서, 시카고 대학의 진화생물학자 코인이 지적한 바와 같이 종교와 과학 사이에 전쟁이 시작되었다. 그리고 전투적인 자세를 취하는 새로운 무신론자들을 필두로 한 환원주의의 공격은 너무나 거세게 사람들을 흔들고 있다.

그러나 몇몇 종교단체와 지도자들은 종교적 신앙과, 진화론과 관련한 과학적 전망 사이에는 서로 논쟁할 아무런 이유가 없다고 선언했다. 그들은 과학과 종교의 논쟁점은 서로 화해할 수 있는 차이들이라고 생각한다. 이런 견해를 가진 사람들은 단순히 과학과 종교는 인간 경험의 서로 다른 영역들을 다루고 있다고 본다. 즉 과학은 경험적으로 관찰할 수 있는 자연세계를 연구하는 한편, 종교는 감각이나 경험으로는 알 수 없는 영적이고 초자연적인 영역을 다룬다는 것이다. 과연 종교와 과학이 상호보완적일 수 있는지 자세하게 검토해보자.

I 교도권을 중심으로 한 논쟁: 노마, 코마, 포마

먼저 굴드와 도킨스의 논쟁을 살펴보자. 하버드 대학교의 진화생물학 교수였던 굴드(1941-2002)는 무신론자였다. 그는 창조론과 진화론이 갈등 구조 안에서 서로 논쟁을 불러일으키자 "서로 겹치지 않는 교도권"을 의미하는 노마(NOMA)를 제안했다. 그는 1997년 잡지 「내추럴 히스토리」(*Natural History*)에 "겹치지 않는 교도권"이라는 제목으로 논문을 실었고, 1999년 『만세반석들』(*Rocks of Ages*)에서 이 입장을 구체화하였는데, "과학과 종교 사이에 전제된 논쟁의, 몹시 단순한 그리고 순전히 전통적인 해결책"으로서 이 개념을 소개한다.

굴드는 교황 피우스 12세(Pius XII)의 교서 『후마니 게네리스』(*HUMANI GENERIS*, 1950)에서 "교도권"이라는 용어를 차용한다. 교도권이란 "의미 있는 가르침이나, 문제 해결에 적합한 고유한 틀을

유지하는 권위 있는 가르침의 영역"이다. 그리고 그는 다음과 같이
말한다.

> 과학적 가르침의 주권적 영역(교도권)은 경험의 세계를 다룬다. 그것은
> 우주가 어떻게 만들어졌고(사실), 어떤 방식으로 움직이는가에 관한 것
> (이론)이다. 종교적 가르침의 주권적 영역은 사실이나 이론을 넘어서서
> 궁극적인 의미와 도덕적 가치에 대한 가르침이다. 이 두 영역은 서로
> 겹치지 않으며, 모든 의문의 영역을 포괄하지도 않는다(예를 들어 예술
> 과 아름다움의 의미에 관한 교도권을 생각해보라). 아주 진부한 표현을
> 빌리면, 과학은 암석의 시대를 다루고 종교는 시대의 반석을 다룬다. 과
> 학은 천체가 어떻게 움직이는가를 다루고, 종교는 어떻게 하늘나라에
> 가는가를 말한다.[9]

이러한 굴드의 제안에 대해 도킨스는 『만들어진 신』에서 두 가
지를 지적한다. 첫째, 도킨스는 노마가 "쌍방향 협정"에 불과하다고
비판한다. 도킨스가 보기에는 굴드의 견해를 따라 극단적인 상호불
간섭주의를 따라가면 기적을 부리지 않고, 개인적 의사소통이 없고,
물리법칙에 손대는 일도 없고, 과학의 영역에 침범하는 일도 없는
신을 상정해야 한다. 과학적 영역과 무관한 신은 기껏해야 우주의
초기 조건에 약간의 신성한 개입을 했을 뿐 그 이상은 아니다. 노마
의 입장에서 볼 때 과학과 신은 그 정도면 충분히 분리된 것이 아닌
가? 이렇게 종교가 자기 주제를 알고 분수를 지켜야만 노마가 살아
남을 수 있을 것이다.[10]

그러나 종교가 과학의 영토에 발을 들여놓고 현실 세계에 관여하는 순간, 종교는 더 이상 굴드가 옹호하는 종교가 아니며 둘 사이의 우호적인 협정은 깨지고 만다. 유신론자들은 노마의 개념을 어떻게 받아들일까? 종교가 물질의 영역을 침해하지 않고 윤리의 영역에만 교도권을 갖게 될 때 종교의 기적은 사라진다. 그리고 도킨스가 보기에 기적이 없는 종교는 대다수의 유신론자들에게 받아들여지지 않을 것이다.[11]

도킨스는 또한 과학이 기적의 증거를 찾아내면 노마는 당장 폐기될 것이라고 말한다. 그는 어떤 법의학자들이 예수에게 정말 생물학적 아버지가 없었음을 보여주는 DNA 증거를 발견했다고 가정해보자고 제안한다. 과연 기독교인들은 태연하게 "그게 무슨 상관이 있단 말인가? 어차피 과학적 증거는 신학적 질문들과 무관한데, 교도권이 다르지 않은가! 우리는 오직 궁극적 질문과 도덕 가치에만 관심이 있는데…. DNA든 다른 어떤 과학적 증거든 그 문제와는 어떤 식으로도 관계가 없다"라고 말할까? 도킨스가 보기에 노마는 오로지 신 가설을 뒷받침할 증거가 전혀 없기 때문에 인기 있는 것이지, 종교의 신앙을 뒷받침할 증거가 아주 조금이라도 있으면 종교인들은 당장 노마를 창밖으로 내던질 것이다. 그는 기적에 대한 과학적 증거가 어떤 것이든 나타나기만 한다면, 종교인들은 즉시로 흥분해서 떠들고 다닐 것이라고 장담한다.[12]

둘째, 도킨스는 과학이 "어떻게"라는 질문에만 답할 수 있는 것이 아니라 "왜"라는 질문에도 답할 수 있다고 주장한다. 그가 보기에 창조적인 초지성체가 있느냐 없느냐 하는 것은 의심할 나위 없이 과학적인 질문이다. 도킨스는 그 질문에 대한 답을 명확하게 결정할 수 없을지라도 그런 질문들이 지니고 있는 답은 엄밀하게 과학적인 답이며, 그 문제를 해결하기 위해 사용할 수 있는 방법들도 오직 과학적인 방법이라고 주장한다.[13]

도킨스가 느끼기에, "과학은 '어떻게'라는 질문들에만 관심이 있고 '왜'라는 질문들에 대답할 자격이 있는 것은 신학뿐이라는 말은 지겨울 정도로 진부하다."[14] 그는 신학자들이 "왜"라는 질문에 대답할 만큼의 자격이 없다고 비판하며 다음과 같이 묻는다.

신학자들은 대체 어떤 전문 지식이 있기에 과학자들이 할 수 없는 심오한 우주론적 질문들을 다룰 수 있다는 것인가?[15]

더 나아가 도킨스는 실재를 탐구하는 영역은 오직 과학뿐이라고 주장한다. 그는 지금까지 신학이 다루어왔던 문제를 과학이 다룰 수 있으며, 과학이 그에 대한 교도권을 쥐고 있다고 주장한다. 그러므로 이 두 영역은 완전히 겹치게 된다. 호위(Richard Howe)는 도킨스의 이와 같은 입장을 "코마"(Completely Overlapping Magisteria, COMA), 즉 "완전히 겹치는 교도권"이라고 표현했다.[16]

알리스터 맥그래스는 굴드의 노마(NOMA)도, 도킨스의 코마(COMA)도 거부한다. 왜냐하면 선택 가능한 또 다른 개념이 있기 때문이다. 포마(POMA)라고 할 수 있는 이 개념은 과학과 종교의 주제들과 방법론에 관한 해석으로 인해 이종교배의 가능성들을 과학과 종교가 제공한다는 깨달음을 반영한다.[17] 맥그래스는 2007년도에 출판한 『도킨스의 망상』(*The Dawkins Delusion?*, 살림출판사 역간)에서 과학의 한계들을 지적하고 난 뒤에 다음과 같이 말한다.

> 과학의 한계에 대하여 우리의 간략한 논의는 자연과학, 철학, 종교, 그리고 문학 모두에게 인간이 진리와 의미를 추구하는 데 있어서 각각의 적법한 자리가 있음을 보여준다. 이것은 일반 서양 문화 안에서 그리고 과학자들 공동체 자체의 많은 부분들 내에서도 모두 널리 받아들여지는 견해다. 그러나 그것은 그 공동체 내에서 보편적으로 받아들여지지 않는 경우가 있다. 다소 흉한 용어인 '과학만능주의'가 그것인데, 과학의 어떤 한계도 인정하기를 거부하는 도킨스와 같은 자연과학자들을 지칭하기 위해 등장했다. 특히 이 논점들은 『만들어진 신』에서 도킨스가 스티븐 제이 굴드의 과학과 종교의 노마라는 개념을 비판하는 부분에서 찾아볼 수 있다.…굴드의 견해에 따르면, '종교의 교도권'은 '궁극적 의미에 대한 질문들'을 다루는 반면, '과학의 교도권'은 '경험적 영역'을 다룬다. 교도권은 '권위의 범위' 혹은 '관할 영역'이라고 이해하는 것이 가장 좋을 것이다. 굴드는 이러한 두 교도권들이 겹치지 않는다고 주장한다.[18]

도킨스와 마찬가지로 맥그래스도 두 교도권이 겹치지 않는다는 굴드의 견해에 대해 반대한다. 그러나 도킨스의 견해에 대해서는 더욱 비판적이다. 도킨스에게는 경험적 실재라는 오직 하나의 교도권만이 있을 뿐인데, 경험적 실재가 "존재하는 유일한 실재"라는 주장은 잘못되었기 때문이다. 코마(COMA)는 신학이 어떤 실재에 관해

말하는 것을 허락할 수 없다는 터무니없는 개념이다.[19]

I 바스카의 비평적 실재론

맥그래스는 포마(POMA)의 개념을 설명하기 위해 **비평적**(비판적) **실재론**을 소개한다.

> 나는 나 자신이 '과학적 신학' 프로젝트에서 신학이 그것의 개념들을 탐구하고 발전시키는 데 있어 어떻게 자연과학들의 방법론으로부터 배울 수 있는가를 탐구했다. 이 '겹치는 교도권'이라는 접근법은 자연과학과 사회과학의 관계를 밝히는 데 현재 중요한 영향을 주고 있는 '비판적 실재론'이라는 철학 속에 은연중에 함축되어 있다.[20]

비평적 실재론을 이해하기 위해서는 바스카(Roy Bhaskar)의 과학철학을 이해해야 한다. 영국의 철학자 콜리어(Andrew Collier)가 『비판적 실재론: 로이 바스카의 과학철학』(*Critical Realism*, 후마니타스 역간) 서문에서 언급한 것처럼 "비판적 실재주의라는 용어를 여러 철학자가 사용하고 있다. 그러나 그 철학자들 가운데서도 로이 바스카는 틀림없이 가장 독창적이고 영향력이 있는 인물이다."[21] 실제로 비평적 실재론은 1970년대에 나온 바스카의 작품에 뿌리를 두고서 종교의 영역을 포함한 사회과학의 확대와 함께 발전해왔다.

그러나 비평적 실재론이라는 용어는 바스카가 만들어낸 것이 아니다. "비평적 실재론"은 바스카가 『실재론적 과학론』(*A Realist Theory of Science*, 1975)에서 사용한 "초월적 실재주의"란 용어와, 그것을 사회과학으로 확장하여 출판한 『자연주의의 가능성』(*The Possibility of Naturalism*, 1978)에서 사용한 "비판적 자연주의"의 조합으로 탄생했다. 다시 말하면 다른 학자들이 "초월적 실재주의"와 "비판적 자연주의"의 조합으로 "비평적 실재주의"를 제안했고 이를 바스카가 받아들인 것이다.[22]

바스카의 비평적 실재론이란 무엇일까? 왜 과학신학자들은 과학과 신학의 공명 또는 대화를 위해서 긍정적이든 부정적이든 간에 비평적 실재론을 다루려고 하는 것일까?

오늘날 과학과 종교가 상충하는 과정에서, 과학자들은 환원주의의 입장에서 과학적 진리를 가지고 무신론을 주장한다. 그런데 바스카는 비평적 실재론을 통해서 "과학은 자명하고 확고한 불변의 진리인가?"라고 질문한다. 바스카는 그의 저술을 통해 과학적 법칙과 사건의 양상들 사이에는 본질적인 "차이"가 있음을 보여준다. 그가 보기에 "과학적으로 의미 있는 일반성은 세계의 표면이 아니라 사물의 숨은 본질에 자리하고 있다."[23] 그런 점에서 과학은 "경험에서 실재로 도약하는 활동"이다.

그런데 바스카는 왜 자신의 실재론을 "초월적 실재론"이라고 명명했을까? 그는 모든 철학이 일종의 실재론이며 단지 "무엇에 관한" 실재론인가와 관련하여 서로 차이가 있다고 지적한다. 그가 보기에 버클리(George Berkeley)는 감각들에 관해 실재론자이고, 플라톤은 형식들에 관해 실재론자이며, 브래들리(F. H. Bradley)는 절대적인 것에 관해 실재론자다. 그러므로 문제는 무엇에 관한 실재론인가 하는 것이다. 그렇지 않으면 실재론이라는 용어는 정확한 논점을 잃어버리게 된다. 그럼에도 불구하고 실재론이라는 단어는 많은 맥락에서 "외양적"이라는 단어와 대비되는 것으로부터 그 내용을 이끌어낸다. 그런 이유로 바스카는 자신의 실재론을 초월적 실재론 또는 심층 실재론이라고 부른다.[24]

비평적 실재주의는 심층 실재론을 과학철학의 한 부분으로 발전시켰는데, 이것은 실증주의와 구조주의를 동시에 넘어서는 것이며, 모더니즘과 포스트모더니즘의 부분적 진리들을 조합함으로써 포스트모더니즘 자체를 발현하는 지적 운동이다. 바스카의 초월적 실재론은 계보학적으로 명백하게 칸트의 유산을 반영하면서 칸트의 초월철학 또는 비판철학과 연결되어 있다. 따라서 바스카는 물자체의 실존을 받아들이고 그것을 알 수 있다고 말한다. 그러나 거기에는 경험적 실재주의를 넘어서 경험으로 알 수 없는 "구조"와 "기제"가 존재한다고 주장한다.

반면 현실주의는 "사물 그리고/또는 사건들 그리고/또는 상태들"의 실재성을 주장하는 한편, 그 밑에 깔려 있는—사물들이 어떻게 사건들을 발생시키게 되는가를 결정하는—구조의 존재를 부정한다. 현실주의의 입장에서는 사건이란 "A가 발생하면 언제나 B가 발생한다"라는 식으로 표현되는 원인과 결과의 연속일 뿐이다. 저명한 바스카 해설가이며 비평적 실재론자인 콜리어는 현실주의와 같은 비실재주의의 함정을 경계한다. 비실재론자들은 우리가 알아낼 수 있는 어떤 것이 인간의 정신과 독립하여 존재한다는 사실을 부

인하기 때문이다.[25]

여기서 칸트의 초월적 이념론과 바스카의 비평적 실재론의 관계에 대해 더 자세하게 알아보자. 칸트의 비판철학에서 가장 중요한 질문은 "종합적인 선험적 지식이 어떻게 가능한가?" 하는 것이다. 여기에서 종합적인 선험적 지식이란 정의상 참인 진술과 달리, 세계에 관해 우리에게 무엇인가를 이야기하면서 경험과는 독립적으로 알려질 수 있는 지식을 가리킨다.

그러나 칸트가 실제적으로 천착한 연구 주제는 "경험적 지식은 어떻게 가능한가?" 하는 물음에 관한 것이었다. 물론 이 질문에 대한 답은 앞의 질문에 대한 답이기도 하다. 그 이유는 "경험적 지식"이라는 개념 자체가 "세계는 알려질 수 있는 구조를 가진다"라는 것을 전제하기 때문이다. 즉 경험적 지식이 가능하려면 세계는 공간과 시간 속에서 질서정연하며, 규칙적인 방식으로 움직이며, 사물들과 그 속성—측정될 수 있고 오직 인과법칙에 따라서 변동한다는 등의 특징—들로 구성된다는 전제가 있어야 한다.

여기서 종합적인 선험적 지식은 세계의 그런 특징에 대한 지식이라고 할 수 있다. 그런데 칸트는 세계 그 자체가 그런 속성들을 갖는 것은 아니라고 생각했다. 오히려 우리의 정신이 세계에 대해 일종의 형태나 틀을 부여함으로써 지식의 획득을 가능하게 만든다는 것이다.[26] 그런 의미에서 칸트의 비판철학은 "초월적 이념론"이라고 불린다.

콜리어는 바스카가 사용한 초월적 실재론이 칸트가 사용한 것과는 조금 다르다고 말한다. 그는 양자의 차이를 다음과 같이 세 가지

로 요약한다.[27]

첫째, 칸트는 분명히 그 당시의 과학을 염두에 두고 지식 일반에 관해 이야기한 반면, 바스카는 과학을 지식의 유일한 원천으로 간주하거나 과학이 다른 형식의 지식들과 순조롭게 연결된다고 여기지 않는다. 과학은 특별한 종류의 지식으로 다른 종류의 지식들을 전제하지만, 동시에 전과학적인 착상들과 모순되기도 하고 그것들을 수정할 수도 있다. 그러므로 바스카는 먼저 과학적 실험의 가능성에 대한 탐구에서 시작한다.

둘째, 칸트의 논증은 세계에 구조를 부과하는 정신의 힘에 관한 이론으로 나아가지만, 바스카의 논증은 정신이나 우리들 자신에 관한 결론뿐만 아니라 세계가 어떠해야 하는가에 관한 결론으로 나아간다. 그러므로 바스카의 철학은 칸트철학을 줄곧 괴롭혔던 알 수 없는 본체 또는 물자체를 제외시킬 수 있게 된다. 바스카의 철학은 칸트의 관념론적 후계자들이 했던 방식—세계에 대해 정신이 가질 수 있는 지식에서 독립된 세계가 존재한다는 것을 부인하는 방식—과는 다른 방식을 사용한다. 즉 세계에 관해 무엇인가를 찾아내기 위해 우리가 해야 하는 작업의 성질을 고려함으로써 세계가 우리에게 투명한 것이 아니라 발견해야 하는 것이라는 사실과, 세계의 비밀을 드러내는 것이 가능할 수 있다는 사실에 주목한 것이다.

셋째, 칸트는 자신의 지식 이론이 두 가지 의미에서—그 지식 이론이 인간의 지식 일반에 적용된다고 상정한다는 의미에서, 그리고 그 자신이 어떤 영원한 진리에 대한 열쇠를 발견했다고 믿었다는 의미에서—무시간적이라고 생각했다. 그러나 바스카는 그렇게 생각하지 않는다. 바스카가 보기에 적절한 의미의 과학적 실험은 비교적 새로운 현상이다. 과학이 발견해낸 사실들은 그 이전까지는 알려지지 않았음에도 대부분 참인 반면, 실험 과학이라는 형식을 전과학적 지식 형식 속에 거꾸로 적용시키기는 어렵다. 게다가 세계의 구조가 이성에 필연적인 것도 아니고 투명한 것도 아니기 때문에 그것에 대한 우리의 지식이 항상 오류의 가능성이 있다.

이와 같은 바스카의 비평적 실재론에 따르면, 철학에서와 마찬가지로 과학에서도 정당화된 신념이나 진보가 가능하지만, 수정과 개선이 필요 없는 정정 불가능한 최종 이론이란 있을 수 없다.[28] 모든 지식은 오류의 가능성을 지니고 있기 때문이다. 그렇다면 바스카는 실재를 어떻게 설명할까? 그는 세 가지 영역을 구분해서 실재에 대해 설명한다. 바스카가 제시한 다음의 표를 살펴보자.

	실재적인 것의 영역	현실적인 것의 영역	경험적인 것의 영역
기제	√		
사건	√	√	
경험	√	√	√

존재의 세 영역[29]

앞의 표에서 알 수 있는 것처럼 바스카는 실재가 층화되어 세 개의 층위를 형성한다고 본다. 그 세 개의 층위는 경험적인 것의 영역, 현실적인 것의 영역, 실재적인 것의 영역이다. 이 표에 따르면 경험적인 것은 오직 경험으로만 구성된다. 그런데 사람이 이 세상에서 발생하고 있는 모든 사건을 경험하는 것은 아니다. 따라서 현실의 영역은 사건과 경험으로 구성된다. 그리고 기제는 현실의 영역에서 항상 실현되어 나타나는 것은 아니지만 그 아래서 분명히 작용하고 있다. 즉 현실의 영역에서 실현되지 않거나 우리가 경험의 영역에서 발견하지 못한다고 하더라도 기제는 실제로 존재한다.

이와는 다르게 경험적 실재론은 이런 세 영역의 일치가 자연발생적으로 일어난다고 상정한다. 다시 말해서 경험적 실재론자는 경험과 현실의 영역 기저에 어떤 기제들이 존재한다는 것을 부인하면서, 사건의 규칙적 연쇄를 법칙이라고 가정한다. 그리고 그 법칙을 현실과 경험의 영역에 나타나는 사건들의 유형에 따라 정당화해야 한다고 생각한다.

그러나 바스카는 경험적 실재론자들이 기저의 기제들에 의지하지 않은 채 자신들이 주장하는 인과관계를 정당화하려면, 사실상 실험에 의한 폐쇄된 조건 아래서만 발생하는 사건들의 규칙적 연쇄가 자연발생적으로 발생한다고 상정해야 한다고 지적한다. 따라서 과학에서 실험의 가능성과 필요성을 적절히 설명하기 위해서는 세 영역의 차이를 인정하고 받아들여야만 한다는 것이다.[30]

l 다수의 층위들

만일 자연에 단 하나의 기제만 존재한다면 자연은 폐쇄체계일 것이다. 또한 흄(David Hume)이나 로크(John Locke)와 같은 경험주의자들이 주장하는 바와 같이 수동적 관찰만으로도 자연의 법칙을 충분히 확립할 수 있을 것이다. 그러나 과학의 연구 과정에서 실험이 필요한 것은 자연이 폐쇄체계가 아닌 개방체계이기 때문이다. 과학에서 실험을 수행할 수 있다는 점을 고려하면 틀림없이 기제들이 실재하고 서로 구별된다는 점을 인정할 수밖에 없다. 왜냐하면 실험은 실험자가 구성한 폐쇄체계 속에서 기제들—또는 기제들 가운데 일부—을 고립시킬 수 있어야 가능하기 때문이다.

그러나 우리가 경험하는 자연은 폐쇄체계도 아니고, 한 사건에서 다른 사건으로 또는 한 사물에서 다음 사물로 계속해서 이어지도록 결정되어 있는 원리나 존재도 아니다. 자연은 개방체계에서 다양한 기제들이 함께 작동하여 사건의 경과를 만들어내는 복합체다. 이 기제들은 자연의 층을 이루고 있고, 서로 뒤섞여 있을 뿐만 아니라 질서를 유지하고 있다. 따라서 사건의 경과는 원칙적으로 설명할 수는 있지만, 과학의 어느 한 분과가 전부 다 설명할 수는 없다. 바스카는 경험과 현실과 그 기저에 있는 실재의 영역을 포함하는 다수의 기제들을 "층위"라고 부른다.[31] 그리고 비평적 실재론에 따르면 자연에는 다수의 층위들이 존재한다.

바스카의 말대로 과학의 과정은 자연에 대한 우리의 지식을 "깊이 파는" 과정이다. 각 기제의 근저에는 그 기제를 발생시키거나 영향을 주는, 그 기제가 어떻게 발생했는지 설명해줄 다른 기제들이 존재하기 때문이다. 하나의 기제를 찾아내서 서술하고 그 기제가 여러 현상을 설명한다는 것을 입증하면, 과학은 다시 그 기제 자체를 설명하는 더 깊은 단계의 기제를 찾아 나아간다.[32] 바스카는 이런 과학의 과정을 다음과 같이 명료하게 설명한다.

과학은 보통 실험적으로 생산되고 통제된 조건에 있는 자연에서 규칙성을 찾아내고 그것을 계속 작동하는 기제들에 의거하여 설명하고자 하는 이단적 방법에 의해 진행된다. 과학적 발견의 논리는 이런 규칙성을 확인하고 그것을 설명해주는 기제와 구조를 상상해내는 사유의 운동 속에서 찾아야 한다. 그러므로 교과서에 $2Na+2HCl = 2NaCl+H_2$와 같은 공식으로 표현되는 관찰 가능한 화학반응은 원자론 가설과 원자가 이론 및 화학 결합 이론에 의해 설명된다. 물론 원자가 이론에서 피설명항을 구성하는 유형들은 표면에 명백하게 나타나거나 쉽게 획득할 수 있는 것이 결코 아니다. 개념과 실체 그리고 조건은 모두 과학이라는 사회적 활동 속의 작업에 의해 생산되어왔고 또한 생산되어야 한다. 이론 자체가 실체들의 눈에 보이는 움직임에 책임이 있는 인과 기제들을 서술하는 것으로 시작한다. 일단 (실험실 밖에서도 화학 결합이 일어나고 화학 법칙들이 지속된다는 우리의 가정을 정당화하는) 그 기제들의 실재성을 확인하고 이론의 귀결을 충분히 탐구하면, 그 다음의 과제는 화학 결합과 원자가에 대한 책임이 있는 기제들을 발견해내는 것이 된다. 이것은 원자 구조에 관한 전자 이론에 입각해서 설명되었다.

층위 1	$2Na+2HCl = 2NaCl+H_2$은	
층위 2	원자의 수 및 원자가 이론에 의해 설명되고, 이 이론들은	기제 1
층위 3	원자 구조 이론 및 전자 이론에 의해 설명되고, 이 이론들은	기제 2
층위 4	[아원자의 구조에 대한 경쟁하는 이론들]에 의해 설명된다.	기제 3

화학의 층위

일단 이런 설명에 도입한 기제들의 더 낮은 층위의 실재성을 확인하면 과학은 전자, 양자 그리고 중성자 등의 아원자적 소우주 속에서 일어나는 일에 책임이 있는 더욱더 낮은 층위의 기제들을 발견하려는 탐구로 옮겨간다. 그러므로 화학의 역사적 발전은 다음의 도식으로 표현할 수 있을 것이다. 층위들에 대한 지식의 역사적 발전 순서는 층위들의 존재가 의존하는 인과적 순서와 반대라는 점을 지적해두어야 할 것이다. 새롭고 더 심층적인, 그리고 설명에 있어서 더 기본적인 층위들에 대한 계속적인 발견과 서술의 이런 과정에 끝이 있을 것이라고 상정할 수는 결코 없다.[33]

이처럼 비평적 실재론은 과학의 과정을 "사건의 기저에 파고들어 그 사건을 발생시키는 기제들을 찾아내고, 각 기제의 층 밑으로 파고들어 그 기제의 기초를 이루는 더 낮은 층위의 기제를 찾아내는 것"으로 특정한다는 점에서 심층 실재론이라고 지칭할 수 있다. 비평적 실재론은 과학의 대상에서 심층의 차원을 인식한다. 그러나 동시에 과학이 생산해낸 이론들이 틀릴 수 있음을 지적한다. 즉 과학이 생산한 지식의 오류 가능성을 인정해야 한다는 것이다.[34]

| 층화와 발현

바스카의 비평적 실재론에 따르면 자연은 층화되어 있으며, 따라서 과학도 서로 구별되는 분야―물리학, 화학, 생물학, 경제학

따위—로 나뉘어 있다는 의미에서 층화되어 있다. 또한 개별 과학들은 서로 환원이 불가능하며 서열화되어 있다. 이처럼 서열화된 층화 이론에 따르면 물리학은 화학보다 기본적이며, 화학은 생물학의 기저에 자리 잡고 있어 더욱더 기본적이다. 또 생물학은 인간학보다 더 기저에 자리한다. 바스카는 층화의 서열을 높은 수준의 기제와 낮은 수준의 기제로 구분해 설명하면서 이와 같은 관계를 "근원과 발현"에 입각해 논의한다. 즉 높은 수준의 기제—예컨대 생물학과 경제학—는 더 기본적인 기제—예컨대 물리학과 화학—에 뿌리를 두고 있으며 그것에서 발현한다는 것이다.[35]

바스카의 층화 이론에 따르면 특정한 서술의 조건 아래에서 물리학은 모든 사물을, 화학은 모든 물질을 연구할 수 있다. 반면 생물학은 이것들 가운데 단지 일부—식물계와 동물—만을 연구할 수 있고, 심리학은 또 그중에서도 일부만을 연구할 수 있다. 이것은 더 기본적인 영역과 덜 기본적인 영역 사이의 관계가 일방적인 포함의 관계임을 말해준다. 다시 말해 모든 동물은 화학물질로 구성되어 있지만, 동물이 단지 화학물질로만 구성되어 있는 것은 아니다. 이것은 동물이 생물학의 법칙과 화학의 법칙들에 의해 지배받는다는 것을 의미한다. 동물은 화학물질의 법칙을 깨뜨릴 수 없다. 동물은 동물로서 무엇인가를 수행할 수 있는 능동적 힘을 가지고 있지만 동시에 화학물질의 혼합체로서 "무엇인가를 수행할" 수동적 힘도 가지고 있다.[36]

자연에서 높은 층에 속하는 것이라면 어느 것이든 한 가지 이상의 법칙에 의해 지배될 것이며 낮은 층보다는 더 복잡한 체계를 형성한다. 즉 높은 층에 속한다는 것은 그 속에서 한 가지 종류 이상의 기제가 작동하고 있다고 이야기하는 것과 마찬가지다.[37]

‖ 발현과 비환원성

바스카의 비평적 실재론에서 신학과 함께 공명할 수 있는 중요한 내용 하나가 "비환원성"이다. 바스카가 사용하는 "발현"이라는 용어에는 사물의 근원을 환원 가능한 것으로 간주할 수 없다는 의미가 담겨 있다. 예를 들어 생물유기체는 화학물질로 구성되어 있다. 따라서 생물유기체는 화학으로부터 발현하고 화학은 생물유기체의 근원성이 된다. 그러나 발현된 생물유기체는 근원성에 속하는 화학 법칙 이외의 다른 법칙들의 지배를 받으며, 화학 법칙으로는 예측할 수 없는 것들을 수행할 수 있다. 즉 생물유기체를 구성하는 분자들은 일련의 화학 법칙의 지배를 받고, 생물유기체는 일련의 생물학 법칙의 지배를 동시에 받을 것이며, 이 법칙들은 서로 환원 불가능한 것이다.[38]

사실 이러한 비환원성은 발현된 층의 내재적 특성에 기인한다. 발현되었다는 것은 일반적으로 발현된 수준에 있는 기제가 그 기제의 수준보다 더 근본적인 또는 "밑"에 있는 수준들을 전제하는 것이다. 발현된 층은 근거가 되는 낮은 층으로부터 완전히 독립적일 수는 없다. 그러나 발현된 층은 그 이전의 층보다 더 복잡한 구조를 지니고 있어서, 이전의 층을 포함한 다층적 구조를 지니게 된다. 이 구조 안에서 실재의 더 복합적인 측면—예컨대 생명이나 정신—은 덜 복합적인 측면—예컨대 물질—을 전제하면서도 덜 복합적인 수준의 고유한 개념들로는 판단할 수 없는 특징을 가지게 된다.

그런데 발현의 직접적 토대가 되는 그 기제는 대체로 한 단계, 또는 기껏해야 두 단계 아래의 수준에 뿌리를 두고 있을 것이다. 예를 들어 사회는 생물학에 뿌리를 두지만 화학이나 물리학에는 뿌리를 두지 않는다. 따라서 바스카가 말하는 발현에서 근원성을 말할 때에는, 발현한 층이 바로 밑에 있는 층에 대해, 또는 바로 밑에 있는 두 개의 인접한 층들에 대해 갖는 관계를 가리킨다.

이와 같은 논의를 통해 바스카의 발현이론은 한편으로는 높은 층이 낮은 층에 대해 완전히 독립적이라고 주장하는 이원론적 또는 다원주의적 이론들에 대항하고, 다른 한편으로 높은 층은 궁극적으로 실재하지 않는다는 환원주의적 이론들에 대항하면서 양쪽 모두와 전선을 형성하고 있다.[39]

ㅣ 층화된 자유

바스카가 보기에 사람은 물리학이나 화학 또는 생리학으로 환원할 수 없는 "발현한 힘"을 가지고 있다. 그리고 사람이 지니고 있는 발현된 힘에는 이성에 근거해서 행동할 힘이 포함되어 있다. 만일 사람이 그런 힘을 가지고 있지 않다면 사람은 과학적 실험을 할 수 없을 것이며 또 과학 자체의 토대가 훼손될 것이다. 달리 말하면 인간의 이성적 힘이 발현될 때에만 과학적 작업이 가능하게 된다. 이런 힘은 인간의 특정 활동들의 원인으로서, 하위 층에 속하는 생물들의 근원성으로 환원될 수 없다.[40]

자연세계에서 발현한 힘은 어느 층위에나 존재한다. 나무의 예를 들어보자. 나무는 식물로서 생명을 지니고 있으며 기계적 결정 관계에서 "자유롭다"고 할 수 있다. 이 말은 나무가 기계적 법칙을 무시한다는 의미가 아니라, 기계적 법칙에서 발현되었지만 기계적인 법칙의 지배만을 받지 않고 식물로서 그 자체의 성질에 따라 영양을 섭취하고 성장한다는 의미다. 그러므로 나무도 근원성의 지배를 받으면서 동시에 일정 정도 식물의 층위에서 "자발성의 자유"를 획득한다.

동물의 경우에는 이 점이 훨씬 더 분명하게 드러난다. 동물은 의식을 가지고 있고 이동성이 있으며, 외부의 자극에 비교적 독립적으로 행동을 일으킬 수 있는 힘을 가지고 있고, 다른 동물과 관계를 맺을 힘을 가지고 있기 때문이다. 나아가 인간은 더 큰 자발성의 자유를 지니고 있다. 인간의 삶이 자리하고 있는 각각의 층은 그 층 자체의 고유한 힘을 가지고 있다. 바스카에게 있어서 인간의 자유는 복잡한 것이며 사실상 **층화된 자유**다.[41]

바스카의 비평적 실재론이 말하는 층화된 세계는 자발성의 자유를 허용하는 개방된 세계이며, 자연적으로는 폐쇄체계를 만들어내지 않는 세계다. 그러나 역으로 어떤 층이 근원과 발현의 위계에서 "낮으면 낮을수록" 폐쇄체계에 더 가까워진다. 예를 들어 유기적 과정들의 간섭으로부터 화학적 과정을 분리해내는 것은 가능하지만,

화학적 과정의 영향으로부터 유기적 과정을 분리해내는 것은 불가능하다. 그것은 유기적 과정이 바로 화학적 과정에 뿌리를 두고 있기 때문이다. 이처럼 "높은" 층에서 발생하는 과정들을 어떤 체계로 묶어내는 것은 점점 더 어려워지는데, 그것은 우리가 층들의 위계에서 위로 올라갈수록 기계적 법칙에서 벗어난 자발성의 자유를 지니게 됨으로써 폐쇄에서 자꾸 멀어지기 때문이다.[42]

바스카의 비평적 실재론에서 기억해야 할 두 가지 중요한 사실이 있다. 첫째, 과학은 단지 사물에 관한 이론이며 또 과학자들 사회의 생산품으로서 인식 오류의 가능성을 가지고 있기에, 현재 발견된 이론의 한계를 넘어서 더 깊은 영역을 탐구해야 한다는 것이다. 둘째, 우주는 하나의 층으로 이루어진 것이 아니라 발현과 층화에 의해 진화하면서 새롭게 발전한다는 것이다. 따라서 우주는 비환원적인 성격을 가지며 층화된 영역에 대한 자유를 허용한다.

그렇다면 종교와 과학은 공명할 수 있을까? 이성과 신앙은 조화를 이룰 수 있을까? 비평적 실재론의 특징들은 종교와 과학의 접촉이 가능하다는 것을 보여준다. 바스카의 관점에서 보면 신학과 과학은 둘 중 하나를 골라야 하는 "선택 사항"이 아니다. 현대의 과학 문명사회를 살아가면서 과학과 대화하지 않는 종교는 고립될 수밖에 없다. 그러므로 종교인들은 현대인들과 함께 신앙을 나누기 위해서라도 과학적 지식을 이해하고 그것을 사용할 필요가 있을 것이다.

10장
진리란 무엇인가?

도킨스는 『악마의 사도』에서 "진리란 무엇인가?"라는 질문에 답한다. 사전적으로 진리는 단순히 "참된 이치"를 뜻하지만 진리를 정의하기란 그렇게 쉬운 일이 아니다. 먼저 도킨스가 진리를 어떻게 설명하는지 살펴보자.

도킨스에 따르면 "과학은 요구하는 대로 물질과 에너지를 움직일 수 있고, 언제 무슨 일이 벌어질지 예측할 수 있는 눈부신 능력을 토대로 삼아 진리에 대한 자신의 주장을 자랑스럽게 내세운다." 이처럼 그는 사물을 움직일 수 있는 물리학의 원리만이 진리이며, 사물을 움직이지 못하는 사유는 허구에 불과하다고 본다. 나아가 "가치체계나 의미"를 진리라고 말하는 것에 대해 몹시 불편한 심기를 드러낸다. 도킨스는 진리를 가치가 아닌 "사실" 또는 "사물을 구성하는 원리 그 자체"라고 보면서, 과학적 진리와 다른 유의 진리들을 장황하게 열거한다.

과학적 진리를 수많은 진리 중 하나에 불과한 것으로 취급하자는 주장에 잠시 동의하고서 그것을 경합하는 모든 진리와 함께 나란히 놓아보자. 드로브리안드 진리, 키쿠유 진리, 마오리 진리, 이누이트 진리, 나바호 진리, 야노마뫼 진리, 쿵산 진리, 페미니스트 진리, 이슬람 진리, 힌두 진리 등등, 목록은 끝이 없을 것이다. 그리고 거기에는 한 가지 사실이 명백히 드러나 있다. 이론상 사람들은 어느 한 가지 '진리'가 다른 진리들보다 장점이 더 많다고 판단하면 그 진리를 받아들이기로 마음을 바꿀 수 있다.[1]

이처럼 도킨스는 진리라고 불리는 다양한 가치와 신념의 체계들을 나란히 놓고 경쟁시키려고 한다. 그러나 그에게 "과학적 진리는 그 목록에 나열된 진리들 중에 개종자들에게 자신의 우월성을 정기적으로 납득시키는 일을 하는 유일한 진리"다. 그 이유는 이 세상의 역사를 이끌어온 것이 다름 아닌 과학의 원리를 통하여 발전한 기계문명이기 때문이다. 여기서 과학적 진리가 이룩한 기계문명이란 자동차나 총이나 배를 만드는 기술을 의미하며, 그의 말대로 실제로 많은 현대인들이 기술문명의 혜택을 누리며 산다고 느끼는 것이 사실이다.

일단 우리도 도킨스의 주장에 일정부분 동의하면서 이 문제를 더 깊이 생각해보자. 그렇다면 어느 때, 누구의 과학 원리가 진리일까? 프톨레마이오스의 천동설보다는 코페르니쿠스의 지동설이 진리이고, 뉴턴의 만유인력보다는 아인슈타인의 중력이론이 진리라고 말할 수밖에 없다. 따라서 과학이 발전을 거듭할수록 진리도 그에 따라 발전한다는 결론에 이르게 된다. 그렇다면 진리는 현존하는 것인가? 아니면 진리는 미래에 속한 것인가? 과학적 발전 단계를 거칠 때마다 바뀌는 진리를 과연 진리라고 말할 수 있을까? 하지만 사실, 과학은 진리가 아니라 "물리 현상이나 사실을 이해하는 인식론"에 불과하다. 다시 말해 과학은 경험이나 현상을 분석하고, 이해하고, 해석하는 과정을 통해 형성된 하나의 이론이나 원리에 대한 신념, 즉 믿음이다.

과학의 매력에 대한 도킨스의 주장에는 어느 정도 동의할 수 있다. 그러나 진리는 불변해야 한다. 현대 물리학에서 아인슈타인이 과학적 결정(확정)론의 신념으로 발표한 "중력이론"과, 불확정성의 원리로 대표되는 "양자이론"은 서로 맞지 않는다. 물리학자들은 이를 통합할 수 있는 대통합이론을 찾고 있으나 아직까지 그 답을 찾기란 요원한 일이다. 한 걸음 더 나아가 양자물리학자들이 밝힌 바로는 빛이 광자인가 파동인가를 알지 못한다. 이중 슬릿 실험을 통해서 양자를 관찰하는 과정에서 볼 수 있듯이, 파동으로 움직이던 양자가 관찰자가 등장하면 입자로 돌변하는 상황이 발생한다. 양자는 입자도, 파동도 아닌데 동시에 입자이기도 하고 파동이기도 하다.

관찰자가 등장하면 달라지는 양자의 세계는, 과학적 실체는 하나의 관점으로 설명할 수 없다는 사실을 상징하는 것 같다. 그렇다면 혹 지금까지 밝혀진 과학의 진실은 세계를 하나의 원리로 통합해서 설명하기보다는 서로 조화를 이루는 상태 자체로 이해해야 한다고 말해주는 것은 아닐까? 실제로 오늘날 많은 물리학자들은 세계를 양자역학과 중력이론의 합 또는 조화를 통해 설명하려고 한다.

그러나 도킨스는 과학 이론을 진리가 아닌 하나의 패러다임으로 규정한 과학철학자들, 즉 토마스 쿤이나 칼 포퍼의 견해에 비판적이다. 도킨스가 그들의 견해에 반대하는 이유는 다음과 같다.

우리 감각의 모든 지각 대상들, 즉 우리가 '자신의 눈으로 보는 실제' 대상들이 세계에 관한 반증되지 않은, 따라서 쉽게 바뀔 수 있는 '가설들'이라고 간주될 수도 있다는 아주 흥미로운 관념도 있다.…우리가 회의적인 시각을 갖고 현실에 발을 딛고 서 있지 않는다면 마술사, 즉 환각을 일으키는 전문가들에게 우리에게 뭔가 초자연적인 일이 벌어지고 있다는 믿음을 갖게 만들 수 있다.[2]

도킨스는 초자연적인 것들에 대한 믿음을 경계하기 위해, 과학의 원리를 진리라고 규정한다. 그러나 과학의 역사를 자세히 들여다보면 도킨스가 신봉하는 과학 원리들이 계속해서 변해왔다는 사실을 알 수 있다. 쿤이나 포퍼는 과학의 역사에서 하나의 원리가 더 이상 참이라고 받아들여질 수 없을 때 어떻게 새로운 원리가 정상이론으로 자리를 잡게 되는가 하는 과정을 관찰했다. 그리고 오늘 우리가 믿고 있는 정상이론이 내일은 다른 정상이론으로 바뀔 수 있다고 결론지었다. 실제로 과학의 역사를 살펴보면 수많은 정상이론들이 새로운 정상이론에게 자리를 내주었다는 사실을 발견할 수 있다. 예를 들면 프톨레마이오스의 천동설은 코페르니쿠스의 지동설에게 자리를 내주었고, 뉴턴의 고전물리학은 아인슈타인의 상대성원리에게 정상이론의 자리를 내주었다.

또한 도킨스는 우리가 보고 느끼는 모든 현상이 진리라고 믿으며 다음과 같이 주장한다.

태양이 지구보다 뜨겁다는 것은 사실이며, 내가 목제 책상에서 글을 쓰고 있다는 것도 뻔한 사실이다. 이런 것들은 반증을 기다리고 있는 가설이 아니다. 잡힐 듯 잡히지 않는 진리의 근사치도 아니다. 다른 사회로 가면 부인될지 모를 국지적인 진리도 아니다. 수많은 과학적 진리들에 대해서도 아무 문제 없이 똑같은 말을 할 수 있다. 설령 그것들이 '우리의 눈으로 직접' 볼 수 없는 곳에 있다 하더라도 말이다.[3]

이처럼 도킨스는 "태양이 지구보다 뜨겁다", 또는 "내가 목제 책상에서 글을 쓰고 있다"라는 식의 경험이나 행동을 묘사하는 진술을 진리라고 규정한다. 하지만 그는 진리에 대한 정의를 제대로 내리고 있는 것 같지 않다. 예를 들면, "내가 너보다 키가 크거나 작다"는 진술은 사실 관계에 있어서 참이기는 하지만, 가치나 당위를 포함하지는 않는다. "가치나 의미 또는 당위를 포함하지 않은 진술"은 그 대상이 되는 사물 또는 사태와 서로 상응하기는 하지만 사실 관계를 말할 뿐, 진리를 말한다고 할 수 없다. "내가 컴퓨터를 사용하고 있다"거나 "나는 보고 싶은 친구에게 전화를 건다"는 식의 진술은 진리가 아니라 그저 단순한 사실의 묘사다. 그것이 진리에 관한 진술이라면 그 안에 컴퓨터를 사용하고 전화를 거는 행위의 당위성과 가치가 표현되어야 한다. 단순히 행위를 정확하게 표현한 진술은 사실 관계를 드러내는 한계 내에서는 참이라고 할 수 있지만 가치나 당위를 드러내는 진술로서는 무가치하다. 이렇듯 진리는 가치나 당위를 포함하는 개념이지만, 도킨스는 단순히 사실 관계를 표현하는 진술을 진리라고 규정해버린다.

도킨스는 과학적 원리를 진리로 규정하면 가치나 도덕을 말할 수 없다는 사실을 잘 알고 있다. 그는 『악마의 사도』에서 "과학은 무엇이 윤리적인지 판단할 방법을 전혀 지니고 있지 않다. 그것은 개인과 사회가 판단할 문제"라고 말한다.[4] 여기서 도킨스는 과학적 원리가 "가치체계나 도덕을 다룰 수 없는 진리"라고 말하는 것이다. 그는 『지상 최대의 쇼』(*The Greatest Show on Earth*, 김영사 역간)에서도 "자연선택은 온통 무익함이다. 자연선택은 자기 복제를 지시하는 지침들이 자기 복제하며 생존하는 이야기일 뿐이다. 고통은 자연선택에 의한 진화의 부산물이고 피치 못할 결과"일 뿐이라고 규정한다.[5]

그러나 도킨스는 욕심을 내서 다음과 같은 제안을 한다. "나는 아주 색다른 접근법을 통해 과학과 윤리학의 문제를 결론 내리고 싶다. 과학적 진리 자체를 윤리적으로 다루는 방법이다." 그리고 그는 "이기적 유전자"를 중심으로 윤리를 만들어내는 묘안을 소개한다. 앞에서 살펴본 바와 같이, 그는 "이기적" 가면을 쓴 생존전략 수단으로 나타나는 "이타적 호혜주의"가 윤리의 기능을 할 수 있다고 주장한다. 도킨스는 "만들어진 신"을 부숴야 한다고 공격하더니, 급기야는 자신이 "만들어진 진리"와 "만들어진 윤리"를 제시해버리고 마는 것이다.

도킨스가 주장하는 이타적 호혜주의는 가치와 당위를 포함하지 않는다. 집단의 이익을 위한 생존전략을 윤리로 전환하는 것은 가치를 표방하는 거짓 진리이자 "양의 탈을 쓴 이리"와 같을 뿐이다. 그 것이 진리라면 동물과 인간은 별반 차이가 없게 된다. 다른 동물들 도 생존을 위하여 "이타적 호혜주의"의 전략을 사용하고 있으니 말 이다.

인간은 이타적 호혜주의를 넘어서 더 높은 가치와 당위를 윤리 의 기준으로 삼는다. 그 원천은 과거의 축적된 경험이나 진화의 과 정이 아니라, 초월적 영역 혹은 우리 안에 내재적으로 주어진 이상 (理想), 또는 궁극적 가치를 추구하는 윤리적 욕구로부터 나타나는 가치와 당위성이다. 우리 안에 주어진 이상성이란, 정신 또는 존재 론적 이성이 끊임없는 반성과 성찰을 통해서 발견되는 인간의 본성 이 나아가야 할 목표이며 완성해야 할 내적 운동의 방향이다. 그렇 다면 인간은 가치와 당위성을 어떻게 알 수 있는가?

물리학이나 진화생물학은 가치의 세계를 말할 수 없다. 도킨스 는 러셀의 질문을 인용해 다시 묻는다.

진짜 문제는 이것이다. 우리가 그 존재를 생각할 수 있다는 단순한 사 실 때문에 우리 사유 외부에 그 무엇인가가 존재한다고 생각할 수 있을 까? 모든 철학자는 그렇다고 말하고 싶을 것이다. 철학자의 일이 관찰 보다는 생각을 통해 진리를 찾아내는 것이기 때문이다. '그렇다'가 정답 이라면, 순수한 사유와 그것들을 연결하는 다리가 있어야 한다. 그렇지 않다면 그 다리도 없다.[6]

도킨스는 자신이 무엇을 묻고 있는가를 정확히 알아야 한다. 러셀이 질문한 바는 "우리가 그 존재를 생각할 수 있다는 단순한 사실 때문에 우리 사유 외부에 무엇인가가 존재한다고 생각할 수 있을까?"라는 것이다. 안셀무스와 토마스주의의 존재 증명이 보여주고 있듯이, 존재는 사유의 외부에서 찾을 것이 아니라 사유의 근원이 존재 자체다. 간단하게 말해서 사유는 존재이고 존재는 사유다. 데카르트의 유명한 명제, "나는 생각한다 고로 나는 존재한다"는 바로 이것을 말하고 있는 것이다.

▎변하지 않는 것이 진리다: 플라톤의 진리관

단적으로 말해 도킨스는 실증주의적인 입장에서 사실로 드러나는 것만이 진리라고 말한다. 그러나 20세기 이후의 양자역학만 살펴보더라도 실증주의 이론이 유효하다고 볼 수 없다. 지금까지 사람들이 진리라는 말을 어떻게 이해해왔는지 살펴보면서, 도킨스의 진리 개념이 어떤 문제를 안고 있는지 알아보자.

플라톤은 파르메니데스의 불변하는 존재 개념을 계승하여 그것을 이데아라고 불렀다. 파르메니데스는 참된 존재는 변하지 않는 것이고, 변하지 않는 것이 진리라고 여겼다. 이런 관점의 인식론에서 보면 세상의 모든 존재물(thing)은 변하므로 존재물들(things)에 대한 모든 인식은 참이 아니라 거짓이다. 불변하는 존재(being)는 현상계에 속한 것이 아니라 본성 또는 인식계에 속한 이데아뿐이다. 그러므로 플라톤은 이데아를 현상 세계의 배후에 있는 완전한 선의 실체계로 보았다. 그러나 이성은 이데아를 직관할 수 없다. 대신 인간에게는 잊었던 이데아를 동경하는 마음이 있는데, 플라톤은 이를 에로스라고 불렀으며, 현상계에 나타나는 사물의 현상을 보고 그 원형인 이데아를 "상기"하여 인식하는 것을 진리라고 했다.

플라톤에 따르면 이데아의 세계는 영원하고 불변한다. 동시에 이데아는 현상계의 사물들 가운데 분포되어 있다. 사물들은 이데아의 분포를 통해 본질과 존재와 이름까지 부여받는다. 예를 들어 나무는 그 안에 나무의 이데아가 들어 있기 때문에 나무가 되고, 나무의 잎이 파란색이면 그 안에 파란색의 이데아가 부분적으로 들어 있기 때문에 파란색을 띠게 된다. 만일 잎사귀에 파란색의 이데아가 더 많으면 더 파랗게 될 것이다. 사람도 마찬가지다. 어떤 사람이 선하면 선의 이데아가 더 많이 분여되었기 때문이다. 현상계의 사물들은 이데아를 더 많이 가질 수도 있고 적게 가질 수도 있다. 그러나 어떤 것도 완전한 이데아를 소유하고 있지는 않다. 만일 완전한 이데아를 소유하고 있다면 변하지 않을 것인데, 현존하는 사물 가운데 불변하는 것은 없기 때문이다.

에로스는 현상계에 나타나는 부분적인 이데아를 통해 영원, 불변하는 이데아를 추구하는 영혼의 날갯짓이다. 인간의 영혼에 속하는 에로스는 현상계에 나타난 아름다움을 보면서 아름다움 자체인 이데아를 열망한다. 에로스는 현상계의 분여된 아름다운 관습과 아름다운 지식을 넘어 아름다움 자체에 도달하고자 하는 열망이다. 진정한 아름다움을 본 자는 개별적으로 흩어져 있는 사소한 아름다움에 얽매이지 않는다. 인간의 영혼은 이렇게 사다리를 한 칸씩 오르듯,

이 지상의 일시적인 아름다움에서 출발해서 끊임없이 자기를 함양하면서 저 영원한 아름다움과 변하지 않는 사랑에 도달하게 된다.

플라톤은 이미지보다는 사물이, 사물보다는 수학이, 수학보다는 이데아가 더 많은 이데아를 포함한다고 말한다. 또한 예술보다는 자연과학이, 자연과학보다는 수학이, 수학보다는 철학이 진리에 더 가깝다고 본다. 플라톤에 따르면 우리가 가지고 있는 지식이 진리냐 거짓이냐 하는 이분법으로 판단할 수 있는 것이 아니라, 우리의 지식이 얼마나 많은 이데아를 내포하느냐에 따라 진리에 가까운지 아닌지가 결정된다. 따라서 일반적으로 우리의 지식은 온전하지 않으므로 사견이 된다는 사실을 알아야 한다.[7]

| 진리는 자연 가운데 있다: 아리스토텔레스의 진리관

아리스토텔레스는 현실주의자의 입장에서 플라톤의 이데아론을 비판하면서, 이데아와 현상계라는 개념 대신에 "형상과 질료"라는 개념을 소개했다. 그는 이데아의 세계와 눈에 보이는 세계가 따로 있다고 보는 플라톤의 입장에 동의하지 않았다. 그는 질료가 변화하여 형상을 갖추게 됨으로써 하나의 사물이 된다고 보았다. 바꿔 말하면 존재하는 것은 우리가 살고 있는 오직 하나의 자연적인 세계밖에 없으며, 이데아든 감각적 사물이든 존재하는 모든 것은 하나의 세계 속에 같이 있다고 보았다. 예를 들면 플라톤에게 있어 모든 인간들은 인간이라는 하나의 본질을 공유하는 것으로 생각된 반면, 아리스토텔레스에게는 모든 인간이 자신만의 고유한 본질을 가진 것으로 이해되었다.

아리스토텔레스는 이데아와 현상계의 이분법적 구조 대신에 형상과 질료라는 일원론적 세계관을 제시하였는데, 곧 질료가 형상화되면서 사물이 모습을 드러낸다는 것이다. 그렇다면 아리스토텔레스에게 있어서 "형상"(form)은 여전히 사물의 기초를 가리키지만 이와 동시에 특정한 사물에 "구체화"되어 있다. 아리스토텔레스는 『자연학』에서 재료인, 형상인, 작용인, 목적인이라는 "4가지 원인"을 이야기한다.

첫째, 질료인은 대상이 무엇으로 이루어져 있는지를 나타낸다. 예를 들어 책상의 재료는 나무이며, 벽돌의 재료는 흙이다. 둘째, 형상인은 대상의 형태, 특성 또는 원형(archetype)에 의해 결정된다. 즉 책상은 책상의 형상을 띠고 의자는 의자의 형상을 띤다. 셋째, 작용인은 변화 또는 변화의 처음 시작에 관한 것이다. 책상이나 의자는 어떤 목수가 그것들을 만들었기 때문에 있는 것이다. 마지막으로 목적인은 사물이 존재하는 목적에 관한 것이며, 여기서 말하는 목적은 목적성을 띠거나 그렇지 않은 것 모두를 포함한다. 목적인은 대상이 원래 쓰이는 용도에 관한 것이다. 즉 책상은 책을 놓고 공부하기 위한 것이고 의자는 사람이 앉기 위한 것이다.

아리스토텔레스에게 진리는 "보편적 이데아의 인식"이 아니다. 오히려 개별적인 사물이 질료에서 형상으로 이행되는 과정에서 그 사물이 지니는 목적성을 인식하는 것이 진리다. 따라서 모든 사람이 똑같이 보편적인 이데아를 추구하기보다는 군인은 군인으로서의 목적을 인식하고, 학생은 학생으로서의 목적을 인식하면 된다. 즉 자신이 마땅히 되어야 할 그 무엇을 인식하는 것이 진리를 인식하는 것이다.

I 진리는 생각 속에 있다: 합리주의자들

데카르트는 지식은 궁극적으로 하나의 확실한 사실에 기초를 두어야 한다고 생각했다. 그는 경험의 영역 안에 있는 사물들을 지식의 기초로 삼아서는 안 된다고 보았다. 사물을 대상으로 하는 우리의 감각들은 믿을 수 없으며 종종 틀린 결론으로 이끌기 때문이다. 예를 들어 우리의 감각은 해가 동쪽에서 떠서 서쪽으로 진다고 경험한다. 그러나 태양이 뜨고 지는 것이 아니라 지구가 자전하면서 낮과 밤이 바뀔 뿐이다. 이처럼 환상에 사로잡힐 수 있는 불확실한 감각경험은 믿을 수 없다.

그렇다면 남는 것은 이성뿐이다. 합리주의자들은 이성이 경험보다 더 믿을 만하다고 여긴다. 그러나 이성은 믿을 수 있는가? 이성도 오류에 빠질 수 있고, 논리학조차 틀릴 수 있다. 그러면 무엇이 절대적 진리로 남을 수 있는가? 데카르트는 감각경험의 자료들이나 이성의 자료들이 참인지 거짓인지 증명할 수는 없지만, 한 가지 확실은 것은 자신이 그것들을 계속해서 생각하고 있다는 사실임을 깨달았다. 데카르트는 우리 안에 있는 생각하는 능력, 선천적 인식 능력이야말로 존재의 본질이라고 주장한다.

나는 모든 것이 불확실하다고 생각하던 중에, 이것을 생각하고 있는 나 자신이야말로 확실한 존재라는 사실을 깨달았다. 그리고 이 진리, '나는 생각한다. 그러므로 나는 존재한다'는 것은 너무나 확실하기 때문에 회의론자들의 어떠한 기발한 명제도 그것을 뒤집을 수 없다는 사실을 알고, 나는 그것을 내가 찾고 있던 철학의 제1원칙으로 받아들이는 데에 주저할 필요가 없다고 판단하였다.[8]

데카르트와 합리주의자들은 이처럼 인간의 정신에는 선천적인 인식 능력이 있어서 사고만으로도 논리적으로 타당한 수학, 공리 등의 진리에 도달할 수 있다고 보았다. 따라서 이들은 플라톤과 같이 이원론적인 세계관을 가지고 있었다. 그러나 그들이 플라톤과 다른 점이 있다면, 논리적으로 증명할 수 있는 수학이나 공리를 중요시하며 확실성을 추구한다는 것이다.

| 진리는 경험 속에 있다: 경험주의자들

영국의 철학자 베이컨(Francis Bacon, 1561-1626)은 중세의 스콜라 철학에 대한 비판적 입장에서, 경험할 수 없는 것은 지식이 될 수 없으며 경험의 영역을 벗어난 것은 지식으로서의 가치와 의미를 상실한다고 주장했다. 그는 진리를 인식하는 두 가지 방향과 방법을 제시했다. 첫째, 그는 모든 학문을 경험적 영역에 국한시켰다. 둘째, 학문에 귀납법을 적용함으로써 근대과학의 방법론을 확립했다. 실험과 관찰을 중요시하는 그의 사상은 영국 경험론의 기초가 된다.

로크, 버클리, 흄으로 이어지는 경험론자들은 인간의 정신이 아무것도 쓰이지 않은 "빈 서판"(*tabula rasa*)과 같아서 그 안에 선천적 인식능력이란 전혀 없고 오직 경험을 통해서만 지식을 얻을 수 있다고 주장했다. 로크의 입장은 다음과 같이 정리할 수 있다.

> 인간의 마음은 본래 백지와 같은 것으로 어떠한 성분도 생득적 관념을 갖고 있지 않다. 인간에게 지식과 추리의 재료인 관념을 주는 것은 경험뿐인데, 경험은 감각과 반성으로 나뉜다. 우리는 감각에 의하여 달다, 짜다, 희다, 둥글다 등의 관념을 가지며, 반성에 의해 사유, 의지, 상기 등의 관념을 가진다. 이들은 단순 관념으로서 이들이 복합하여 복합 관념이 생긴다. 이성론에서 말하는 실체도 복합 관념에 지나지 않는다.

경험론자들은 신에 대한 관념이 우리의 정신 안에 있다고 해서 감각적 경험이 없이 그것이 실제로 존재한다고 주장하는 것은, 누구도 보지 못한 유니콘이나 흑룡이 실제로 존재한다고 우기는 것만큼이나 어리석은 일이라고 생각한다. 결과적으로 그들은 감각경험의 범주 안에서만 지식을 허용한다.

❙ 진리는 인식과 대상의 일치다: 칸트의 진리 개념

칸트에 따르면 진리는 "인식과 그 대상의 일치"다. 칸트는 세계를 현상계와 가상계로 구분하고, 감성에 의해 경험되는 세계를 "현상"이라고 하였고, 생각은 할 수 있지만 경험을 통해서 알 수 없는 영역을 "가상"이라고 하였다. 칸트에 따르면, 참된 지식은 가상계가 아닌 현상계에서 이루어지며, 우리가 현상을 인식하는 데 관여하는 능력은 감성과 오성뿐이라고 말한다.

칸트는 이성을 두 가지 의미로 사용하는데, 넓게는 플라톤이 사용한 이성의 개념과 마찬가지로 형이상학적 실체인 물자체를 파악하는 힘을 의미하고, 좁게는 오성으로서 감성이 직관한 자료들을 파악하는 힘을 의미한다. 칸트에 따르면 감성과 오성은 우리에게 선천적으로 주어지며 우리는 형식을 통하여 인식에 이른다.

그렇다면 선험적인 감성형식은 무엇이며, 또 선험적인 오성형식이란 무엇인가? 먼저 선험적인 감성형식은 인간 주체 안에 공간과 시간이라는 형식이 선험적으로 존재한다는 것이다. 만일 인간 주체가 사물을 지각할 때에 공간이나 시간에 대한 감성형식이 없다면 어떤 것도 인식할 수 없으므로, 감성형식은 주체로 하여금 객체를 인식하게 하는 범주이며 모든 인간이 선천적으로 가지고 있는 것이다.

한편 선험적인 오성형식은 인간 주체가 가진 양, 성질, 관계 및 양상에 대한 12가지 범주를 말한다. 인간 주체는 감성형식을 통해 지각한 대상들을 선험적인 오성형식에 따라 분석·종합해 객체에 대한 보편적인 인식에 이른다. 이때 오성이 인식의 대상으로 삼는 것은 감성의 범주 안에 있는 것들이지, 가상의 영역에 있는 것들이 아니다. 따라서 인간은 대상을 있는 대로 아는 것이 아니라 오히려 분석·종합을 통해 판단한 형식에 따라 아는 것이다.

경험론과 비교할 때에 칸트의 인식론은 코페르니쿠스적 전환점을 가져왔다고 말할 수 있다. 경험론자들은 인간이 선천적인 인식 능력이 아닌 감각경험을 통해서 수동적으로 받아들인 것들을 통해서 지식을 얻는다고 생각했다. 그러나 칸트는 감성이 대상에 관한 다양한 자료들을 수집하여 지각하고, 오성은 그것들을 분석·종합하여 판단함으로써 앎에 이르게 된다고 보았다. 그렇다면 사물의 본질이 이성에 의해서 인식되어야 하는 한계 안에서, 사물의 본질은 형식에 있게 된다. 여기서 형식이란 사물을 인식하는 이성이 그 사물을 인식할 때에 의거하는 형식, 즉 감성과 오성의 범주와 규칙들을 의미한다. 그러므로 인식하는 것과 그 인식된 대상의 일치는 형식적 범주 안에서의 일치를 의미한다.

칸트의 주장에 따르면 결국 우리의 인식 구조가 지식의 형태를 결정한다. 지식은 이성이 대상을 파악하는 방법, 즉 형식에 의해서 결정됨으로써 인식하는 자의 이성 안에 있게 된다. 우리는 대상을 파악하는 감성형식과 오성형식을 벗어나면 지식을 획득할 수 없다. 예를 들어 색을 판단할 때 우리의 감성형식 안에 들어오는 색의 범주와 다른 감각을 지닌 생명체가 받아들이는 감각경험의 자료는 다를 수 있다. 색맹과 색맹이 아닌 사람의 경우가 그렇다. 그렇다면 어느 특정한 색에 대해 색맹인 사람은 대상의 색을 있는 그대로 파악할 수 없다. 이처럼 우리가 알 수 있는 것은 감성형식과 오성형식의 범주 안에서 파악된 사물의 구조일 뿐이다.

칸트는 순수이성을 통해서 앎에 대한 문제와 현상을 어떻게 인식하느냐 하는 문제에 답했다. 그러나 인식은 사물이 지니고 있는 가치와 당위를 말해주지 않는다. 이에 칸트는 윤리는 실천이성의 영역에 속하고, 예술의 미는 판단이성의 영역에 속한다고 주장하며 이성을 분화했다. 하지만 헤겔은 칸트가 감행한 순수이성, 실천이성 그리고 판단(심미적)이성의 분화를 비판했다.

⏐ 경험이나 논리로 검증될 수 있는 것만이 진리다
: 실증주의 진리관

꽁트(August Comte)는 인류 역사가 신학적 단계, 형이상학적 단계 그리고 실증적 단계라는 세 단계를 따라 발전했다고 보았다. 그는 과학의 발전과 함께 추상적이라고 여겼던 형이상학을 제거하고, 실증철학을 천문학, 물리학, 화학, 생물학, 사회학으로 구성했다. 실증주의는 실제로 볼 수 있고, 실제로 들을 수 있으며, 실제로 만질 수 있는 사실들만이 참된 지식의 원천이 될 수 있다고 본다.

실증주의는 일원론적 관점에서 "있는 그대로의 사실들"만을 분석하고 묘사하여 그 사실들을 지배하고 있는 법칙을 찾아내려고 한다. 이때 인식의 주체는 감각을 통해 들어오는 요소들을 수동적으로 받아들여 분석하고 묘사할 뿐, 아무런 주관적인 판단을 해서는 안 된다. 따라서 일원론적 세계관의 입장에 있는 실증주의자들은 형이상학적인 요소들인 이념, 형상, 진리 등을 말하는 형이상학을 부정한다. 실증주의적 입장에서 보면 형이상학이란 실재의 본성에 관한 사변에 불과하며, 이 사변을 지지하거나 반박할 수 있는 어떤 증거도 허용할 수 없다. 즉 칸트의 "물자체", 플라톤의 "이데아", 헤겔의 "절대정신", 하이데거의 "존재 자체"와 같은 형이상학적 명제를 논한다는 것은 무의미하다. 실증주의는 "말할 수 없는 것에 대해서는 침묵을 지켜라"라고 한 비트겐슈타인의 초기 사상과 같은 입장이다.

초기에 실증주의자들은 감각을 통해 들어오는 요소들을 수동적으로 받아들여 분석하고 검증하는 과정에서 주관적인 판단을 배제함으로써 "가치로부터의 자유"를 주장했다. 그들은 인간의 이성이 기계적이라고 생각했기에 "가치"를 인간의 주관적인 편견으로 규정해버린 것이었다. 도킨스의 입장이 바로 여기—자연과학적 방법론을 주장하는 초기실증주의—에 속한다. 도킨스는 일원론적 세계관을 가지고 감각적 경험의 세계만이 유일하고 정신은 물질의 부산물에 지나지 않는다고 주장한다. 그는 진리와 사실을 동일시하면서 과학 이론이 객관적이며 보편적인 타당성을 지니고 있다고 본다.

그러나 앞에서 살펴본 바와 같이, 호르크하이머나 아도르노는 실증주의자들의 합리주의적 이성이 인간을 기계 또는 도구로 전락시킨다고 비판한다. 또한 오늘날 "후기실증주의"라고 불리는 "논리실증주의"는 초기실증주의를 "경험론적 실증주의"라고 비판했다. 인간의 주체가 경험한 한계 내에서만 판단한다는 것은 개인적 경험이나 관찰에 의존할 수밖에 없으므로 보편적 진리가 될 수 없기 때문이다.

논리실증주의자들에 따르면 진리는 검증할 수 있는 것이 아니라 점검하는 것이다. 그럼 검증과 점검의 차이는 무엇인가? 점검이란 하나의 보편적 법칙을 "논리적 가설"로 세워놓고 경험적 시행의 결과를 통해 부정적인 것을 제거하는 방법이다. 이 방법이 유효한 이유는, 보편적 법칙의 타당성은 아무리 많은 관찰과 실험에 의해서도 입증될 수 없지만 그 부당성은 명백히 입증되기 때문이다. 이러한 방법론은 칼 포퍼에 의해서 제시된 것으로 "비판적 합리주의"라고도 불린다. 베이컨 이래로 과학적 방법의 기준이었던 경험적 귀납법은 포퍼에 이르러 연역적 방법론으로 전환하게 되었다. 그러나 포퍼의 연역적 방법론은 경험적 귀납법을 거부한 것은 아니며, 경험에 선행하는 잠정적 이론이나 가설을 구성하고 난 후에 경험을 통해서 점진적으로 반증해가는 것이다.

논리실증주의자들에 따르면, 우리는 경험적 관찰의 결과로 반증된 것들을 수정하는 비판적인 시행착오를 거쳐 진리에 점진적으로 다가갈 수 있다. 그러므로 절대적으로 확실한, 또는 증명 가능한 지식은 낡은 과학의 우상으로 판명되고, 참된 지식은 영원히 잠정적인 것으로 남을 수밖에 없게 된다.[9] 그러나 도킨스는 포퍼의 견해를 무시하고 오늘날의 과학적 견해가 진리라고 주장한다.

| 유용한 것이 진리다: 실용주의 진리관

실용주의는 19세기 말에 미국을 중심으로 일어나 20세기 초에 막대한 영향력을 끼친 철학사상으로 행동을 중시하며, 실생활에 효과가 있는 지식을 진리라고 주장했다. 실용주의(pragmatism)라는 말은 "행동", "사건" 등을 뜻하는 그리스어 프라그마(*pragma*)에서 유래했다. 실용주의는 넓은 의미에서는 어떤 생각이나 정책의 유용성·효율성·실제성을 점검하는 태도를 가리키며, 학문적으로는 추상적·궁극적 원리의 권위에 반대하는 태도를 지칭한다. 사고나 관념의 진리성은 실험적인 검증을 통해 객관적으로 타당성을 인정받아야 한다고 강조하는 실용주의는, 미국의 퍼스(Charles S. Peirce)가 주창하였고 제임스(William James)와 듀이(John Dewey) 등이 체계적으로 확립했다.

실용주의는 법·교육·정치·사회, 나아가 예술·종교에까지 막대한 영향을 끼쳤다. 이 철학의 기본 논점은 다음 6가지로 요약할 수 있다. 첫째, 실재는 가변적 성질을 가지고 있다. 인간 지식은 이러한 실재에 적용해 그것을 통제할 수 있는 도구다. 둘째, 비판적 경험론을 계승해 연구 활동에서 고정된 원칙이나 선천적 추론보다는 현실 경험을 더 중시한다. 셋째, 어떤 생각이나 명제가 지닌 실용적 의미는 그 생각을 현실에 적용할 때 생겨나는 실제 결과 속에 들어 있다. 넷째, 진리는 검증 과정에 의해 결정된다. 어떤 관념이나 생각이 성공적으로 작용한다는 사실이 곧 그것의 진리성을 입증한다. 다섯째, 관념은 외부 대상의 반영이나 모사가 아니라 행위의 도구로 보아야 한다. 즉 관념은 행동에서 생겨날 결과에 대한 가설이자 예측이며 세계 속에서 행위를 조직·규제하는 방편이다. 여섯째, 방법론의 측면에서 볼 때 실재에 관한 인간의 사고는 인간 자신의 이해관계나 필요에 의해 생겨나며 효율성·효용성 여부에 의해 정당화된다.

퍼스의 사상을 이어받은 제임스는 『철학적 개념들과 실용적 결과들』에서 "어떤 대상에 관한 우리의 사고에서 완전한 명료함을 얻기 위해서는, 우리는 그 대상이 어떤 종류의 실용적인 효과를 가졌는지를 생각하면 된다. 우리가 생각하는 이 효과야말로 그 대상에 대해 우리가 가진 개념의 전부다. 이것이 퍼스의 원리이며, 실용주의 원리다"라고 설명했다.

무어(G. E. Moore)와 러셀(Bertrand Russell)과 같은 철학자들은 진리를 유용성과 같은 것으로 동화시키는 실용주의의 주장에 반대했다. 또한 그들은 진리를 검증 가능성과 똑같이 취급하는 방식에도 반대했다. 즉 참임에도 불구하고 못마땅한 진리가 있는 것처럼, 참임에도 불구하고 검증이 불가능한 진리들이 있을 수 있다는 것이다. 실제로 실용주의자들은 초월적 실재라는 개념, 즉 독립적이거나 인식적으로 다가갈 수 없는 실재라는 개념을 인정하지 않는 길을 택했다. 또한 실용주의는 진리를 주관적 시각에 따라 좌우되는 것으로 만든다는 의미에서 주관주의적이라는 비판도 있다. 그럼에도 불구하고 그들은 "한 신념이 참이 된다는 것은 무엇에 있는가?"라고 묻고, 그 답의 일부로서 "그것은 신념과 실재와의 상응에 있다"라고 말한다.[10]

ㅣ 과학은 객관적이지 않다: 비평적 실재주의

고전적 실재론은 세계의 객관적 실재에 대한 지식이, 인식하는 사람의 작용과 무관하게 실재가 인간 지성에 직접적으로 영향을 끼침으로써 가능하다고 보았다. 그러나 반(反)실재론자들은 인간 정신이 외부 세계와 전혀 상관없이 자유롭게 개념을 구사한다고 본다. 이에 비해 비평적 실재론은 실재가 존재하며 또 우리가 그 실재를 알 수 있다고 본다. 단, 이 과정에서 인식하는 사람이 앎의 과정에 개입하기 때문에 즉각적으로 마주하는 대상을 표현하기 위한 적절한 수단으로 유비와 모델, 가설이나 공리와 같은 구체적인 "구성물"을 사용한다고 한다.

비평적 실재론은 인식하는 사람이 아닌 다른 무엇인가로 알려지는 대상이 실재함을 인정하고, 그 대상에 대한 "앎"의 과정을 설명한다. 이 실재에 접근하는 유일한 방법은 인식하는 사람과 알려지는 대상 사이의 적합한 대화라는 길을 통하는 것뿐임을 인정하는 것이다. 그러나 이 적합한 대화라는 길은 비판적 성찰로 귀결되고, "실재"에 대한 주장은 그 주장 자체가 잠정적임을 인정해야 한다. 다시 말해서 지식은 원칙적으로 인식하는 사람으로부터 독립적인 실재에 관한 것이지만, 결코 지식 자체가 인식하는 사람으로부터 독립적인 것은 아니다.

비평적 실재론자 중 한 명인 바스카는 실재의 세계가 단층 구조가 아닌, 인간의 인식으로부터 독립적인 질서를 가지고 있는 다층적 구조라고 이해했다. 그는 인간이 태어나자마자 이미 구조화된 세계 안에서 존재하고 행동하고 반성하며 "언제나 자신이 만들지 않은 구조적 제약과 가능성을 지닌 세계 속에서 활동하고 있음"을 발견했다. 우리가 속한 구조들 가운데 어떤 것은 우리가 변형시킬 수 있지만 반대로 그렇지 않은 것들도 있다.

바스카는 경험주의 또는 실증주의자들이 인식적 오류를 범할 수 있다고 경고한다. 그는 세계가 인간이 관찰하고 경험할 수 있는 영역에 국한되지 않는다고 말한다. 존재는 관찰이나 관찰이 가능한 여부에 달려 있지 않다. 존재의 특정한 양상은 존재하지만 관찰되지 않거나 혹은 아예 관찰이 불가능할 수도 있다는 것이다. 예를 들어 전자와 쿼크, 그 밖의 다른 실체에 관해서도 동일한 주장을 펼칠 수 있는데, 이런 것들은 관찰할 수 없지만 존재한다고 믿을 수 있다. 더나아가 새로운 기술이 발전하면 이전에 관찰할 수 없었던 것들을 관찰할 수 있게 될 것이다.

비평적 실재론의 또 다른 중요한 주제는 층화된 실재에 관한 것이다. 비평적 실재론은 세계를 층화된 것으로 이해해야 한다고 주장한다. 과학의 각 분과는 각각 실재의 다른 층위를 다루기 때문에 그 층위에 적합하게 적용된 연구 방법을 사용해야 한다. 몸과 마음을 예로 들어보자. 마음은 몸에 기초하고 그로부터 생겨난 것일 수도 있다. 그러나 기원이 서로 연결되어 있음에도 불구하고 두 개의 다른 층위를 다룰 때는 동일한 연구 방법을 사용할 수 없다. 각 층위마다 적합한 연구 방법은 후험적으로 확립되어야 한다. 즉 과학의 각 분과는 그 대상의 본성에 의해 규정되며, 그 고유의 본성에 적합한 방식으로 대응할 필요가 있음을 분명하게 인식해야 한다.[11] 따라서 바스카는 모든 형태의 환원론에 반대하는데, 이는 실재를 하나의 근본적인 층위로 축소시키는 매우 허술하며 경직된 접근이기 때문이다. 바스카의 입장에서 보면 인간의 마음을 물리학적 원리로 환원시키는 일은 절대로 허용될 수 없다.

그럼에도 불구하고 사회생물학의 창시자 중 한 사람인 윌슨

(Edward O. Wilson)은 환원론적 입장을 취한다. 그는 사회적 행동은 생물학의 원리에 의해, 생물학은 화학의 원리에 의해, 화학은 물리학의 원리에 의해 설명된다고 주장했다. 또한 DNA의 나선구조를 발견해 노벨상을 수상한 생물학자 크릭(Francis Harry Compton Crick)은 과학의 목적이 모든 지식을 화학과 물리학의 법칙으로 환원시키는 것이라고 주장했다. 이런 환원주의자들은 열역학을 열운동론(통계역학)으로, 광학을 전자기학으로 환원하고, 화학현상을 원자·분자 과정에 기초해서 설명하며, 특히 분자생물학에서 생물학적 현상을 물리학적으로 설명하는 데 자극받아 모든 실재의 규칙성을 도출할 수 있는 일련의 물리학적 전제를 찾으려 한다. 그러나 환원주의가 부딪히는 가장 큰 난점은 생명과 마음의 문제다.

비평적 실재론자들이 환원주의에 대하여 내놓은 대안은 창발적(創發的) 진화 이론이다. 이 이론에 따르면 생명과 마음은 매우 새로운 실재 형식이며, 이 형식은 더 낮거나 더 우위에 있는 실재에 관한 법칙이나 이론만으로는 도출할 수도 없고 예측할 수도 없다. 바스카는 한 층위가 다른 층위에 토대를 두고 나왔다고 해서 같은 방식으로 접근할 수 있는 것은 아니라고 주장한다. 다른 층위로부터 나타난 새로운 층위는 "환원할 수 없는", 즉 더 낮은 층위의 차원에서만 볼 때에는 파악할 수 없는 특징을 지니고 있다는 것이다.

바스카에 따르면 생물학은 화학이나 물리학으로 "환원"될 수 없는데, 그 이유는 바로 생물학의 층위가 그 토대가 되는 층위의 특징을 초월하기 때문이다. 화학이나 물리학의 관점에서 생물학적 생명의 기원을 설명할 수는 있어도 생물학이 화학이나 물리학으로 환원되는 것은 아니다. 그는 각 층위가 "실재적"인 것으로 간주될 수 있으며, 그 고유의 본성에 적합한 방법을 통해 연구할 수 있어야 한다고 주장한다.

비평적 실재주의는 이와 같은 이유로 진화론에 있어서 창발적 진화론의 입장을 선호하는데, 한 번 창발된 의식이나 정신은 유전자로 환원될 수 없는 대진화로서 창조의 영역에 속한다고 보는 것이다. 한 번 창발된 생명, 의식, 자아나 정신은 물질로 환원될 수 **없다**. 인간의 삶이 자리하고 있는 각 층은 그 자체의 고유한 힘을 가지고 있으며 더 높은 수준의 층은 낮은 수준의 층보다 개방되고 복합적인 자유를 지니고 있다.

┃ 사실이 진리라면 저항은 어디서 오는 것일까?

비평적 실재론의 입장에서 볼 때, 도킨스는 하나의 원리로 모든 층위의 구조들을 다 통합하려는 윌슨이나 크릭과 같은 환원주의적 입장을 취하고 있다. 그는 모든 학문이 진화론의 원리인 자연선택으로 각성해야 한다고 주장한다. 따라서 물리학, 생물학은 물론 심리학까지도 자연선택의 범주에 포함시킨다.

도킨스는 다윈의 표현대로 윤리적인 측면에서 자연선택이 "악마의 사도"라는 것을 인정한다. 그는 자연선택으로는 해결할 수 없는 도덕과 윤리에 관한 문제를 풀기 위해 "과학적 진리 자체를 윤리적으로 다루는 방법"을 제안하기도 했다. 그렇다면 도킨스가 도덕이나 윤리를 인위적으로 만들려고 하는 이유는 무엇인가? 윤리가 필요에 의해서 만들어질 수 있는 것이라고 생각하는 도킨스가 과연 만들어진 신을 비판할 자격이 있을까? 카우프만은 물리학의 세계에는 가치와 의미가 배제되어 있지만 우리에게는 없어서는 안 될 필수적인 것이기에 "다시 만들어진 신"을 제안했다. 도킨스는 카우프만과 무엇이 다를까?

도킨스는 인간이 자신의 정신을 통해 복제자의 프로그램에 저항하는 지구 역사상 유일한 존재라고 말한다. 저항은 가치와 당위성을 추구할 때 발생하는 정신의 기능이다. 정신은 단순히 사물의 방식을 이해할 뿐만 아니라, "사실"로 이해되는 사물의 존재 방식에 대해 "진리"라고 여기지 않기 때문에 저항한다. 사실이 진리라면 저항은 필요하지 않을 것이다. 즉 정신은 어떤 기준을 가지고 사실이 진리가 아니라고 판단한다.

그렇다면 그 기준은 무엇이고 또 어디로부터 오는 것일까? 분명한 것은 저항이 더 높은 수준의 정신으로부터 온다는 사실이다. 그 높은 수준의 정신은 현존재가 나아가야 할 목표를 제시하고, 더 높은 수준으로 고양시킬 수 있어야 한다. 기독교적 관점에서 보면 그 정신이 오늘 우리의 현실을 새롭게 하고 이끌어가기를 소망하는 것이 신앙이다. 또한 저항을 통해 더 나은 세계를 바라보는 것은 하나님의 나라를 소망하는 것이며, 그 정신과 교제하는 것이 바로 기도다. 기독교에서는 그 정신을 성령, 즉 **거룩한 정신**이라고 부른다.

| 보이는 것이 전부가 아니다

도킨스는 진리를 사실과 구분하지 않는다. 도킨스를 비롯한 실증주의 과학자들은 감각의 세계에서 일어나는 사건, 사물들의 존재하는 방식 그대로를 파악하는 지식인 "사실"만을 진리라고 본다. 그러나 그 "사실"도 정신의 영역에서 인식론적 그물망에 걸려 파악된 일부분일 뿐이다. 그들은 얼마나 많은 사실들이 우리의 눈에 보이지 않고 의식의 개념이나 인식론의 범주에 들어오지 않아서 잊힌 채 사라지는지 신경쓰지 않는다. 의식, 자아, 주체와 의지는 생명의 활동에 의해 발생하거나 태동한 마음의 영역이다. 그러나 도킨스처럼 눈에 보이는 세계만으로 우주가 구성되어 있다고 보는 사람들에게는 이 모든 것이 자연선택의 과정에서 생겨난 부산물로 보일 뿐이다.

자연선택은 생명의 활동이다. 그러므로 자연선택이 생명보다 앞서지 못한다. 생명이 있어야 자연선택이 가능하다는 말은 정확히 말해서 자연이 선택하는 것이 아니라 자연 가운데 생명이 선택의 활동을 한다는 말이다. 자연선택이란 생명이 선택을 하는 원리일 뿐이다. 주체의 문제를 다루는 신학은 선택이란 주체에 속하는 의지의 활동이라고 본다. 그러나 현상을 다루는 과학은 사물의 심층이 아닌 표층이나 물리층만 다루기 때문에 활동하는 주체를 보지 못하고 주체가 활동하는 원리만 본다. 과학자를 비롯한 많은 사람들이 원리 너머에 있는 주체를 보라고, 그 내면에서 활동하는 정신의 영역을 보라고 말하지만 도킨스는 고집을 부린다.

그는 기독교의 유일신 사상을 비판하며 유일신에서 하나만 더 빼면 무신론이 된다고 말한다. 그러나 신은 숫자로 하나가 아니라 모든 것이 일자(모든 존재의 근원이며 존재 자체)로부터 시작하고 일자로 통합되고 일자로 환원된다는 의미에서 하나다. 그 안에 모든 숫자가 들어 있고 모든 원리들이 들어 있다. 즉 신은 "모든 만물이 그 안에서 통일"(엡 1:10)되는 의미에서의 일자다.

종교를 향해 돌을 던질 때, 도킨스는 나름대로 진리에 대한 기준을 가지고 돌을 던진다. 하지만 돌을 던지기 전에 그 비판 정신으로 자기 자신을 조금이라도 살펴볼 수 있다면 얼마나 좋을까? 그가 적대적 감정을 가지고 종교를 폄하하는 자신의 비이성적 태도를 볼 수 있다면, 또한 자신이 종교를 심판할 수 있는 적격자라고 생각하는 그 오만함부터 내려놓을 수 있다면 아마도 건전한 대화를 통해 인류역사에 함께 이바지할 수 있을 것이다.

어떻게 보면 종교가 잘못되었다고 비판하는 정신, 진리가 아닌 것을 진리라고 할 때 의분을 터뜨리며 항거하는 정신이 바로 프로테스탄트 정신이다. 그리고 진리가 제자리를 찾을 때까지 모든 종류의 거짓들과 싸우며 저항하는 프로테스탄트 정신이야말로 기독교의 본질이다. 프로테스탄트 정신은 진리가 살아 있다고 믿는 믿음에서 시작된다. 오직 그 믿음 하나, 즉 진리가 이 땅에 실현되어야 한다는 그 믿음과 신앙이 우리의 정신을 날마다 새롭게 각성시킨다. 그런 의미에서 믿음을 주시는 성령이야말로 인간을 날마다 새롭게 하고 변화 또는 변혁시키는 힘이라고 할 수 있을 것이다. 따라서 우리가 진리를 사랑하고 진리가 아닌 세계에 저항하는 정신을 소유하고 있다는 것은 우리에게 믿음이 있다는 반증임을 기억해야 한다. 그 믿음은 망상이 아니라 신앙이며, 부가물이 아니라 엄연한 본질이다.

종교와 과학의 충돌은 인류의 삶의 자리에서 피할 수 없는 현실이다. 세계가 물질로만이 아니라 정신적인 요소들로도 구성되어 있기 때문이다. 이 양자가 만나는 장소가 바로 인간의 세계다. 물리학이나 생물학을 중심으로 하는 새로운 무신론자들은 인간을 물질로 환원시키고자 한다. 반면 철학이나 종교를 중심으로 하는 유신론자들은 인간 정신의 기원을 초월적인 영역에 두고, 진화를 단순히 내재된 가능성의 발현이 아니라 외부 간섭의 결과로 본다.

　오늘에 이르기까지 인류는 우주 안에 존재하는 실재에 대한 이해를 끝없이 추구해왔지만 여전히 궁극적 이해에는 도달하지 못했다. 이에 대해 과학자들은 시간이 더 필요할 뿐이라고 말할 것이다. 그러나 우주는 늘 변화 가운데 있고, 그 변화는 일정한 패턴을 따르는가 하면 그렇지 않은 요소들도 있다. 따라서 우주를 하나의 정형적인 틀이나 논리로 설명하기란 **불가능하다**. 물론 역사가 계속되고 지식이 축적될수록 우주를 더욱더 명쾌하게 설명할 수 있는 원리에 접근할 수 있을 것이다. 그리고 우주를 지배하는 보편적 원리를 찾아낼 수 있으리라는 희망은 점점 고조될 것이다. 이는 물리학자들이 고전물리학과 양자물리학에 이르기까지 모든 물리 이론들을 통합하여 설명할 수 있는 대통합이론을 찾으려는 노력에서도 엿볼 수 있다.

그러나 현실에 존재하는 어떤 가치도 절대적이지 않다. 역사적 상황에 기투된 모든 실존은 상호관계 속에서 상대적 가치를 지닐 뿐이다. 하지만 절대적인 진리는 초월적인 것으로 이해할 수밖에 없으며, 인류 문명은 그 초월적·미래적·종말론적 완성 세계를 바라는 활동의 결과라고 할 수 있다.

이 책을 통해 살펴보았듯이 세계는 물리학만을 토대로 구성되지 않으며, 인류 문명은 과학만으로 설명될 수 없다. 인간의 정신 활동이 개입되는 순간, 모든 상황은 달라진다. 세계와 문명은 인간이 지니고 있는 독특한 측면과 더불어 살펴보아야 한다. 그리고 인간의 깊은 곳에는 세상의 본질과 의미를 설명하는 종교가 있다. 문화는 종교의 표면에 형성되며, 종교는 문명의 방향을 설정하고 가치를 부여한다. 인간의 종교 영역을 부정한다면, 미래를 바라보고 현실 세계를 넘어서는 가치를 실현하고자 하는 인간의 노력은 목적을 잃고 표류할 수밖에 없다.

세상에 존재하는 모든 현실체들은 개체에 불과하지만, 인간은 개체이며 동시에 주체다. 인간은 정신 활동을 통해 더욱 완전하고 가치 있는 것이 초월적이며 미래에 속한다는 사실을 발견한다. 그리고 인간의 정신 활동은 대상에 머무르지 않고, 대상을 파악하고 가치를 부여하며 방향을 설정하면서 문명을 이끄는 주체가 된다. 이러한 주체적 행위는 현실체에 속하면서 동시에 초월성에 참여한다는 의미에서 두 세계를 잇는 교두보 역할을 수행한다고 할 수 있다.

이해와 통합을 추구하는 주체로서 인간은 역사와 경험을 통해 세계에 내재하는 법칙들을 관찰하고, 그 가운데에서 보편적인 원리나 틀을 발견하려고 노력한다. 그러나 인식론적 한계를 가진 인간은 세상에 내재하는 보편적 원리를 절대적으로 이해하는 것이 아니라, 역사의 발전과 더불어 점진적인 이해를 획득할 수 있을 뿐이다. 이러한 관점에서 볼 때, 종교는 본질적으로 현실에 참여하지만 초월성과 미래에 대한 더 나은 가치를 추구하는 탐구 활동으로서의 성질을 가진다. 따라서 항상 미래와 초월을 향해 **개방**된 자세로 살아가는 것이 종교적 삶이며, 이 세상에 실존하는 어느 것도 절대적 가치를 지닐 수 없다고 **항거**하는 것이 프로테스탄트 정신이다.

반대로 현실 세계를 중심으로 모든 것을 이해하려는 물리학이나 생물학은 환원주의에 빠질 수밖에 없다. 그런 관점으로 세상을 바라보면 개체가 지니고 있는 다양성과 복합성, 그리고 거기에 내재하는 잠재적 본성—초월적 개입으로 인해 앞으로 나타나게 될 성질—을 인정할 수 없게 된다. 그러나 로이 바스카의 비평적 실재론을 통해서 살펴본 바와 같이, 물리학의 세계보다 생물학의 세계는 더 복잡하다. 또 정신의 세계는 생물학의 세계보다 더 복합적이고 심화된 영역이어서 단순히 물질이나 생물학적 원리로 환원될 수 없다.

도킨스도 인정하듯이 인간의 정신은 유전자 프로그램에 저항하는 유일한 존재다. 유전자 프로그램에 대한 저항은 인간만이 지니고 있는 "정신 현상"으로서, 현실체의 내재적인 가치를 넘어서 초월적이며 미래적인 가치를 받아들이고 더 나아가 어떻게 행동할 것인가를 결정하는 의지의 작용을 포함한다. 즉 인간 정신은 개체 안에서 주체가 되어 개체의 행동을 결정한다.

그런데 인간을 구성하는 현실적인 세계와 초월적인 가치 사이에는 항상 갈등이 발생한다. 복합적이고 다양한 층으로 구성되어 있는 인간은 단순하게 물질만을 위하여, 혹은 생물학적 본성만을 위하여 살아가는 것이 아니라 정신의 요구를 수용하기 때문이다. 이러한 긴장을 무시하고 정신을 단순히 물질로 환원시키려는 진화생물학이나 물리학자들의 태도는 옳지 않다. 물론 실제적 일상을 등한시하고 도피적 종말론만을 강조하는 일부 종교의 극단적인 행위도 옳지 않다. 다양한 층을 이루고 있는 역사적·혼합적 실존과 존재들에 대한 이해가 먼저 요구되는 것은 과학 서적을 읽을 때나 종교 서적을 읽을 때나 마찬가지다. 단적으로 말해 성경을 문자적으로만 읽으면 초월적인 가치를 모두 상실하게 된다는 것이다.

새로운 무신론자들이 현실체 또는 존재자를 단순하게 물질이나 기호로 환원하는 것은 알리스터 맥그래스나 존 호트가 지적했듯이, 문자주의적 신앙과 비슷한 "문자적 근본주의"다. 사물이나 현존재를 물리학자들이 기호로 환원시키는 순간, 또 생물학자들이 유전자 코드로 환원시키는 순간 그 안에 담겨 있는 잠재적 가치들은 모두 사라진다. 그리고 그것들이 초월적 개입으로 인해 발현하여 새로운 세상을 만들어도 인정을 받을 수 없게 된다. 사물이나 현존재를 구성하고 있는 복합성과 다양성이 배제되고, 모든 것이 기호나 코드 안에 갇혀버리기 때문이다. 그러나 양자역학에서 빛에 대해 관찰한 결과와 같이, 빛은 파동이며 동시에 입자이기도 하다. 즉 양자역학의 "불확정성의 원리"는 과학에서의 단선적 읽기가 얼마나 어리석은가를 여실히 보여준다.

종교인들은 존재를 파악하기 위해서, 혹은 역사와 주체의 활동을 이해하기 위해서 문자적 읽기, 역사적 읽기, 윤리적 읽기, 그리고 문자가 지니고 있는 단편적 의미를 넘어서는 초월적 읽기 등을 추구한다. 종교적 읽기 또는 거룩한 독서라고 할 수 있는 올바른 성경 읽기는 역사적 상황이나 현실을 외면하는 것이 아니다. 오히려 성경은 현실에 근거하여 실존이 나아가야 할 방향을 설정할 때에 초월성(신성 또는 계시)을 목표로 더 나은 세계와 가치를 추구하게 한다.

사회학자들 또한 사회적 구조를 허상으로 치부하지 않는다. 사회학자나 경제학자 또는 정치인들은 국가나 경제, 사회를 구성하는 구조가 공동체에 어떤 영향을 미치며 어떤 구조가 더 효과적이며 가치 있는지를 고민한다. 사회구조는 공동체를 움직이는 원리이자 현실적인 장(場)이다. 이 원리는 일정한 힘을 지닐 때에 작동하며, 이때 사회구조를 형성하는 틀은 삶을 지배하는 실재가 된다. 정치인들은 서로 더 나은 사회구조를 제시함으로써 더 나은 삶을 약속한다. 국가는 현존하며 권력을 지니고 있는 실재로서 특정한 역할을 감당한다. 과학에서의 원리가 입자들을 움직이는 실재라면, 사회구조는 개체를 움직이는 실재다.

또한 인문학자들은 인간의 정서와 감정, 그리고 참된 것과 아름다움, 선의 가치를 다룬다. 인문학자들은 이것들이 허상이 아니라 우리가 추구해야 할 본질 또는 본성이라고 말한다. 그리고 그들은 심층으로 더 깊이 들어가 인간 내면의 세계를 탐구한다. 인간은 감정에 의해 행동하며 가치를 통해서 존재의 의미를 발견한다. 이러한 인문학적 소재들도 엄연한 실재임이 분명하다.

생물학자들은 진화를 다룰 때에 생명과 정신에 관하여 말하고 싶어한다. 그들은 생명이 일단 주어지면 진화가 시작된다고 말한다. 생명은 자기 복제를 수행하는 과정에서 오류를 통해서, 아니면 상황에 적응하기 위한 선택을 통해서 진화한다는 것이다. 그러나 그보다 더 중요한 주체의 활동에 대해서는 언급하지 않는다.

이 책에서 살펴보았듯이 새로운 무신론자들은 우주를 구성하는 입자들을 기호로 다루고, 생물을 유전자 코드로 환원시킨다. 하지만 앞에서도 말했듯이 실재를 기호나 코드만으로 설명하면 그 안에 존재하는 모든 다양한 세계는 사라진다. 그들은 기호와 코드를 넘어서는 더 층화되고 발현된 세계를 인정하지 않는다. 그리고 기호나 코드로 환원되지 않는 모든 우주의 현상들을 망상, 허상, 환상이라고 규정한다. 결과적으로 그들은 자신들이 만든 기호 체계에 스스로 감금되는 것이다.

새로운 무신론자들이 주장하는 "틈새를 메우는 신"이라는 개념은 물리학적 또는 생물학적 환원주의에서 나온 발상에 불과하다. 과학은 개체를 다루지만 종교는 주체를 다룬다. 물리학이나 생물학은 기호나 코드가 실재의 주인이라고 한다. 그러나 개체의 중심에서 행동하는 실재는 주체다. 종교는 주체에 관한 이야기를 한다. 종교는 인간의 내면에서 발생하는 경험과 이해를 넘어서서 초월적인 세계를 다룬다. 종교는 인간을 단순히 역사적·실존적 경험이 축적된 진화의 산물로만 보지 않고 초월적 존재의 개입이나 침투로 인하여 창조된 피조물로 본다.

인간의 정신이나 의식의 출현은 초월성의 간섭 혹은 개입의 결과다. 역사의 과정에서 끊임없이 출현하는 창조성도 초월성에 근거한 것이다. 어떻게 보면 진화생물학자들이 말하는 진화도 창조의 과정이라고 할 수 있다. 인간이 문화나 문명을 통해 자신만의 세계를 만들어가는 것도 단순히 화학적 기호의 결합이 만들어내는 우연의 산물이 아니다. 그것은 단순히 개체들이 그 안에 내재하는 원리들에 따라 발생하는 것이 아니라 인간의 정신과 의지의 활동 결과다.

과학자들은 개체들이 움직이는 현상을 다루지만 종교는 그 안에 들어 있는 주체에 관한 이야기를 한다. 주체는 단순히 물질에 내재하는 것인가, 아니면 초월성과 관계를 맺고 있는 것인가? 우주의 내재적 원리를 초월하고자 하는 주체의 활동이나 의지가 없다면 우리는 닫힌 세계에 갇히게 된다. 사실에 관하여 더 충실하고자 한다면, 또 의미와 가치 같은 심층에 관하여 설명하고자 한다면 문자나 기호에 의존해서는 안 된다. 물리학이나 생물학은 더 깊고 복합적인 세계와 가치를 다루기 위해 인문학이나 철학, 나아가 종교와 소통해야 한다. 마찬가지로 종교는 초월적인 존재자 앞에서 가치와 역사를 논하면서 실존적·역사적·물리적 존재의 현실을 파악하기 위해 과학과 대화해야 한다. 말 그대로 소통이 필요하다. 서로 대화하는 태도로 각자 자신이 발견한 지평을 공유할 때, 과학과 종교는 함께 더 나은 세상을 만들 수 있을 것이다.

1장. 종교 없는 세상을 상상해보라!?

1) 리처드 도킨스, 『만들어진 신』(이한음 역, 김영사, 2006), 7-8. 이 책의 영어 제목 *The God Delusion*은 "신에 대한 망상" 혹은 "신은 망상이다"라는 의미를 담고 있다.

2) 테드 해거드 목사는 미국의 공화당과 연결된 거물급 인사로서 당시 마약과 동성애 논란에 휩싸여 있었다.

3) 이강근, "땅의 관점에서 본 이스라엘-팔레스타인 분쟁", 「기독교사상」 2012년 10월 호, 90-93.

4) 샘 해리스, 『종교의 종말』(*The End of Faith*, 김원옥 역, 한언, 2004), 34.

5) 빅터 스텐저, 『물리학의 세계에 신의 공간은 없다』(*GOD The Failed Hypothesis*, 김미선 역, 서커스, 2010), 255-256.

6) 크리스토퍼 히친스, 『신은 위대하지 않다』(*God Is Not Great*, 김승욱 역, 알마, 2011), 54.

7) 테리 이글턴, 『신을 옹호하다』(*Reason, Faith, and Revolution*, 강주헌 역, 모멘토, 2010), 85-86.

8) 필 주커먼, 『신 없는 사회』(*Society without God*, 김승욱 역, 마음산책, 2012), 17-18.

9) 〈http://denmark.dk/en/society/religion/〉(2012.12.31).

10) 주커먼, 『신 없는 사회』, 23.

11) 주커먼, 『신 없는 사회』, 23.

12) 주커먼, 『신 없는 사회』, 253.

13) 주커먼, 『신 없는 사회』, 272-273.

14) 도킨스, 『만들어진 신』, 39.

15) 찰스 킴볼, 『종교가 사악해질 때』(*When Religion Becomes Evil*, 김승욱 역, 에코 리브르, 2005), 15.

16) 킴볼, 『종교가 사악해질 때』, 11.

17) 알리스터 맥그래스, 조애나 맥그래스, 『도킨스의 망상』(*Dawkins Delusion?*, 전성 민 역, 살림, 2008), 128.

18) 맥그래스 부부, 『도킨스의 망상』, 126.

19) 이글턴, 『신을 옹호하다』, 71-72.

20) 이글턴, 『신을 옹호하다』, 71-72.

21) 이글턴, 『신을 옹호하다』, 79.

22) 킴볼, 『종교가 사악해질 때』, 15.

23) 맥그래스 부부, 『도킨스의 망상』, 126.

24) Robert A. Pape, *Dying to Win: The Strategic Logic of Suicide Terrorism* (New York: Random House, 2006)을 참고하라.

25) 킴볼, 『종교가 사악해질 때』, 17.

26) 도킨스, 『만들어진 신』, 50.

27) 도킨스, 『만들어진 신』, 60.

28) 샘 해리스가 『종교의 종말』에서 언급한 내용으로, 『만들어진 신』 421쪽에서 재인용 했다.

29) 도킨스, 『만들어진 신』, 109.

30) 스튜어트 카우프만, 『다시 만들어진 신』(*Reinventing the Sacred*, 김명남 역, 사이 언스북스, 2012), 357.

31) 도킨스, 『만들어진 신』, 412.

32) 도킨스, 『만들어진 신』, 418.

33) 데이비드 벌린스키, 『악마의 계교』(*The Devil's Delusion*, 현승희 역, 행복우물, 2008), 36.

34) 벌린스키, 『악마의 계교』, 41.

35) 도킨스, 『만들어진 신』, 430.

36) 줄리아 크리스테바, 『반항의 의미와 무의미』(*The Sense and Non-Sense of Revolt*, 유복렬 역, 푸른숲, 1998), 29-30.

37) 이언 리더, "종교는 공포의 대상인가, 아니면 공동선인가?", 『현대 과학·종교 논쟁』 (*The Edge of Reason?*, 알렉스 벤틀리 엮음, 오수원 역, 알마, 2012), 248-249.

38) 마이클 셔머, "무신론과 자유", 『현대 과학·종교 논쟁』, 104-105.

39) 셔머, "무신론과 자유", 104-105.

40) 셔머, "무신론과 자유", 104.

41) 셔머, "무신론과 자유", 104-105.

2장. 종교가 진화의 부산물인가?

1) 줄리안 바기니, 『무신론이란 무엇인가』(*Atheism*, 강혜원 역, 동문선, 2007), 21. 바기니는 "물리주의자"라는 표현보다 자연주의자라는 말을 선호한다. 그것은 물리주의라는 말이 "제거적 유물론"이라는 말과 같은 의미로 사용될 수 있기 때문이다.

2) 도킨스, 『만들어진 신』, 27. 여기서 도킨스는 바기니가 말하는 제거적 유물론의 입장에 더 가까이 있는 것으로 보인다. 사실 도킨스는 타자의 글을 인용할 때 문자적으로 짜깁기하는 경향이 크다. 바기니의 입장과 도킨스의 입장은 다르다. 바기니가 지성적 무신론자라면 도킨스는 근본주의 무신론자 또는 새로운 무신론자로 "제거적 유물론자"에 가깝다.

3) 스티븐 호킹은 2010년에 『위대한 설계』(*The Grand Design*, 전대호 역, 까치글방)를 통해 불가지론에서 무신론으로 입장의 변화를 보였다.

4) 알리스터 맥그래스, 『신 없는 사람들』(*Why God Won't Go Away*, 이철민 역, IVP, 2012), 66-69. 맥그래스는 "줄리언 바기니 사건"이라는 제목 아래 둘 사이에 벌어진 사건을 자세히 소개하고 있다.

5) 바기니, 『무신론이란 무엇인가』, 20, 22.

6) 도킨스, 『만들어진 신』, 29.

7) 도킨스, 『만들어진 신』, 34.

8) 바기니, 『무신론이란 무엇인가』, 19-20.

9) Max Jammer, *Einstein and Religion* (Princeton: Princeton University Press, 1999), 48; 앤터니 플루, 『존재하는 신』(*There is a GOD*, 홍종락 역, 청림, 2011), 110-111에서 재인용.

10) Jammer, *Einstein and Religion*, 158.

11) Jammer, *Einstein and Religion*, 93.

12) 대니얼 데닛, 『주문을 깨다』(*Breaking the Spell*, 김한영 역, 동녘사이언스, 2010), 32.

13) 주커먼, 『신 없는 사회』, 258-259.

14) 도킨스, 『만들어진 신』, 263-264.

15) 리처드 도킨스, 『확장된 표현형』(The Extended Phenotype, 홍영남 역, 을유문화사, 2004), 83.

16) 도킨스, 『확장된 표현형』, 84.

17) 도킨스, 『만들어진 신』, 265.

18) 토마스 아퀴나스, "자살은 합법적인가?", 『신학대전』, II.2.64.5.

19) 도킨스, 『만들어진 신』, 266.

20) 이글턴, 『신을 옹호하다』, 75. 제1장에서 밝혔지만 "디치킨스"라는 용어는 이글턴이 도킨스와 히친스를 하나로 합친 말이다.

21) 도킨스, 『만들어진 신』, 275.

22) 도킨스, 『만들어진 신』, 275.

23) 도킨스, 『만들어진 신』, 277.

24) 도킨스, 『만들어진 신』, 281.

25) 도킨스, 『만들어진 신』, 285.

26) 도킨스, 『만들어진 신』, 288.

27) 맥그래스 부부, 『도킨스의 망상』, 96.

28) 리처드 도킨스, 『이기적 유전자』(The Selfish Gene, 홍영남, 이상임 공역, 을유문화사, 2010), 335.

29) 도킨스, 『이기적 유전자』, 341.

30) 도킨스, 『만들어진 신』, 294.

31) 수전 블랙모어, 『밈』(The Meme Machine, 김명남 역, 바다출판사, 2010), 7.

32) 도킨스, 『만들어진 신』, 295.

33) 도킨스, 『만들어진 신』, 304.

34) 도킨스, 『이기적 유전자』, 336.

35) 도킨스, 『이기적 유전자』, 344.

36) 도킨스, 『이기적 유전자』, 345.

37) 알리스터 맥그래스, 『도킨스의 신』(Dawkins' God, 김태완 역, SFC, 2007), 229-263. 맥그래스는 제4장 "문화 다윈주의? 흥미로운 밈의 과학"에서 밈이 지니고 있는 문제점을 자세히 다룬다. 나는 여기서 밈의 문제를 다루기보다는 도킨스의 주장을 가능한 한 이해하는 방향에서 밈을 받아들이고 난 뒤에 그의 주장이 여전히 옳은지를 살펴보고자 했다.

38) 도킨스, 『이기적 유전자』, 345.

3장. 맹신인가 확신인가?

1) 도킨스, 『이기적 유전자』, 344.

2) 히친스, 『신은 위대하지 않다』, 17.

3) 리처드 도킨스, 『현실, 그 가슴 뛰는 마법』(*The Magic of Reality*, 김명남 역, 김영사, 2012), 19-31.

4) 『브리태니커 사전』의 정의를 옮겨왔다〈http://100.daum.net/encyclopedia/view. do?docid=b18a1138b〉(2014.3.9).

5) 막스 호르크하이머, 『도구적 이성 비판』(*Eclipse of Reason*, 박구용 역, 문예출판사, 2006), 129.

6) 호르크하이머, 『도구적 이성 비판』, 10.

7) 호르크하이머, 『도구적 이성 비판』, 161-162.

8) 호르크하이머, 『도구적 이성 비판』, 218.

9) 호르크하이머, 『도구적 이성 비판』, 232.

10) 호르크하이머, 『도구적 이성 비판』, 233.

11) 호르크하이머, 『도구적 이성 비판』, 236.

12) 해리스, 『종교의 종말』, 77.

13) 해리스, 『종교의 종말』, 77-78. 이 책의 원제는 "*The End of Faith*"로서 "신앙의 종말"을 "종교의 종말"로 번역한 것은 저자의 의도를 왜곡시킨 일이었다. 종교와 신앙은 같은 맥락에서 이해할 수도 있지만 엄연히 다른 의미를 내포하기 때문이다. 신앙은 종교의 내용이고 종교는 신앙의 형식이다."

14) 해리스, 『종교의 종말』, 85-86; 도킨스, 『만들어진 신』, 140-141에서 재인용.

15) 이글턴, 『신을 옹호하다』, 83.

16) 도킨스, 『만들어진 신』, 139-140.

17) 도킨스, 『만들어진 신』, 140.

18) 도킨스, 『만들어진 신』, 67-68.

19) 해리스, 『종교의 종말』, 87.

20) 맥그래스, 『도킨스의 신』, 166.

4장. 신은 망상이다?

1) 도킨스, 『만들어진 신』, 50.

2) 표준국어대사전의 정의에 따르면 기표란 시니피앙(*signifiant*)과 같은 말로, "소쉬

르의 기호 이론에서, 귀로 들을 수 있는 소리로써 의미를 전달하는 외적(外的) 형식을 이르는 말. 말이 소리와 그 소리로 표시되는 의미로 성립된다고 할 때, 소리를 이른다"〈http://stdweb2.korean.go.kr/search/List_dic.jsp〉(2014.3.9).

3) 표준국어대사전의 정의에 따르면 기의란 시니피에(*signifié*)와 같은 말로, "소쉬르의 기호 이론에서, 말에 있어서 소리로 표시되는 의미를 이르는 말"이다〈http://stdweb2.korean.go.kr/search/List_dic.jsp〉(2014.3.9).

4) 무신론적 근본주의라는 말은 알리스터 맥그래스가 도킨스와 같은 무신론자들을 가리켜 사용한 말이다. 새로운 무신론 또는 무신론적 근본주의는 같은 의미로 사용되고 있다.

5) 〈http://www.youtube.com/watch?v=Hhzgg59bVLU〉(2013.11.30).

6) 도킨스, 『만들어진 신』, 579-580.

7) 도킨스, 『만들어진 신』, 25.

8) Albert Einstein, Alice Calaprice(ed.), *The Quotable Einstein* (Princeton: Princeton University Press, 2005), 238.

9) 미르치아 엘리아데, 『종교형태론』(*Patterns in Comparative Religion*, 이은봉 역, 한길사, 1997), 29-31.

10) 도킨스, 『만들어진 신』, 35.

11) 프랜시스 콜린스, 『신의 언어』(*The Language of God*, 이창신 역, 김영사, 2009), 200-201

12) 플루, 『존재하는 신』, 90.

13) 맥그래스 부부, 『도킨스의 망상』, 17.

14) 도킨스, 『만들어진 신』, 85-86.

15) 도킨스, 『만들어진 신』, 117-118.

16) 플루, 『존재하는 신』, 154.

17) Frederick C. Copleston, *Philosophes and Philosophies* (London: Search Press, 1976), 86; 플루, 『존재하는 신』, 69에서 재인용.

18) 맥그래스, 『신 없는 사람들』, 128.

5장. 신 존재 증명은 가능한가?

1) 역사 전문 블로그 히스토리아의 "스콜라 철학사 5 – 보편논쟁 제4장: 유명론"에서 재인용〈http://historia.tistory.com/m/post/1602〉(2013.11.30).

2) 맥그래스 부부, 『도킨스의 망상』, 41.

3) 에티엔느 질송, 『중세철학사』(*History of Christian Philosophy in the Middle Ages*, 김길찬 역, 현대지성사, 1997), 193.

4) 질송, 『중세철학사』, 195-196.

5) 안셀무스, 『프로슬로기온』(*Proslogion*, 공성철 역, 한들출판사, 2005), 63.

6) 안셀무스, 『프로슬로기온』, 75.

7) 안셀무스, 『프로슬로기온』, 111.

8) 질송, 『중세철학사』, 200.

9) 도킨스, 『만들어진 신』, 127.

6장. 토마스 아퀴나스의 종합

1) 보통은 "관념실재론"이라는 말을 사용하나, 여기서는 허상이나 이념으로 이해되는 "관념"이라는 어휘 대신 "실재"의 의미를 부각하는 "실념"을 사용했다.

2) 토마스 아퀴나스, 『신학대전』, I.2.1.ad2.

3) 도킨스, 『만들어진 신』, 121.

4) 김용규, 『서양문명을 읽는 코드 신』(휴머니스트, 2010), 191, 123.

5) 도킨스, 『만들어진 신』, 124.

6) 데이비드 밀스, 『우주에는 신이 없다』(*Atheist Universe*, 권혁 역, 돋을새김, 2010), 96-98.

7) 게르하르트 뵈르너, 『창조자 없는 창조?』(*Schöpfung ohne Schöpfer?*, 전대호 역, 해나무, 2009), 171-172.

8) Dhatfield의 그림〈http://upload.wikimedia.org/wikipedia/commons/thumb/9/91/Schrodingers_cat.svg/1280px-Schrodingers_cat.svg.png?uselang=ko〉(2014.3.9).

9) 도킨스, 『만들어진 신』, 123.

7장. 도덕과 진화

1) 리처드 도킨스, 『악마의 사도』(*A Devil's Chaplain*, 이한음 역, 바다출판사, 2005), 24.

2) 도킨스, 『만들어진 신』, 325-326.

3) 도킨스, 『만들어진 신』, 327.

4) 도킨스, 『만들어진 신』, 334-335.

5) 도킨스, 『악마의 사도』, 28.

6) 도킨스, 『악마의 사도』, 28.

7) 도킨스, 『악마의 사도』, 31.

8) 도킨스, 『만들어진 신』, 338.

9) 도킨스, 『만들어진 신』, 372.

10) 도킨스, 『만들어진 신』, 337.

11) 도킨스, 『만들어진 신』, 375.

12) 도킨스, 『만들어진 신』, 409.

13) 도킨스, 『만들어진 신』, 420.

14) 플라톤, 『에우티프론, 소크라테스의 변론, 크리톤, 파이돈』(박종현 역, 서광사, 2003), 29.

15) 제임스 A. 콜라이아코, 『소크라테스의 재판』(Socrates Against Athens, 김승욱 역, 작가정신, 2005), 31-32.

16) 윌리엄 J. 프라이어, 『덕과 지식, 그리고 행복』(Virtue and Knowledge, 오지은 역, 서광사, 2010), 84.

17) 콜라이아코, 『소크라테스의 재판』, 219.

18) 콜라이아코, 『소크라테스의 재판』, 223-224.

19) 콜라이아코, 『소크라테스의 재판』, 216-217.

20) 플라톤, 『에우티프론, 소크라테스의 변론, 크리톤, 파이돈』, 29.

21) 플라톤, 『에우티프론, 소크라테스의 변론, 크리톤, 파이돈』, 29.

22) 플라톤, 『에우티프론, 소크라테스의 변론, 크리톤, 파이돈』, 29.

23) 플라톤, 『에우티프론, 소크라테스의 변론, 크리톤, 파이돈』, 29.

24) 콜라이아코, 『소크라테스의 재판』, 215.

25) 찰스 다윈, 『인간의 유래와 성 선택』(The Descent of Man, and Selection in Relation to Sex, 이종호 역, 지만지, 2012), 71-72.

26) 레오나드 캐츠, 『윤리의 진화론적 기원』(Evolutionary Origins of Morality, 김성동 역, 철학과현실사, 2007), 12.

27) 캐츠, 『윤리의 진화론적 기원』, 18-19.

28) 정연보, 『인간의 사회생물학』(철학과현실사, 2004), 93-95.

29) 피터 싱어, 마크 하우저, "도덕성에는 왜 종교가 필요 없을까?", 『무신예찬』(50 Voices of Disbelief, 현암사, 2012), 502-504.

30) 싱어, 하우저, "도덕성에는 왜 종교가 필요 없을까?", 502-504.

31) 도킨스, 『만들어진 신』, 410.

32) 도킨스, 『악마의 사도』, 28.

33) 일반적으로 도덕과 윤리는 같은 용어로 사용되며 『브리태니커 사전』에 따르면 "영어의 'morality'는 그리스어의 '에토스'(*ethos*), 라틴어의 '모레스'(*mores*)에서 유래한 것이다. 에토스라는 말에는 첫째 익숙한 장소, 사는 곳, 고향 등의 뜻이 있고, 둘째 집단의 관습이나 관행을 의미하며, 셋째 그러한 관습이나 관행에 의해 육성된 개인의 도덕의식, 도덕적 심정, 태도, 성격 또는 도덕성 그 자체를 의미한다. 현대에서 도덕이라는 말을 쓸 때는 셋째의 뜻이 가장 강하게 반영된다." 아리스토텔레스는 성격을 의미하는 에토스에 근거해서 에티코스(*ethicos*)라는 형용사를 만들었다. 그것은 일정한 부류의 인간적 덕들, 특히 이성의 덕이나 지적인 덕과는 구분되는 칭찬할 만한 성격적 덕을 가리키는 용어로 사용되었다. 또한 그는 윤리적 덕의 연구 분야를 가리키는 것으로서 에티카(*ethica*)란 용어를 처음 만들었다. 이는 곧 인간의 마음에 거주하는 습관 또는 행동을 가리킨다. 에토스에 해당하는 라틴어로는 모스(*mos*)를 들 수 있는데 그것은 사회의 관습, 성격, 행동, 속성, 내면적 본질, 법률, 규제, 그리고 법칙으로 번역될 수 있다. 키케로는 아리스토텔레스의 용례를 따라 형용사 모랄리스(*moralis*)를 만들었고, 기원후 4세기경 로마인들은 모랄리타스(*moralitas*)라는 용어를 만들었다.

34) 알리스터 맥그래스, 『과학신학』(*The Science of God*, 박세혁 역, IVP, 2011), 90-91.

35) 맥그래스, 『과학신학』, 91.

36) 도킨스, 『만들어진 신』, 383.

37) 맥그래스 부부, 『도킨스의 망상』, 139-140.

8장. 종교와 과학

1) 제8장 "종교와 과학"은 내가 한국복음주의신학회의 2013년 가을 정기 학회에서 발표한 논문의 일부를 번역한 것이다.

2) 도킨스, 『만들어진 신』, 89.

3) 이안 바버, 『과학이 종교를 만날 때』(*When Science Meets Religion*, 이철우 역, 김영사, 2002)를 보라.

4) 도킨스, 『만들어진 신』, 91.

5) 뵈르너, 『창조자 없는 창조?』, 19-20.

6) 맥그래스 부부, 『도킨스의 망상』, 61-62.

7) 제레미 리프킨, 『엔트로피』(*Entropy*, 김명자, 김건 역, 동아출판사, 1992), 30-31.

8) 리프킨, 『엔트로피』, 31.

9) 스티븐 호킹 편, 『거인들의 어깨 위에 서서』(*The Illustrated on the Shoulders of Giants*, 김동광 역, 까치, 2006), 171-172.

10) John Herman Randall, *The Making of the Modern Mind* (Cambridge: Houghton Mifflin, 1940), 9; 리프킨, 『엔트로피』, 32에서 재인용.

11) 스티븐 호킹, 『그림으로 보는 시간의 역사』(*The Illustrated A Brief History of Time*, 김동광 역, 까치, 1998), 68.

12) Marquis de Laplace Pierre Simon, *A Philosophical Essay on Probabilities*, *translated from the 6th French edition* (New York: Dover Publications, 1951), 4.

13) W. W. Rouse Ball, *A Short Account of the History of Mathematics* (New York: Dover Publications, 1908), 343.

14) 데이비드 필킨, 『스티븐 호킹의 우주』(*Stephen Hawking's Universe*, 동아사이언스 역, 성우, 2000), 80-81.

15) Stephen Hawking and Leonard Mlodinow, *The Grand Design* (New York: Bantam Books, 2010), 125-26.

16) Hawking and Mlodinow, *Grand Design*, 127. "대원(great circle)이라 함은 지구의 표면에 있으며 그 중심이 지구의 중심과 일치하는 원이다. 예컨대 적도, 그리고 적도의 임의의 지름을 중심으로 적도를 회전시켜서 얻은 임의의 원은 대원이다."

17) Hawking and Mlodinow, *Grand Design*, 127-128.

18) 필킨, 『스티븐 호킹의 우주』, 84-85.

19) 알버트 아인슈타인, 『상대성이론』(*Relativity*, 김종오 역, 미래사, 1992), 123-124.

20) 필킨, 『스티븐 호킹의 우주』, 85.

21) 필킨, 『스티븐 호킹의 우주』, 86.

22) 아인슈타인처럼 양자역학의 불확실성에 대하여 불만을 가지고 있던 슈뢰딩거도 고양이 실험(Schrodinger's Cat)을 통해서 반박했다. 앞의 제6장에서 살펴보았듯이 슈뢰딩거의 고양이는 슈뢰딩거가 양자역학의 불완전함을 보이기 위해서 고안한 사고 실험이다. 이 실험에서 고양이는 죽어 있거나 살아 있거나 100% 어느 하나로 "결정"되어 있는 것이지, 50%의 확률은 죽어 있고 50%의 확률은 살아 있는, "삶과 죽음의 중첩된 상태"로는 도저히 있을 수 없다.

23) 뵈르너, 『창조자 없는 창조?』, 184.

24) 카우프만, 『다시 만들어진 신』, 131.

25) 카우프만, 『다시 만들어진 신』, 217-218. 그와 비슷하게 뵈르너는 "종교와 자연과학의 대립은 그 고전물리학의 바탕 위에서 발생했다. 왜냐하면 모든 것을 유물론적이

고 결정론적인 세계상으로 포괄할 수 있다는 주장은 창조신은 말할 것도 없고 자유롭게 행위하는 주체의 가능성도 배제하기 때문이다. 그런 고전적 세계상의 몰락과 함께 물리학은 자신의 한계를 새로 설정했고 따라서 신학과 새롭게 대화할 가능성을 발견했다"라고 말한다(뵈르너, 『창조자 없는 창조?』, 218).

26) 도킨스, 『만들어진 신』, 33-34. 코펜하겐 학파의 관점에서는 불확실성이 궁극적이며 기본적인 것이다. 반면에 반(反)코펜하겐 학파의 관점에서 불확정성은 현재의 지식이 불완전하다는 증거일 뿐, 언젠가는 새로운 발견에 의해서 해소될 것으로서 "현재"로서는 그 본질을 알 수 없다는 것이다. 『현실, 그 가슴 뛰는 마법』에서도 볼 수 있듯이 도킨스는 반코펜하겐 학파의 입장을 취한다. 그는 그 책에서 우리가 경험하는 초자연적 기적과 같은 사건이 언젠가는 풀어질 과학적 현상이라고 말한다.

27) 도킨스, 『이기적 유전자』, 129.

28) 카우프만, 『다시 만들어진 신』, 325.

29) 카우프만, 『다시 만들어진 신』, 328.

30) 도킨스는 다중우주 이론에 열린 자세를 취하지만, 지적 존재의 근원을 다룰 때에는 자연선택의 결과라고 주장한다. 도킨스의 관점대로라면 "복잡성을 향한 진화의 추진력은 어떤 본연의 성향에서 나오는 것도, 편향된 돌연변이에서 나오는 것도 아니다. 그것은 자연선택에서 나온다"(『만들어진 신』, 234). 그러나 자연선택이라는 원리를 움직이는 힘 또는 생명을 자연선택이 발생시킬 수 없는데도 그 모든 것이 자연선택의 결과라고 주장하는 것은 모순이다.

31) 도킨스, 『만들어진 신』, 180.

32) 도킨스, 『만들어진 신』, 218.

33) 니콜라스 험프리, "의식은 다윈주의의 아킬레스건인가?", 『왜 종교는 과학이 되려 하는가?』(Intelligent Thought, 김명주 역, 바다출판사, 2011), 74.

34) 험프리, "의식은 다윈주의의 아킬레스건인가?", 87.

35) 폴 틸리히, 『문화의 신학』(Theology of Culture, 김경재 역, 기독교문서선교회, 1971), 66-69.

36) 존 호트, 『다윈 안의 신』(Deeper Than Darwin, 김윤성 역, 지식의숲, 2005)을 참고하라.

9장. 비평적 실재론

1) 제9장 "비평적 실재론"은 내가 한국복음주의신학회의 2013년 가을 정기학회에서 발표한 논문의 일부를 한국어로 번역한 것이다. 일반적으로는 "비판적 실재론"이라는

용어를 사용하나, 긍정적 기능을 강조하기 위해 가능한 한 "비평적 실재론"으로 표현했다. 이 책에서는 실제로 두 용어를 같은 의미로 사용했다.

2) Ian G. Barbour, *When Science Meets Religion* (New York: HarperSanfrancisco, 2000), xi.

3) Steven Weinberg, "The Biggest Experiment Ever," *Newsweek* (September 15, 2008).

4) Steven Weinberg, "Closing statements of presentation"⟨http://thescience network.org/search?speakers=Steven+Weinberg⟩(2006.11.5).

5) Hawking and Mlodinow, *The Grand Design*, 5.

6) Matt Warman, "Stephen Hawking tells Google 'philosophy is dead'"⟨http:// www.telegraph.co.uk/technology/google/8520033/Stephen-Hawking-tells-Google-philosophy-is-dead.html⟩(2012.6.17).:

7) Stephen Weinberg, *Dreams of a Final Theory* (New York: Vintage, 1994), 64.

8) Stuart Kaufman, "Beyond Reductionism: Reinventing The Sacred"⟨http:// www.edge.org/conversation/beyond-reductionism-reinventing-the-sacred⟩(2013.9.12).

9) Stephen Jay Gould, "Nonoverlapping Magisteria," *Natural History 106* (March 1997), 16-22.

10) Richard Dawkins, *The God Delusion* (London: Bantam, 2006), 60.

11) Dawkins, *The God Delusion*, 61.

12) Dawkins, *The God Delusion*, 60.

13) Dawkins, *The God Delusion*, 58-59.

14) Dawkins, *The God Delusion*, 60.

15) Dawkins, *The God Delusion*, 60.

16) Richard G. Howe, "Dawkins' COMA"⟨http://quodlibetalblog.wordpress. com/2008/04/06/dawkins-coma/⟩(2014.3.9).

17) Alister McGrath and Joanna McGrath, *The Dawkins Delusion?: Atheist Fundamentalism and the Denial of the Divine* (Downers Grove: IVP Books, 2007), 41.

18) McGrath, *The Dawkins Delusion?*, 40.

19) McGrath, *The Dawkins Delusion?*, 40.

20) McGrath, *The Dawkins Delusion?*, 40-41.

21) Andrew Collier, *Critical Realism: An Introduction to Roy Bhaskar's*

Philosophy (London: Verso, 1994), ix.

22) 바스카는 비평적 실재론을 받아들인 이유를 다음과 같이 말했다. "나는 나의 일반적인 과학철학을 '초월적 실재주의'라고 부르고 나의 인본철학을 '비판적 자연주의'라고 불렀다. 점차 사람들이 이 둘을 뒤섞어 사용하기 시작하면서 이 둘을 합성하여 '비판적 실재주의'라고 명명하였다. 나는 이것을 반대할 이유가 없다. 칸트가 '초월적 이념주의'를 비판철학이라고 불렀던 것을 시작하기 위해서 초월적 실재론은 비판적 실재론의 제목과 같은 이유를 가지고 있다"(바스카, 1998).

23) Roy Bhaskar, *A Realist Theory of Science* (London: Verso, 1978), 227.

24) Bhaskar, *A Realist Theory of Science*, 227.

25) Collier, *Critical Realism*, 7.

26) Collier, *Critical Realism*, 20.

27) Collier, *Critical Realism*, 20-25.

28) Collier, *Critical Realism*, 42-45.

29) Bhaskar, *A Realist Theory of Science*, 13.

30) Collier, *Critical Realism*, 45-46. 바스카는 폐쇄체계와 개방체계를 구분한다. 자연세계에서 발생하는 사건들은 개방체계에서 일어나고 있으나 과학자들의 실험은 폐쇄체계에서 진행된다. 즉 경험적 실재론자들은 폐쇄체계와 개방체계를 동일시하는 오류를 범하고 있다.

31) Collier, *Critical Realism*, 44-45.

32) Collier, *Critical Realism*, 45-46.

33) Bhaskar, *A Realist Theory of Science*, 168-169.

34) Collier, *Critical Realism*, 51.

35) Collier, *Critical Realism*, 107.

36) Collier, *Critical Realism*, 107-108.

37) Collier, *Critical Realism*, 108-110.

38) Collier, *Critical Realism*, 116-117.

39) Collier, *Critical Realism*, 111.

40) Bhaskar, *A Realist Theory of Science*, 112; Collier, *Critical Realism*, 118.

41) Collier, *Critical Realism*, 119.

42) Collier, *Critical Realism*, 119-120.

10장. 진리란 무엇인가?

1) 도킨스, 『악마의 사도』, 36.

2) 도킨스, 『악마의 사도』, 39-40.

3) 도킨스, 『악마의 사도』, 41.

4) 도킨스, 『악마의 사도』, 71.

5) 도킨스, 『지상 최대의 쇼』(The Greatest Show on Earth, 김명남 역, 김영사, 2009), 518.

6) 도킨스, 『만들어진 신』, 131.

7) 김용규, 『서양문명을 읽는 코드 신』, 116.

8) 데카르트, 「방법서설」 제4부, 『방법서설, 성찰, 정념론, 철학의 원리 외』(김형효 역, 삼성출판사, 1983), 74.

9) 칼 포퍼, 『과학적 발견의 논리』(The Logic of Scientific Discovery, 박우석 역, 고려원, 1994), 384.

10) A. C. 그렐링, 『철학적 논리학 입문』(An Introduction to Philosophical Logic, 이윤일 역, 자유사상사, 1993), 182.

11) 맥그래스, 『과학신학』, 192.

새로운 무신론자들과의 대화

종교 혐오 현상에 대한 기독교적 답변

Copyright ⓒ 윤동철 2014

1쇄발행_ 2014년 8월 12일

지은이_ 윤동철
펴낸이_ 김요한
펴낸곳_ 새물결플러스
편   집_ 김남국·노재현·박규준·송미현·왕희광·정인철·최율리·한재구
디자인_ 이혜린
마케팅_ 이성진
총   무_ 김명화

홈페이지 www.hwpbooks.com
이메일 hwpbooks@hwpbooks.com
출판등록 2008년 8월 21일 제2008-24호
주소 (우) 158-718 서울특별시 양천구 목동동로 233-1(목동) 현대드림타워 1401호
전화 02) 2652-3161
팩스 02) 2652-3191

ISBN 978-89-94752-76-1   03230

책값은 뒤표지에 있습니다.

이 도서의 국립중앙도서관 출판시도서목록(CIP)은 서지정보유통지원시스템 홈페이지(http://seoji.nl.go.kr)와 국가자료공동목록시스템(http://www.nl.go.kr/kolisnet)에서 이용하실 수 있습니다(CIP제어번호: CIP2014022223).